계명대학교출판부
KEIMYUNG UNIVERSITY PRESS

Korean Alive Advanced Ⅵ

살아있는 한국어 Ⅵ

계명대학교 한국어학당
Korean Language and Culture Center
Keimyung University

Korean Language

머리말

벌써 초급 단계 교재인『살아있는 한국어 1』이 출간된 지 6년이 흘렀다. 초급이 출판되었을 때에 비해 5권과 6권의 출판을 앞둔 2014년, 한국어교육 상황이 너무나 달라졌다는 것은 한국어교육에 관심이 있는 사람이라면 누구에게나 잘 알려진 사실이다. 그때까지만 해도 고급 단계를 목표로 하는 한국어 학습자의 수가 많지 않았으므로 고급 교재의 수요 또한 그렇게 많지는 않았다. 그러나 그동안 학문을 목적으로 한국어를 배우고자 하는 학습자의 수가 대폭 증가하였고, 한국어 학습자의 저변이 확대되어 학생들의 한국어 수준 또한 전체적으로 상향 조정되었다. 그 결과 무엇보다도 고급 교재의 구성과 역할에 대한 중요성이 부각되고 있다.

시중에는 많은 고급 단계의 교재들이 나와 있다. 그 교재들은 각각 다른 목적으로 집필되었으며 나름대로 그 역할을 다하고 있을 것으로 생각한다. 계명대학교의 『살아있는 한국어 5, 6』은 기존의 고급 교재들에 비해 충분한 '고민'의 시간을 가졌던 만큼, '고급 단계의 학습자들이 원하는 바'를 교재에 보다 충실히 담고자 했다. 그것은 단순히 수준 높은 어휘와 복잡한 문법 사용 능력뿐만이 아니라 한국어로 인류 보편의 '다양한 주제'에 대해 듣고 말하고 읽고 쓰면서, 이전에는 몰랐던 세상과 타인에 대해 알아 가는 것까지 포함하는 것이다. 따라서 초급과 중급 단계의 교재가 한 발 한 발 한국어에 다가가 재미있게 공부하는 동안 서서히 한국어에 익숙해지도록 하는 데 중점을 두었다면 『살아있는 한국어 5, 6』은 다소 높은 학습 도달점을 설정하고 도약할 수 있도록 하자는 의도로 개발되었으며, 약간은 심도 있는 주제를 다루고 있다.

5권과 6권은 모두 10개의 대주제를 다루는 대단원으로 구성된다. 그리고 각각의 대단원은 두 개의 소단원을 포함한다. 홀수 단원에서는 듣기와 말하기의 구어를, 짝수 단원에서는 읽기와 쓰기의 문어를 중점적으로 다루고자 하였다. 이는 이해 영역을 통해 학습한 내용이 자연스럽게 표현 영역으로 이어질 수 있도록 하기 위함이다. 따라서 교재의 주요 구성은 듣기, 말하기, 읽기, 쓰기의 네 가지 언어 영역을 중심으로 설계되었으며 이들은 각각 '전 활동–본 활동–후 활동'의 과정 중심으로 진행되어, 의사소통을 통한 의사소통 능력이 개발될 수 있도록 하였다. 이 교재는 부교재인 워크북과 함께 사용될 것이다. 워크북에서는 학습자들이 고급 수준의 어휘와 문법을 내재화할 수 있는 다양한 연습 활동과 수준 높은 과제 활동으로 한국어 실력을 향상시킬 수 있을 것이라고 생각한다.

책이 나오기까지 한국어학당 여러 선생님들의 정성과 노고가 있었다. 직접적으로 교재 개발에 참여한 선생님들은 물론 주위에서 보이지 않는 성원과 도움을 아끼지 않았던 많은 분들의 수고에 감사드린다. 특히 손근호 팀장님과 김기환 전 팀장님, 황효순 선생님 등 행정팀의 지원과 출판부의 여러 선생님들의 수고에 감사드린다. 덕분에 작업과 출판 과정이 순조로울 수 있었던 것 같다. 일일이 열거할 수는 없지만 각종 자료 수집과 편집에 도움을 준 주변의 많은 분들께도 감사를 드린다. 이 책이 실제 수업에서 교사와 학습자 모두에게 유익하게 사용되기를 기대한다.

2014년 5월 31일

저자 대표 김선정

일러두기

계명대학교 한국어학당의 『살아있는 한국어 6』는 모두 10개의 대단원 하에 각각 두 개씩의 소단원을 두어 모두 20개 단원으로 구성되어 있다. 대단원의 홀수 단원은 듣기와 말하기의 구어를, 짝수 단원은 읽기와 쓰기의 문어를 중점적으로 다룬다. 각 단원은 이해 영역을 심도 있게 다루어 자연스러운 표현 활동으로 이어질 수 있도록 하였다. 구어를 다루는 홀수 단원의 구성은 '듣기를 위한 전 활동 – 듣기 활동 – 듣기 후 활동 – 어휘 – 문법 – 말하기 활동을 위한 전 활동 – 말하기 활동'의 순으로 구성되어 있다. 그리고 문어를 다루는 짝수 단원은 '읽기 전 활동 – 읽기 활동 – 읽기 후 활동 – 어휘 – 문법 – 쓰기 전 활동 – 쓰기 활동'의 순이다. 이렇게 하나의 대주제를 다루는 대단원은 구어와 문어, 표현과 이해 영역의 균형을 고려하여 구성되었다. 각 단원별 세부 내용은 다음과 같다.

◆ 단원 소개

소단원 제목과 주제, 기능, 어휘, 문법 등 학습 내용이 제시된다.

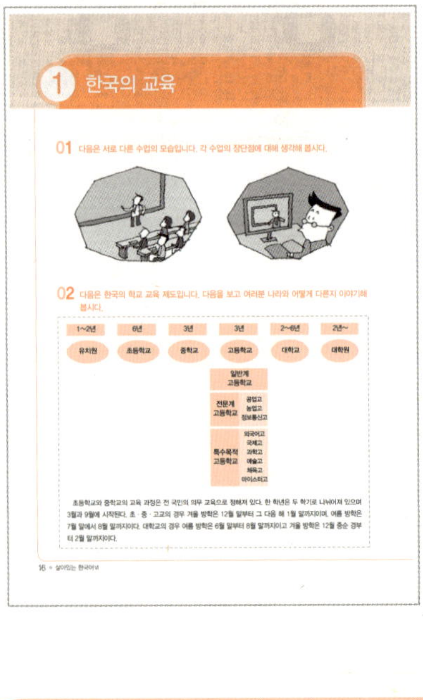

◆ 단원 도입 및 듣기 전 활동

단원의 주제 도입과 듣기 전단계 활동으로 구성된다. 다양한 실제 자료를 이용하여 학습자의 배경지식을 활성화하고 주제에 대한 관심과 흥미를 높이도록 한다. 배경지식이 충분하지 않을 경우, 배경지식 형성을 위한 준비과정으로 활용할 수 있다.

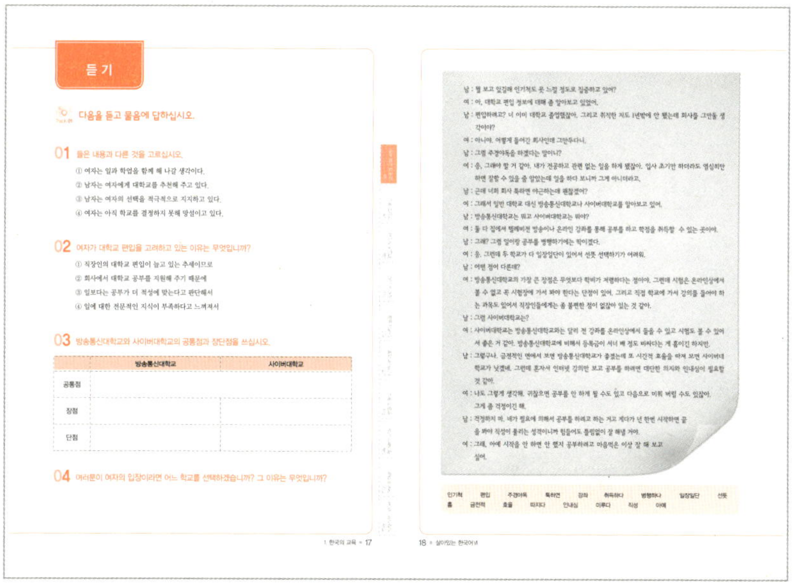

◆ 듣기

들으면서 할 수 있는 간단한 활동과 듣기 텍스트를 앞뒤로 배치하여 듣는 동안은 활동에 집중하되, 들은 후에는 세부 내용과 어휘를 확인할 수 있도록 하였다. 듣기 활동에 이용되는 텍스트는 다양한 담화 상황과 주제를 고려하여 구성된다.

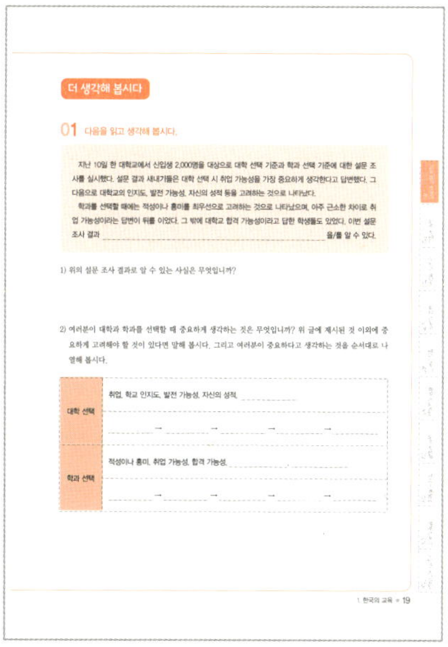

◆ 듣기 후 활동

듣기가 끝난 다음 관련 주제를 활용한 말하기, 쓰기 활동으로 구성된다. 단순한 내용 확인뿐 아니라 주제의 내용에 대한 다각도의 학습 활동이 일어날 수 있도록 한다.

일러두기

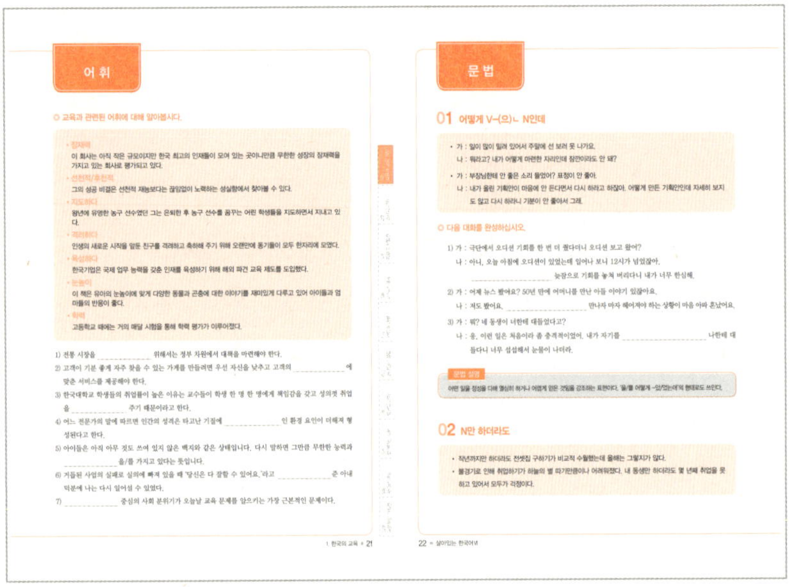
어 휘

문 법

01 어떻게 V-(으)ㄴ N인데

02 N만 하더라도

◆ 어휘 및 문법

듣기 활동 과정이 끝나면 주제 관련 어휘와 텍스트의 주요 문법을 학습한다. 주제 어휘는 예시와 함께 간단한 확인 학습 과정을 포함하고 있으며 문법 또한 예문과 연습 활동, 해당 문법에 대한 설명이 제시된다.

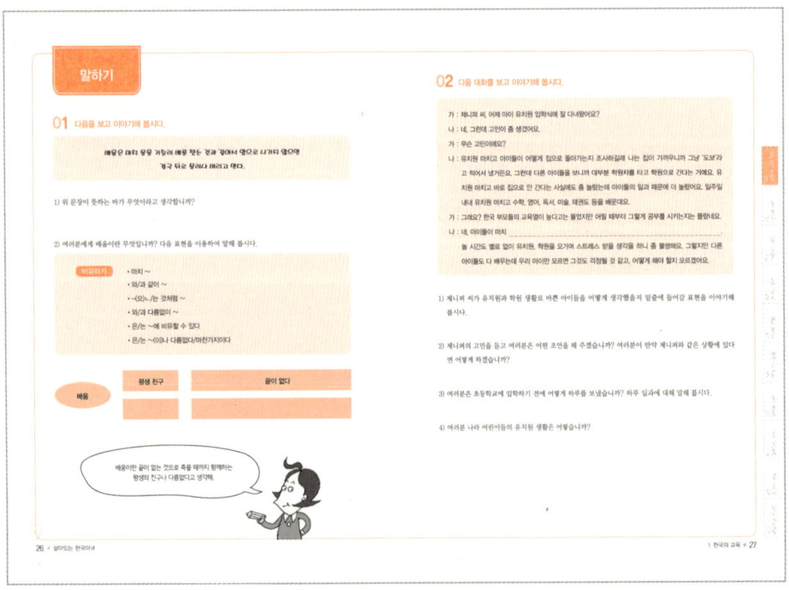
말하기

01 다음을 보고 이야기해 봅시다.

02 다음 대화를 보고 이야기해 봅시다.

◆ 말하기 전 활동

말하기 전단계 활동으로 구성된다. 관련 주제에 대하여 학습자의 배경지식을 활성화하고 주제에 대한 관심과 흥미를 높이도록 한다. 말하기에 유용한 다양한 표현과 담화표지를 학습하여 실제 담화에 활용할 수 있도록 한다.

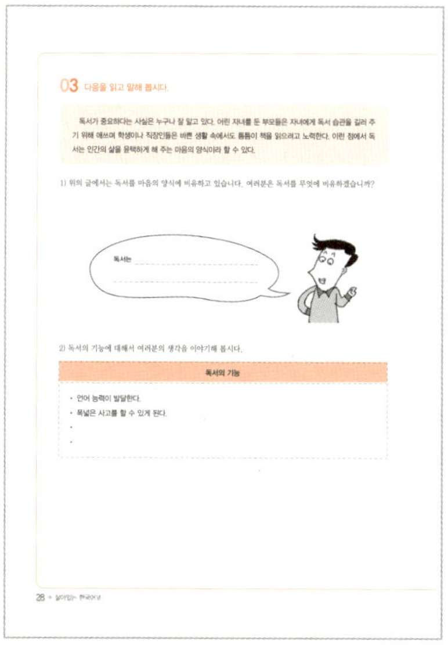

◆ 말하기

말하기 활동을 위한 준비 과정을 포함하여 말하기 과제로 구성된다. 준비 과정에서 말할 내용에 대해 미리 생각하도록 유도함으로써 담화 구성능력을 높일 수 있다.

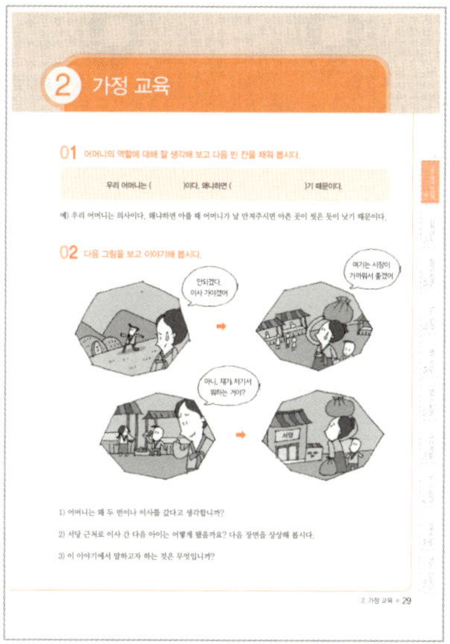

◆ 읽기 전 활동

단원의 주제 도입과 읽기 전단계 활동으로 구성된다. 다양한 방식으로 학습자의 배경지식을 활성화하고 주제에 대한 관심과 흥미를 높이도록 한다. 배경지식이 충분하지 않을 경우, 배경지식 형성을 위한 준비과정으로 활용할 수 있다.

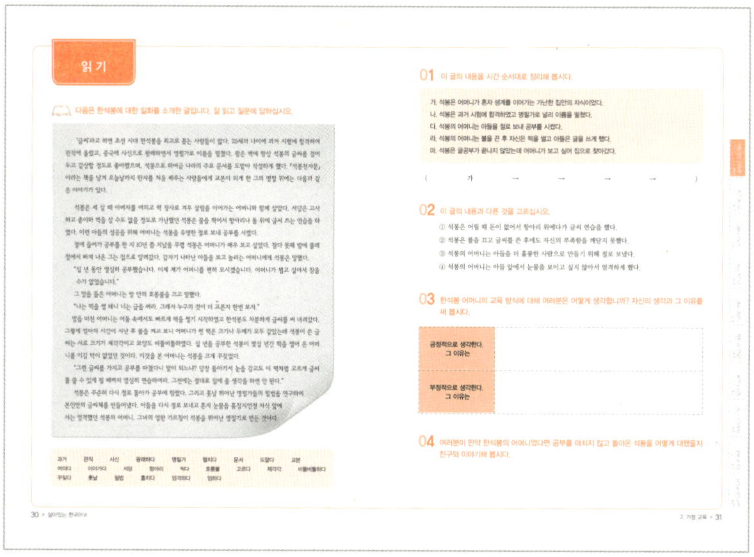

◆ 읽기

읽기 활동을 위한 본문과 어휘, 읽는 동안 할 수 있는 간단한 활동, 내용 확인 질문으로 구성된다. 읽기 활동을 위한 텍스트는 다양한 장르와 주제를 포함한다.

◆ 읽기 후 활동

읽기가 끝난 다음 관련 주제를 활용한 말하기, 쓰기 활동으로 연계된다. 단순한 내용 확인뿐 아니라 주제의 내용에 대한 다각도의 학습 활동이 일어날 수 있도록 한다.

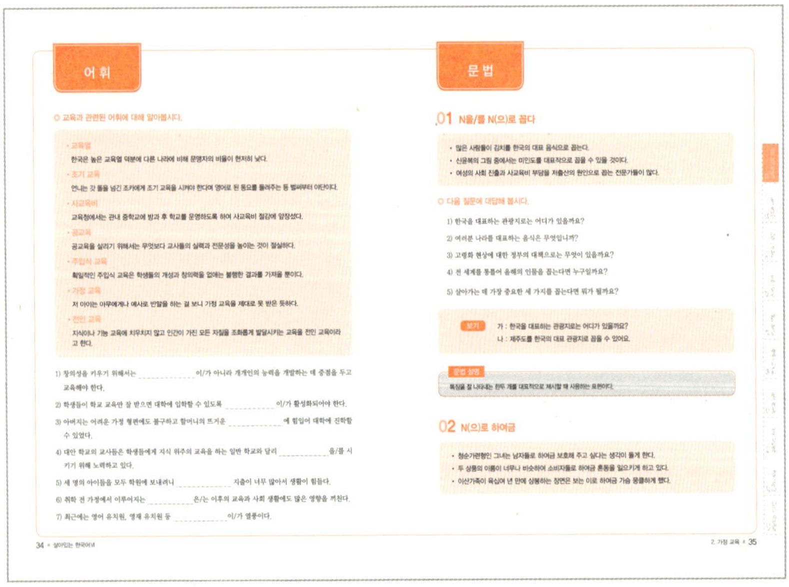

◆ 어휘 및 문법

읽기 활동 과정이 끝나면 주제 관련 어휘와 텍스트의 주요 문법을 학습한다. 주제 어휘는 예시와 함께 간단한 확인 학습 과정을 포함하고 있으며 문법 또한 예문과 연습 활동, 해당 문법에 대한 설명이 제시된다.

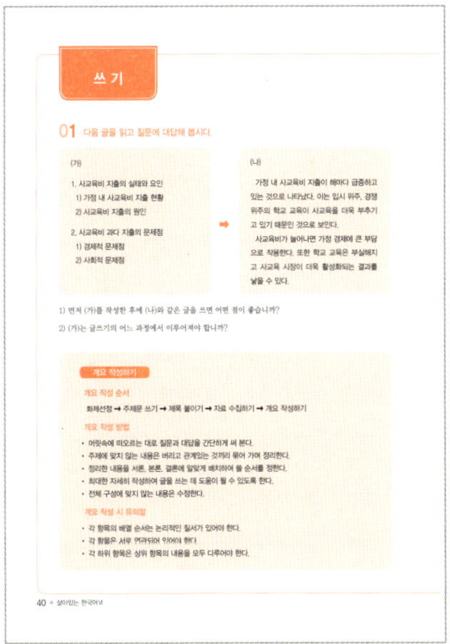

쓰 기

01 다음 글을 읽고 질문에 대답해 봅시다.

(가)

1. 사교육비 지출의 실태와 요인
 1) 가정 내 사교육비 지출 현황
 2) 사교육비 지출의 원인

2. 사교육비 과다 지출의 문제점
 1) 경제적 문제점
 2) 사회적 문제점

(나)

가정 내 사교육비 지출이 해마다 급증하고 있는 것으로 나타났다. 이는 입시 위주, 경쟁 위주의 학교 교육이 사교육을 더욱 부추기고 있기 때문인 것으로 보인다.

사교육비가 늘어나면 가정 경제에 큰 부담으로 작용한다. 또한 학교 교육은 부실해지고 사교육 시장이 더욱 활성화되는 결과를 낳을 수 있다.

1) 먼저 (가)를 작성한 후에 (나)와 같은 글을 쓰면 어떤 점이 좋습니까?

2) (가)는 글쓰기의 어느 과정에서 이루어져야 합니까?

개요 작성하기

개요 작성 순서

화제선정 → 주제문 쓰기 → 제목 붙이기 → 자료 수집하기 → 개요 작성하기

개요 작성 방법

- 머릿속에 떠오르는 대로 질문과 대답을 간단하게 써 본다.
- 주제에 맞지 않는 내용은 버리고 관계있는 것끼리 묶어 가며 정리한다.
- 정리한 내용을 서론, 본론, 결론에 알맞게 배치하여 쓸 순서를 정한다.
- 최대한 자세히 작성하여 글을 쓰는 데 도움이 될 수 있도록 한다.
- 전체 구성에 맞지 않는 내용은 수정한다.

개요 작성 시 유의점

- 각 항목의 배열 순서는 논리적인 질서가 있어야 한다.
- 각 항목은 서로 연관되어 있어야 한다.
- 각 하위 항목은 상위 항목의 내용을 모두 다루어야 한다.

40 ◦ 살아있는 한국어Ⅵ

◆ 쓰기 전 활동

한국어 쓰기 활동에 대한 기본적인 기술을 익힘은 물론 장르에 따른 단락 전개 기술을 익히도록 한다. 전단계 활동에서는 쓰기에 필요한 다양한 정보와 절차에 관해 안내하고 관련 주제에 대하여 학습자의 배경지식을 활성화한다.

03 개요 작성 순서를 참고하여 문장 개요를 작성해 봅시다.

제목 :

주제문 :

Ⅰ. 서론

Ⅱ. 본론

Ⅲ. 결론

42 ◦ 살아있는 한국어Ⅵ

◆ 쓰기

다양한 실제적인 쓰기 활동으로 구성된다. 구어와의 차이점, 문장 단위에서 시작하여 단락 쓰기, 전체 글 쓰기로 점차 범위를 넓혀가며, 텍스트 구성에 필요한 절차와 실제적인 지식과 기술들을 익힐 수 있도록 한다.

교재구성

과	제목	소제목	어휘	문법 및 표현	말하기 & 쓰기
01	교육과 교육 제도	1. 한국의 교육	교육 I	• 어떻게 V-(으)ㄴ N인데 • N만 하더라도 • N이/가 없잖아 있다 • A/V-(으)ㄴ/는 게 흠이다 • 끝을 보다 • 직성이 풀리다 • V-(으)면 V-았/었지	말 비유하기
		2. 가정 교육	교육 II	• N을/를 N(으)로 꼽다 • N(으)로 하여금 • N은/는 고사하고 • A/V-다 못해 • A/V-(으)ㄹ 턱이 없다 • A/V-(으)ㄹ지언정	쓰 개요 작성하기
02	건강과 과학	1. 수면과 인간	수면 장애	• N을/를 막론하고 • V-(으)려야 V-(으)ㄹ 수 없다 • A/V-ㄴ/는/다고 해도 • V-되 • V-는 한편	말 원인과 결과 표현하기
		2. 음식 과학	건강과 음식	• A/V-(으)ㄴ/는 데 반해 • V-고도 • V-는 바 • A/V-다손 치더라도	쓰 제목 정하기
03	취업과 직업관	1. 취업 특강	취업	• V-(으)ㅁ에 있어(서) • 지피지기면 백전백승 • A/V-(으)ㄴ/는 것은 말할 것도 없고 • 귀를 기울이다 • 말꼬리를 흐리다 • V-기(에) 앞서 • A-기 짝이 없다	말 화제 유지하기
		2. 직업관의 변화	직업	• A/V-다고 해도 과언이 아니다 • N(이)라든가 • A/V-아/어(서) 그런지 • A/V-아/어 봤자 • 도전장을 내밀다	쓰 글 시작하기
04	소비와 경제	1. 합리적인 소비	경제관념	• A/V-다니 • A/V-답시고 • V-는 족족 • A/V-다/자/냐/라는 둥 A/V-다/자/냐/라는 둥	말 상담하기/조언하기
		2. 마케팅 전략	판매 전략	• A/V-(으)ㄴ/는다고 할 수 있다 • V-기보다(는) • N 말고도[는] • A/V-다면	쓰 단락 구성하기
05	언어와 생활	1. 한국어의 특징	언어의 특징	• A/V-더니만 • N(이)라도 V-는 줄 알다 • V-나 싶다 • A/V-다기보다(는) • A/V-다면야	말 대상을 강조하기

과	제목	소제목	어휘	문법 및 표현	말하기 & 쓰기
05	언어와 생활	2. 고령화 사회	언어의 특성	• A/V-(으)ㄹ 법(도) 하다 • A/V-(으)ㄹ 리 만무하다 • A/V-(으)련마는 • A/V-(으)므로	쓰 글 마무리하기
06	현대인의 생활	1. 현대인의 사고방식	사고방식	• V-는 추세 • A/V-건 (간에) • A/V-(으)ㄹ 테고	말 순서대로 말하기
		2. 현대인의 시간 활용	여가 생활	• 발이 묶이다 • 손을 놓다 • V-(으)ㄹ 나위 없다 • N 또한 • V-자는 취지에서	쓰 찬성/반대하는 글쓰기
07	발명과 과학	1. 발명 이야기	발명 및 발견	• V-는 데(에) 힘을 쏟다 • V-아/어야겠다는 마음에[생각에] • V-는 것도 모자라 • V-기란 • A/V-(으)ㄴ/는 것이[게] 아닐까 하다 • V-는 한이 있더라도 • A/V-(으)나	말 비교해서 말하기
		2. 생활 속 과학	과학 현상	• V-(으)ㄹ 무렵 • V-기 일쑤이다 • A/V-게끔 • V-기(가) 무섭게	쓰 수필 쓰기
08	함께하는 사회	1. 비빔밥 사회를 꿈꾸며	다문화 사회	• A-(으)나마 • 즉 • A/V-기에 • A/V-다 보니(그로 인해)	말 발표하기
		2. 나눔 활동	나눔이 필요한 사람들	• N만으로(는) • A/V-(으)려니와 • N에 그치다 • N(으)로 이어지다	쓰 요약하기
09	한국의 예술	1. 공연	공연	• 실랑이를 벌이다 • 걸림돌이 되다 • 꿈을 접다 • A/V-다지(요)? • A/V-(으)/느니만큼 • A/V-(으)리라고 보다[생각하다]	말 근거 들기
		2. 풍속화	풍속화	• A/V-다는 점에서 • A/V-(으)ㄴ/는 것으로 미루어 (보아) • A-기(가) 이를 데 없다 • V-(으)ㄹ 듯 말 듯하다	쓰 글감 모으기
10	철학과 삶	1. 바람직한 가치관	가치관	• A/V-(으)면[다면] 몰라도[모를까] • A/V-지 • V-(으)ㄴ 끝에 • V-다시피	말 항의하기
		2. 철학과 삶	전쟁	• V-던[는] 찰나에 • A/V-거늘 • A/V-(으)오/소 • V-기 나름이다	쓰 자기소개서

CONTENTS

제 1 과

교육과 교육 제도

1. 한국의 교육

듣기 평생 교육의 필요성에 대한 대화 듣기
어휘 교육 Ⅰ
문법 및 표현
- 어떻게 V-(으)ㄴ N인데
- N만 하더라도
- N이/가 없잖아 있다
- A/V-(으)ㄴ/는 게 흠이다
- 끝을 보다
- 직성이 풀리다
- V-(으)면 V-았/었지

말하기 비유하기

2. 가정 교육

읽기 한석봉 일화에 대한 글 읽기
어휘 교육 Ⅱ
문법 및 표현
- N을/를 N(으)로 꼽다
- N(으)로 하여금
- N은/는 고사하고
- A/V-다 못해
- A/V-(으)ㄹ 턱이 없다
- A/V-(으)ㄹ지언정

쓰기 개요 작성하기

1 한국의 교육

01 다음은 서로 다른 수업의 모습입니다. 각 수업의 장단점에 대해 생각해 봅시다.

02 다음은 한국의 학교 교육 제도입니다. 다음을 보고 여러분 나라와 어떻게 다른지 이야기해 봅시다.

1~2년	6년	3년	3년	2~6년	2년~
유치원	초등학교	중학교	고등학교	대학교	대학원

고등학교	
일반계 고등학교	
전문계 고등학교	공업고 농업고 정보통신고
특수목적 고등학교	외국어고 국제고 과학고 예술고 체육고 마이스터고

초등학교와 중학교의 교육 과정은 전 국민의 의무 교육으로 정해져 있다. 한 학년은 두 학기로 나뉘어져 있으며 3월과 9월에 시작된다. 초 · 중 · 고교의 경우 겨울 방학은 12월 말부터 그 다음 해 1월 말까지이며, 여름 방학은 7월 말에서 8월 말까지이다. 대학교의 경우 여름 방학은 6월 말부터 8월 말까지이고 겨울 방학은 12월 중순 경부터 2월 말까지이다.

듣기

Track 01

다음을 듣고 물음에 답하십시오.

01 들은 내용과 다른 것을 고르십시오.

① 여자는 일과 학업을 함께 해 나갈 생각이다.

② 남자는 여자에게 대학교를 추천해 주고 있다.

③ 남자는 여자의 선택을 적극적으로 지지하고 있다.

④ 여자는 아직 학교를 결정하지 못해 망설이고 있다.

02 여자가 대학교 편입을 고려하고 있는 이유는 무엇입니까?

① 직장인의 대학교 편입이 늘고 있는 추세이므로

② 회사에서 대학교 공부를 지원해 주기 때문에

③ 일보다는 공부가 더 적성에 맞는다고 판단해서

④ 일에 대한 전문적인 지식이 부족하다고 느껴져서

03 방송통신대학교와 사이버대학교의 공통점과 장단점을 쓰십시오.

	방송통신대학교	사이버대학교
공통점		
장점		
단점		

04 여러분이 여자의 입장이라면 어느 학교를 선택하겠습니까? 그 이유는 무엇입니까?

남 : 뭘 보고 있길래 인기척도 못 느낄 정도로 집중하고 있어?

여 : 아, 대학교 편입 정보에 대해 좀 알아보고 있었어.

남 : 편입하려고? 너 이미 대학교 졸업했잖아. 그리고 취직한 지도 1년밖에 안 됐는데 회사를 그만둘 생각이야?

여 : 아니야. 어떻게 들어간 회사인데 그만두다니.

남 : 그럼 주경야독을 하겠다는 말이니?

여 : 응, 그래야 할 거 같아. 내가 전공하고 관련 없는 일을 하게 됐잖아. 입사 초기만 하더라도 열심히만 하면 잘할 수 있을 줄 알았는데 일을 하다 보니까 그게 아니더라고.

남 : 근데 너희 회사 툭하면 야근하는데 괜찮겠어?

여 : 그래서 일반 대학교 대신 방송통신대학교나 사이버대학교를 알아보고 있어.

남 : 방송통신대학교는 뭐고 사이버대학교는 뭐야?

여 : 둘 다 집에서 텔레비전 방송이나 온라인 강좌를 통해 공부를 하고 학점을 취득할 수 있는 곳이야.

남 : 그래? 그럼 일이랑 공부를 병행하기에는 딱이겠다.

여 : 응. 그런데 두 학교가 다 일장일단이 있어서 선뜻 선택하기가 어려워.

남 : 어떤 점이 다른데?

여 : 방송통신대학교의 가장 큰 장점은 무엇보다 학비가 저렴하다는 점이야. 그런데 시험은 온라인상에서 볼 수 없고 꼭 시험장에 가서 봐야 한다는 단점이 있어. 그리고 직접 학교에 가서 강의를 들어야 하는 과목도 있어서 직장인들에게는 좀 불편한 점이 없잖아 있는 것 같아.

남 : 그럼 사이버대학교는?

여 : 사이버대학교는 방송통신대학교와는 달리 전 강좌를 온라인상에서 들을 수 있고 시험도 볼 수 있어서 좋은 거 같아. 방송통신대학교에 비해서 등록금이 서너 배 정도 비싸다는 게 흠이긴 하지만.

남 : 그렇구나. 금전적인 면에서 보면 방송통신대학교가 좋겠는데 또 시간적 효율을 따져 보면 사이버대학교가 낫겠네. 그런데 혼자서 인터넷 강의만 보고 공부를 하려면 대단한 의지와 인내심이 필요할 것 같아.

여 : 나도 그렇게 생각해. 귀찮으면 공부를 안 하게 될 수도 있고 다음으로 미뤄 버릴 수도 있잖아. 그게 좀 걱정이긴 해.

남 : 걱정하지 마. 네가 필요에 의해서 공부를 하려고 하는 거고 게다가 넌 한번 시작하면 끝을 봐야 직성이 풀리는 성격이니까 힘들어도 틀림없이 잘 해낼 거야.

여 : 그래, 아예 시작을 안 하면 안 했지 공부하려고 마음먹은 이상 잘 해 보고 싶어.

인기척 편입 주경야독 툭하면 강좌 취득하다 병행하다 일장일단 선뜻 흠 금전적 효율 따지다 인내심 미루다 직성 아예

더 생각해 봅시다

01 다음을 읽고 생각해 봅시다.

지난 10일 한 대학교에서 신입생 2,000명을 대상으로 대학 선택 기준과 학과 선택 기준에 대한 설문 조사를 실시했다. 설문 결과 새내기들은 대학 선택 시 취업 가능성을 가장 중요하게 생각한다고 답변했다. 그 다음으로 대학교의 인지도, 발전 가능성, 자신의 성적 등을 고려하는 것으로 나타났다.

학과를 선택할 때에는 적성이나 흥미를 최우선으로 고려하는 것으로 나타났으며, 아주 근소한 차이로 취업 가능성이라는 답변이 뒤를 이었다. 그 밖에 대학교 합격 가능성이라고 답한 학생들도 있었다. 이번 설문 조사 결과 ______________________________ 을/를 알 수 있다.

1) 위의 설문 조사 결과로 알 수 있는 사실은 무엇입니까?

2) 여러분이 대학과 학과를 선택할 때 중요하게 생각하는 것은 무엇입니까? 위 글에 제시된 것 이외에 중요하게 고려해야 할 것이 있다면 말해 봅시다. 그리고 여러분이 중요하다고 생각하는 것을 순서대로 나열해 봅시다.

대학 선택	취업, 학교 인지도, 발전 가능성, 자신의 성적, ________
	________ → ________ → ________ → ________ → ________
학과 선택	적성이나 흥미, 취업 가능성, 합격 가능성, ________, ________
	________ → ________ → ________ → ________ → ________

02 다음을 읽고 생각해 봅시다.

최근 들어 대학교의 철학과를 비롯하여 문학과나 사학과 등이 다른 학과와 통합되거나 아예 폐지하려는 움직임이 심심치 않게 보이고 있다. 모든 학문의 뿌리가 되는 인문학이 대학에서 사라질 위기에 놓인 이유는 과연 무엇일까?

첫 번째 이유는 바로 철학과 같은 인문학 관련 졸업생들의 취업률이 다른 실용학과에 비해 현저히 떨어지기 때문이다. 실제로 요즘 같은 불경기에 인문학 전공자가 정규직으로 취업하기란 낙타가 바늘구멍으로 들어가는 것만큼 어려운 게 사실이다. 이에 반해 컴퓨터 관련 학과, 패션 관련 학과 등 실용 학문 중심의 학과를 나온 졸업생들의 취업률은 상대적으로 높은 편이라 신입생들도 인문학보다는 실용 학문으로 몰리는 것이다.

인문학이 찬밥 신세가 된 두 번째 이유는 바로 정부의 대학 평가 기준에 있다. 좋은 대학과 그렇지 않은 대학을 구분 짓는 잣대로 졸업생 취업률이 상당히 큰 부분을 차지하고 있기 때문이다. 문학, 사학, 철학 계통의 학과 졸업생들은 낮은 취업률은 대학 평가에 바로 반영되기 때문에 그 대학에 대한 평가 점수가 낮아진다. 낮은 점수를 받은 대학은 부실 대학으로 낙인찍히게 되고, 그렇게 되면 학생들로부터 외면을 받을 수 밖에 없다. 결국에는 학생이 점점 줄어들어 대학 운영 자체가 힘들어지게 되는 악순환이 이어진다.

이러한 이유로 대학에서는 인문학과를 통합하거나 폐지하자는 입장을 취하게 되는 것이다. 모든 학문의 근본이 되는 기초 학문인 인문학이 중요하다는 것은 대학 측에서도 잘 알고 있다. 그러나 당장 어려운 현실을 외면하고 교육과 경영을 함께 하는 것은 불가능하기 때문에 어쩔 수 없는 선택을 하는 것이다.

1) 인문학이 사라지게 될 위기에 놓인 이유는 무엇입니까?

2) 여러분은 대학의 입장에 찬성합니까, 반대합니까? 그 이유는 무엇입니까?

찬성	반대

3) 여러분 나라에서는 학생들이 무슨 학과를 선호합니까? 그 이유는 무엇입니까?

4) 여러분 나라의 대학교에 특이하고 재미있는 학과가 있다면 소개해 봅시다.

5) 여러분이 생각하는 대학은 어떤 곳입니까? 대학에 진학하는 목적은 어디에 두어야 한다고 생각합니까?

어 휘

◎ 교육과 관련된 어휘에 대해 알아봅시다.

• **잠재력**
이 회사는 아직 작은 규모이지만 한국 최고의 인재들이 모여 있는 곳이니만큼 무한한 성장의 잠재력을 가지고 있는 회사로 평가되고 있다.

• **선천적/후천적**
그의 성공 비결은 선천적 재능보다는 끊임없이 노력하는 성실함에서 찾아볼 수 있다.

• **지도하다**
왕년에 유명한 농구 선수였던 그는 은퇴한 후 농구 선수를 꿈꾸는 어린 학생들을 지도하면서 지내고 있다.

• **격려하다**
인생의 새로운 시작을 앞둔 친구를 격려하고 축하해 주기 위해 오랜만에 동기들이 모두 한자리에 모였다.

• **육성하다**
한국기업은 국제 업무 능력을 갖춘 인재를 육성하기 위해 해외 파견 교육 제도를 도입했다.

• **눈높이**
이 책은 유아의 눈높이에 맞게 다양한 동물과 곤충에 대한 이야기를 재미있게 다루고 있어 아이들과 엄마들의 반응이 좋다.

• **학력**
고등학교 때에는 거의 매달 시험을 통해 학력 평가가 이루어졌다.

1) 전통 시장을 ____________ 위해서는 정부 차원에서 대책을 마련해야 한다.

2) 고객이 기분 좋게 자주 찾을 수 있는 가게를 만들려면 우선 자신을 낮추고 고객의 ____________ 에 맞춘 서비스를 제공해야 한다.

3) 한국대학교 학생들의 취업률이 높은 이유는 교수들이 학생 한 명 한 명에게 책임감을 갖고 성의껏 취업을 ____________ 주기 때문이라고 한다.

4) 어느 전문가의 말에 따르면 인간의 성격은 타고난 기질에 ____________ 인 환경 요인이 더해져 형성된다고 한다.

5) 아이들은 아직 아무 것도 쓰여 있지 않은 백지와 같은 상태입니다. 다시 말하면 그만큼 무한한 능력과 ____________ 을/를 가지고 있다는 뜻입니다.

6) 거듭된 사업의 실패로 실의에 빠져 있을 때 '당신은 다 잘할 수 있어요.'라고 ____________ 준 아내 덕분에 나는 다시 일어설 수 있었다.

7) ____________ 중심의 사회 분위기가 오늘날 교육 문제를 일으키는 가장 근본적인 문제이다.

문 법

01 어떻게 V-(으)ㄴ N인데

- 가 : 일이 많이 밀려 있어서 주말에 선 보러 못 나가요.
  나 : 뭐라고? 내가 어떻게 마련한 자리인데 잠깐이라도 안 돼?
- 가 : 부장님한테 안 좋은 소리 들었어? 표정이 안 좋아.
  나 : 내가 올린 기획안이 마음에 안 든다면서 다시 하라고 하잖아. 어떻게 만든 기획안인데 자세히 보지도 않고 다시 하라니 기분이 안 좋아서 그래.

◎ 다음 대화를 완성하십시오.

1) 가 : 극단에서 오디션 기회를 한 번 더 줬다더니 오디션 보고 왔어?
   나 : 아니, 오늘 아침에 오디션이 있었는데 일어나 보니 12시가 넘었잖아. ________________ 늦잠으로 기회를 놓쳐 버리다니 내가 너무 한심해.

2) 가 : 어제 뉴스 봤어요? 50년 만에 어머니를 만난 아들 이야기 있잖아요.
   나 : 저도 봤어요. ________________ 만나자 마자 헤어져야 하는 상황이 마음 아파 혼났어요.

3) 가 : 뭐? 네 동생이 너한테 대들었다고?
   나 : 응, 이런 일은 처음이라 좀 충격적이었어. 내가 자기를 ________________ 나한테 대들다니 너무 섭섭해서 눈물이 나더라.

문법 설명

어떤 일을 정성을 다해 열심히 하거나 어렵게 얻은 것임을 강조하는 표현이다. '을/를 어떻게 -았/었는데'의 형태로도 쓰인다.

02 N만 하더라도

- 작년까지만 하더라도 전셋집 구하기가 비교적 수월했는데 올해는 그렇지가 않다.
- 불경기로 인해 취업하기가 하늘의 별 따기만큼이나 어려워졌다. 내 동생만 하더라도 몇 년째 취업을 못 하고 있어서 모두가 걱정이다.

◎ 다음 대화를 완성하십시오.

1) 가 : 이번에 우리 영업소가 다른 영업소를 제치고 판매 실적 1위를 차지했어요. 다 여러분이 열심히 뛰어 준 덕분입니다.

나 : 정말요? ______________________________ 걱정했었는데 정말 기뻐요.

2) 가 : 성인 남녀의 절반 이상이 결혼에 대해 부정적이래요.

나 : 하긴 ______________________________.

3) 가 : 얼마 전까지만 하더라도 4년제 대학에 사람이 몰렸었는데 요즘에는 사정이 많이 달라지고 있는 걸 보니 취업난이 얼마나 심각한지 알겠어요.

나 : 그죠? ______________________________.

문법 설명

상황과 반대되는 상황을 표현할 때 사용한다. 앞에서 말한 사실이나 상황에 대해 예를 들어 설명할 때 사용하는 표현이다. '만 해도', '의 경우만 봐도'의 형태로도 쓰인다.

03 N이/가 없잖아 있다

- 그는 사람들의 말을 귀담아 듣기보다는 자기 생각만 주장하는 면이 없잖아 있다.
- 유명한 영화제에서 큰 상을 받은 작품이 오히려 지루하고 재미없다고 느끼는 사람들이 없잖아 있다.

◎ 다음 대화를 완성하십시오.

1) 가 : 색깔이나 디자인이 너무 화려한 거 같지 않아? 우리가 생각한 것과는 정반대인데.

나 : ______________________________ 뭔가 신선함이 느껴져서 난 더 좋은 거 같아.

2) 가 : 이제는 유기농 식품뿐만 아니라 유기농 화장품도 어렵지 않게 찾을 수 있는 것 같아요.

나 : ______________________________ 우리의 삶을 건강하게 만들어 준다고 생각하면 충분히 투자할 만하다고 생각해요.

3) 가 : 우리 과장님은 말투가 너무 딱딱하고 냉정해서 회의하거나 보고할 때 정말 긴장 돼.

나 : ______________________________.

문법 설명

'어떤 점이 없는 게 아니라 있다'는 뜻이다. 즉, 어떤 점이 있음을 인정한다는 의미이다.

04 A/V-(으)ㄴ/는 게 흠이다

- 김 대리는 성격도 좋고 일처리도 완벽한데 입이 가볍다는 게 흠이다.
- 새로 산 세탁기는 세탁력도 우수하고 에너지 효율도 좋은데 소음이 심한 게 흠이다.

◎ 다음 대화를 완성하십시오.

1) 가 : 듣던 대로 마당도 넓고 전망도 좋은 집이네요.
   나 : 네, 게다가 이웃들도 좋은 분들인 것 같아서 다행이긴 한데 ______________________.

2) 가 : 맞벌이를 하면 생활비나 교육비 걱정 안 해도 돼서 좋을 것 같아요.
   나 : 물론 경제적으로는 좋겠지만 ______________________.

3) 가 : 자전거로 출퇴근 하면 운동도 되고 돈도 아낄 수 있으니 일석이조네요.
   나 : 그렇긴 한데 ______________________.

문법 설명

'잘못되고 부족한 점이 있다'는 뜻이다.

05 끝을 보다

- 그는 한번 시작한 일은 끝을 보는 성격이라서 밤을 새는 일이 허다하다.
- 시작이 반이라고 힘들어 보여도 일단 시작해서 하다 보면 끝을 볼 수 있을 것이다.

문법 설명

'일을 끝내다'는 뜻이다.

06 직성이 풀리다

- 나는 상대방이 논리적으로 말을 하지 못할 때 그것을 지적해야 직성이 풀린다.
- 얼리어답터(early adopter)는 남들보다 빨리 신제품을 사서 써야만 직성이 풀리는 소비자들을 일컫는다.

문법 설명

'일이 자기 뜻대로 이루어져서 만족스럽다'는 뜻이다.

07 V-(으)면 V-았/었지

- 이번 계약을 포기하면 포기했지 절대 거래처에서 제시한 가격으로 해 줄 수는 없다.
- 그 사람을 두 번 다시 안 만나면 안 만났지 잘못한 것도 없는데 내가 먼저 사과하지는 않을 것이다.

◎ 다음 대화를 완성하십시오.

1) 가 : 박 선배랑 점심 먹으러 갈 건데 너도 갈래?

나 : 지난번에 말다툼한 후로 박 선배랑 사이가 별로야. ____________________ 박 선배랑은 안 먹고 싶어.

2) 가 : 이 정도면 충분해. 대회를 준비한 시간도 짧았는데 이번에는 그냥 참가하는 데 의의를 두자.

나 : 안돼. ____________________ 완벽하지 않은 모습으로 무대에 오를 수는 없어. 그러지 말고 조금만 더 연습하자.

3) 가 : 사장님이 만드신 가구가 튼튼하고 실용적이라서 참 좋은데 너무 비싼 게 흠이라면서 구매를 망설이는 고객들이 많아요. 가격을 좀 내리면 어떨까요?

나 : 저는 제 가구를 사용하는 사람을 생각하면서 정성을 다해 만듭니다. 제 정성과 가구의 질을 생각하면 그 정도의 가격은 적당하다고 봅니다. 가구를 ____________________ 가격을 내리는 일은 없을 겁니다.

문법 설명

앞 문장의 내용을 하는 한이 있더라도 뒤에 오는 일은 하지 않겠다는 강한 의지를 나타내는 표현이다.

말하기

01 다음을 보고 이야기해 봅시다.

배움은 마치 물을 거슬러 배를 젓는 것과 같아서 앞으로 나가지 않으면
결국 뒤로 물러나 버리고 만다.

1) 위 문장이 뜻하는 바가 무엇이라고 생각합니까?

2) 여러분에게 배움이란 무엇입니까? 다음 표현을 이용하여 말해 봅시다.

비유하기

- 마치 ~
- 와/과 같이 ~
- -(으)ㄴ/는 것처럼 ~
- 와/과 다름없이 ~
- 은/는 ~에 비유할 수 있다
- 은/는 ~(이)나 다름없다/마찬가지이다

배움	평생 친구	끝이 없다

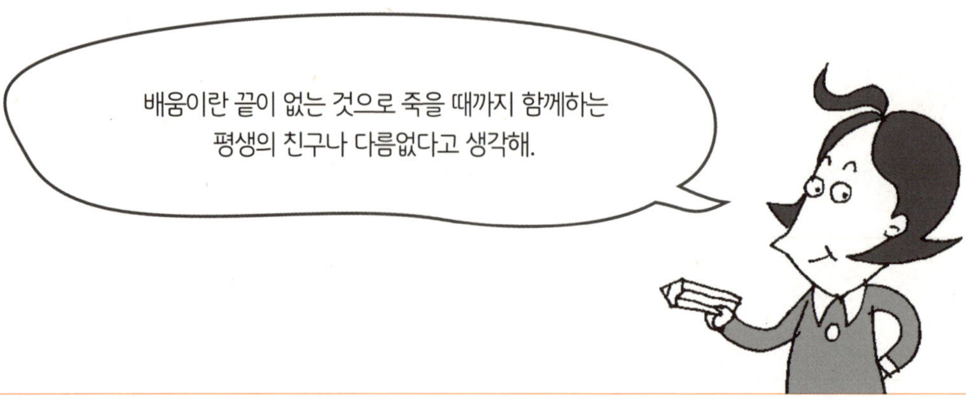

02 다음 대화를 보고 이야기해 봅시다.

가 : 제니퍼 씨, 어제 아이 유치원 입학식에 잘 다녀왔어요?

나 : 네, 그런데 고민이 좀 생겼어요.

가 : 무슨 고민이에요?

나 : 유치원 마치고 아이들이 어떻게 집으로 돌아가는지 조사하길래 나는 집이 가까우니까 그냥 '도보'라고 적어서 냈거든요. 그런데 다른 아이들을 보니까 대부분 학원차를 타고 학원으로 간다는 거예요. 유치원 마치고 바로 집으로 안 간다는 사실에도 좀 놀랐는데 아이들의 일과 때문에 더 놀랐어요. 일주일 내내 유치원 마치고 수학, 영어, 독서, 미술, 태권도 등을 배운대요.

가 : 그래요? 한국 부모들의 교육열이 높다고는 들었지만 어릴 때부터 그렇게 공부를 시키는지는 몰랐네요.

나 : 네, 아이들이 마치 ______________________________.
놀 시간도 별로 없이 유치원, 학원을 오가며 스트레스 받을 생각을 하니 좀 불쌍해요. 그렇지만 다른 아이들도 다 배우는데 우리 아이만 모르면 그것도 걱정될 것 같고, 어떻게 해야 할지 모르겠어요.

1) 제니퍼 씨가 유치원과 학원 생활로 바쁜 아이들을 어떻게 생각했을지 밑줄에 들어갈 표현을 이야기해 봅시다.

2) 제니퍼의 고민을 듣고 여러분은 어떤 조언을 해 주겠습니까? 여러분이 만약 제니퍼와 같은 상황에 있다면 어떻게 하겠습니까?

3) 여러분은 초등학교에 입학하기 전에 어떻게 하루를 보냈습니까? 하루 일과에 대해 말해 봅시다.

4) 여러분 나라 어린이들의 유치원 생활은 어떻습니까?

03 다음을 읽고 말해 봅시다.

독서가 중요하다는 사실은 누구나 잘 알고 있다. 어린 자녀를 둔 부모들은 자녀에게 독서 습관을 길러 주기 위해 애쓰며 학생이나 직장인들은 바쁜 생활 속에서도 틈틈이 책을 읽으려고 노력한다. 이런 점에서 독서는 인간의 삶을 윤택하게 해 주는 마음의 양식이라 할 수 있다.

1) 위의 글에서는 독서를 마음의 양식에 비유하고 있습니다. 여러분은 독서를 무엇에 비유하겠습니까?

독서는 ______________________

____

2) 독서의 기능에 대해서 여러분의 생각을 이야기해 봅시다.

독서의 기능
• 언어 능력이 발달한다. • 폭넓은 사고를 할 수 있게 된다. • •

2 가정 교육

01 어머니의 역할에 대해 잘 생각해 보고 다음 빈 칸을 채워 봅시다.

우리 어머니는 (　　　　　　)이다. 왜냐하면 (　　　　　　　　　　　　)기 때문이다.

예) 우리 어머니는 의사이다. 왜냐하면 아플 때 어머니가 날 만져주시면 아픈 곳이 씻은 듯이 낫기 때문이다.

02 다음 그림을 보고 이야기해 봅시다.

1) 어머니는 왜 두 번이나 이사를 갔다고 생각합니까?

2) 서당 근처로 이사 간 다음 아이는 어떻게 됐을까요? 다음 장면을 상상해 봅시다.

3) 이 이야기에서 말하고자 하는 것은 무엇입니까?

읽기

다음은 한석봉에 대한 일화를 소개한 글입니다. 잘 읽고 질문에 답하십시오.

'글씨'라고 하면 조선 시대 한석봉을 최고로 꼽는 사람들이 많다. 25세의 나이에 과거 시험에 합격하여 관직에 올랐고, 중국에 사신으로 왕래하면서 명필가로 이름을 떨쳤다. 왕은 벽에 항상 석봉의 글씨를 걸어 두고 감상할 정도로 좋아했으며, 석봉으로 하여금 나라의 주요 문서를 도맡아 작성하게 했다. 『석봉천자문』이라는 책을 남겨 오늘날까지 한자를 처음 배우는 사람들에게 교본이 되게 한 그의 명필 뒤에는 다음과 같은 이야기가 있다.

석봉은 세 살 때 아버지를 여의고 떡 장사로 겨우 살림을 이어가는 어머니와 함께 살았다. 서당은 고사하고 종이와 먹을 살 수도 없을 정도로 가난했던 석봉은 물을 찍어서 항아리나 돌 위에 글씨 쓰는 연습을 하였다. 이런 아들의 성공을 위해 어머니는 석봉을 유명한 절로 보내 공부를 시켰다.

절에 들어가 공부를 한 지 10년 쯤 지났을 무렵 석봉은 어머니가 매우 보고 싶었다. 참다 못해 밤에 몰래 절에서 빠져 나온 그는 집으로 달려갔다. 갑자기 나타난 아들을 보고 놀라는 어머니에게 석봉은 말했다.

"십 년 동안 열심히 공부했습니다. 이제 제가 어머니를 편히 모시겠습니다. 어머니가 뵙고 싶어서 참을 수가 없었습니다."

그 말을 들은 어머니는 방 안의 호롱불을 끄고 말했다.

"나는 떡을 썰 테니 너는 글을 써라. 그래서 누구의 것이 더 고른지 한번 보자."

말을 마친 어머니는 어둠 속에서도 빠르게 떡을 썰기 시작하였고 한석봉도 차분하게 글씨를 써 내려갔다. 그렇게 얼마의 시간이 지난 후 불을 켜고 보니 어머니가 썬 떡은 크기나 두께가 모두 같았는데 석봉이 쓴 글씨는 서로 크기가 제각각이고 모양도 비뚤비뚤하였다. 십 년을 공부한 석봉이 몇십 년간 떡을 썰어 온 어머니를 이길 턱이 없었던 것이다. 이것을 본 어머니는 석봉을 크게 꾸짖었다.

"그런 글씨를 가지고 공부를 마쳤다니 말이 되느냐? 당장 돌아가서 눈을 감고도 이 떡처럼 고르게 글씨를 쓸 수 있게 될 때까지 열심히 연습하여라. 그전에는 절대로 집에 올 생각을 하면 안 된다."

석봉은 꾸준히 다시 절로 돌아가 공부에 힘썼다. 그리고 훗날 뛰어난 명필가들의 필법을 연구하여 본인만의 글씨체를 만들어냈다. 아들을 다시 절로 보내고 혼자 눈물을 훔칠지언정 자식 앞에서는 엄격했던 석봉의 어머니. 그녀의 엄한 가르침이 석봉을 뛰어난 명필가로 만든 것이다.

과거 관직 사신 왕래하다 명필가 떨치다 문서 도맡다 교본
여의다 이어가다 서당 항아리 찍다 호롱불 고르다 제각각 비뚤비뚤하다
꾸짖다 훗날 필법 훔치다 엄격하다 엄하다

01 이 글의 내용을 시간 순서대로 정리해 봅시다.

가. 석봉은 어머니가 혼자 생계를 이어가는 가난한 집안의 자식이었다.
나. 석봉은 과거 시험에 합격하였고 명필가로 널리 이름을 떨쳤다.
다. 석봉의 어머니는 아들을 절로 보내 공부를 시켰다.
라. 석봉의 어머니는 불을 끈 후 자신은 떡을 썰고 아들은 글을 쓰게 했다.
마. 석봉은 글공부가 끝나지 않았는데 어머니가 보고 싶어 집으로 찾아갔다.

(가 → → → →)

02 이 글의 내용과 다른 것을 고르십시오.

① 석봉은 어릴 때 돈이 없어서 항아리 위에다가 글씨 연습을 했다.
② 석봉은 불을 끄고 글씨를 쓴 후에도 자신의 부족함을 깨닫지 못했다.
③ 석봉의 어머니는 아들을 더 훌륭한 사람으로 만들기 위해 절로 보냈다.
④ 석봉의 어머니는 아들 앞에서 눈물을 보이고 싶지 않아서 엄격하게 했다.

03 한석봉 어머니의 교육 방식에 대해 여러분은 어떻게 생각합니까? 자신의 생각과 그 이유를 써 봅시다.

긍정적으로 생각한다. 그 이유는	
부정적으로 생각한다. 그 이유는	

04 여러분이 만약 한석봉의 어머니였다면 공부를 마치지 않고 돌아온 석봉을 어떻게 대했을지 친구와 이야기해 봅시다.

더 생각해 봅시다

01 다음의 대화를 보고 이야기해 봅시다.

1) 두 사람은 무엇에 대해 이야기를 나누고 있습니까?

2) 여러분은 누구의 생각에 동의합니까? 왜 그렇게 생각하는지 말해 봅시다.

02 다음 기사를 읽고 자신의 생각을 정리해서 친구와 토론해 봅시다.

한국말도 못하는데 영어 교육?

영어 유치원에 영어 학원, 영어 조기 교육 시기가 앞당겨지고 있다. 이제는 아이가 한국말을 배우기 시작할 때 영어 동요나 동화를 통해 자연스럽게 영어도 함께 배우게 하려는 것이다.

'펭귄 아빠' vs '독수리 아빠', 조기 유학 가정 경제력 천차만별

여름 방학을 앞두고 조기 유학을 보내는 가정들이 속속 증가하고 있다. 아이가 유학을 가 있는 가정의 아빠는 경제력에 따라 각각 다르게 불린다. 여유가 있어서 언제든 보고 싶을 때 비행기에 몸을 실을 수 있으면 '독수리 아빠', 형편이 별로 좋지 못해서 일 년에 한두 번 정도밖에 못 간다면 '기러기 아빠', 있는 돈 다 모아서 아이를 유학 보내 놓고 빈 집에 홀로 남아서 가족을 그리워하는 경우는 '펭귄 아빠'라고 불린다.

아이들이 진학하면 엄마들은 알바 뛴다

고등학교 1학년, 중학교 3학년짜리 두 자녀를 둔 김미영(가명 · 45) 씨는 평범한 중산층 주부이다. 남편의 월급으로 크게 부족하지 않았던 김 씨의 가계는 아이들이 상급 학교에 진학하면서부터 휘청거리기 시작했다. 그 이유는 바로 사교육비 때문이었다. 김 씨는 지난 겨울 방학 동안 두 자녀의 사교육비로 125만 원을 지출했으며 이것은 월 소득의 40% 수준이다. 결국 김 씨는 얼마 전부터 식당에서 아르바이트를 시작했다.

긍정적인 입장	
부정적인 입장	

03 여러분은 어떠한 어린 시절을 보냈습니까? 바람직한 가정 교육에 대한 자신의 생각을 정리해 봅시다.

좋았던 점	싫었던 점	➡	바람직한 가정 교육이란

04 현재 여러분 나라의 교육에서 가장 큰 문제는 무엇이라고 생각합니까?

어 휘

◎ 교육과 관련된 어휘에 대해 알아봅시다.

- **교육열**
  한국은 높은 교육열 덕분에 다른 나라에 비해 문맹자의 비율이 현저히 낮다.
- **조기 교육**
  언니는 갓 돌을 넘긴 조카에게 조기 교육을 시켜야 한다며 영어로 된 동요를 들려주는 등 벌써부터 야단이다.
- **사교육비**
  교육청에서는 관내 중학교에 방과 후 학교를 운영하도록 하여 사교육비 절감에 앞장섰다.
- **공교육**
  공교육을 살리기 위해서는 무엇보다 교사들의 실력과 전문성을 높이는 것이 절실하다.
- **주입식 교육**
  획일적인 주입식 교육은 학생들의 개성과 창의력을 없애는 불행한 결과를 가져올 뿐이다.
- **가정 교육**
  저 아이는 아무에게나 예사로 반말을 하는 걸 보니 가정 교육을 제대로 못 받은 듯하다.
- **전인 교육**
  지식이나 기능 교육에 치우치지 않고 인간이 가진 모든 자질을 조화롭게 발달시키는 교육을 전인 교육이라 고 한다.

1) 창의성을 키우기 위해서는 ______________ 이/가 아니라 개개인의 능력을 개발하는 데 중점을 두고 교육해야 한다.

2) 학생들이 학교 교육만 잘 받으면 대학에 입학할 수 있도록 ______________ 이/가 활성화되어야 한다.

3) 아버지는 어려운 가정 형편에도 불구하고 할머니의 뜨거운 ______________ 에 힘입어 대학에 진학할 수 있었다.

4) 대안 학교의 교사들은 학생들에게 지식 위주의 교육을 하는 일반 학교와 달리 ______________ 을/를 시키기 위해 노력하고 있다.

5) 세 명의 아이들을 모두 학원에 보내려니 ______________ 지출이 너무 많아서 생활이 힘들다.

6) 취학 전 가정에서 이루어지는 ______________ 은/는 이후의 교육과 사회 생활에도 많은 영향을 끼친다.

7) 최근에는 영어 유치원, 영재 유치원 등 ______________ 이/가 열풍이다.

문법

01 N을/를 N(으)로 꼽다

- 많은 사람들이 김치를 한국의 대표 음식으로 꼽는다.
- 신윤복의 그림 중에서는 미인도를 대표작으로 꼽을 수 있을 것이다.
- 여성의 사회 진출과 사교육비 부담을 저출산의 원인으로 꼽는 전문가들이 많다.

◎ 다음 질문에 대답해 봅시다.

1) 한국을 대표하는 관광지로는 어디가 있을까요?

2) 여러분 나라를 대표하는 음식은 무엇입니까?

3) 고령화 현상에 대한 정부의 대책으로는 무엇이 있을까요?

4) 전 세계를 통틀어 올해의 인물을 꼽는다면 누구일까요?

5) 살아가는 데 가장 중요한 세 가지를 꼽는다면 뭐가 될까요?

보기

가 : 한국을 대표하는 관광지로는 어디가 있을까요?
나 : 제주도를 한국의 대표 관광지로 꼽을 수 있어요.

문법 설명

특징을 잘 나타내는 한두 개를 대표적으로 제시할 때 사용하는 표현이다.

02 N(으)로 하여금

- 청순가련형인 그녀는 남자들로 하여금 보호해 주고 싶다는 생각이 들게 한다.
- 두 상품의 이름이 너무나 비슷하여 소비자들로 하여금 혼동을 일으키게 하고 있다.
- 이산가족이 육십여 년 만에 상봉하는 장면은 보는 이로 하여금 가슴 뭉클하게 했다.

◎ 보기 와 같이 문장을 만드십시오.

보기 봉사활동/ 나/ 보람
→ 저소득층 아이들의 학습을 도와주는 봉사활동은 나로 하여금 큰 보람을 느끼게 한다.

1) 광고/ 소비자/ 현명한 판단

→ ______________________________.

2) 학교/ 학생들/ 창의성 개발

→ ______________________________.

3) 영화/ 관객/ 어린 시절의 추억

→ ______________________________.

4) ______________________________.

문법 설명

사람을 나타내는 명사 뒤에서 '에게 시키다', '에게 하게 하다'의 의미로 사용된다. 주로 '(으)로 하여금 –게 하다', '으로 하여금 –도록 하다'의 형태로 쓰인다.

03 N은/는 고사하고

- 올 여름은 전력난이 심각해서 에어컨은 고사하고 선풍기조차 틀기가 어렵겠어요.
- 가 : 조지아 씨, 졸업 논문은 잘 되고 있어요?
  나 : 어휴, 일 때문에 바빠서 논문은 고사하고 잠 잘 시간도 부족해요.
- 가 : 김 교수님, 자제분들이 다 컸으니 이제 결혼시키셔야죠.
  나 : 우리 애들은 결혼은 고사하고 연애할 생각도 없어서 걱정이에요.

◎ 다음 대화를 완성하십시오.

1) 가 : 령령 씨는 이번 학기에도 장학금을 받을 수 있겠지요?
   나 : 이번 학기에는 결석을 많이 해서 ______________________________.

2) 가 : 미영 씨는 졸업한 지도 꽤 됐는데 올해는 꼭 취업이 됐으면 좋겠네요.
   나 : ______________________________.

3) 가 : 익볼 씨는 지난 방학에도 고향에 못 갔다면서요? 이번 방학에는 꼭 다녀오세요.
   나 : ______________________________.

4) 가 : 몸이 안 좋으면 오늘 아르바이트를 쉬겠다고 사장님께 말씀 드려 보세요.

나 : ______________________________.

5) 가 : 명절이니까 회사에서 상여금이 나오겠지요?

나 : ______________________________.

문법 설명

'앞의 내용은 당연히 불가능하고 그것보다 정도가 약한 뒤의 내용도 하기 어렵다'는 뜻이다. 동사일 경우 '-는 것은 고사하고'의 형태로 사용한다.

04 A/V-다 못해

- 웨딩드레스를 입은 신부는 아름답다 못해 눈이 부실 정도였다.
- 친구 생일잔치에서 이것저것 먹었더니 배가 부르다 못해 터질 지경이에요.
- 어려운 과제를 하느라 힘들어하는 친구의 모습을 보다 못해 내가 가서 도와주었다.

◎ 관계 있는 것끼리 연결한 후 문장을 완성하십시오.

1) 날씨가 무덥다 •	• 눈물이 나다
2) 안동 찜닭이 맵다 •	• 숨이 턱턱 막히다
3) 수업이 지겹다 •	• 입에 불이 날 정도이다
4) 대학을 졸업하니 기쁘다 •	• 잠이 올 지경이다

1) 날씨가 무덥다 못해 숨이 턱턱 막힌다.

2) ______________________________.

3) ______________________________.

4) ______________________________.

◎ 다음 표현을 사용하여 문장을 완성하십시오.

보다 못해　　기다리다 못해　　생각다 못해　　참다 못해　　듣다못해

1) 노래방에 갔는데 친구가 못하는 노래를 계속 부르길래 듣다못해 마이크를 빼앗아 버렸다.

2) 약속 시간에 친구가 나타나지 않아서 ______________________.

3) 여러 명의 학생들이 한 학생을 괴롭히고 있길래 ______________________.

4) 여자 친구에게 프러포즈할 방법을 궁리하다가 ______________________.

5) 책상에만 앉으면 계속 졸음이 몰려와서 ______________________.

문법 설명

형용사와 함께 쓰여 정도가 아주 심해져서 극단적인 상태까지 되었음을 의미한다. 동사와 같이 쓰일 경우에는 한계에 이르러 더 이상 그 동작을 유지할 수 없음을 나타낸다.

05 A/V-(으)ㄹ 턱이 없다

- 아무도 나에게 말해주지 않으니 어떻게 된 일인지 영문을 알 턱이 없어요.
- 학교에서 획일적인 주입식 교육을 하다 보니 학생들의 창의력이 개발될 턱이 없다.
- 가 : 오늘 왜 이렇게 피곤하지?
  나 : 며칠 동안 잠도 제대로 못 잤는데 안 피곤할 턱이 있어요?

◎ 다음 표를 채운 후 문장을 완성하십시오.

원인	당연한 결과
보기 감기가 심한데도 약을 안 먹는다	낫지 않는다
1) 아주 신중하고 꼼꼼한 성격이다	실수를 하지 않는다
2) 한국의 많은 중고등학생들이 스마트 폰에 중독되어 있다	공부에 집중 못한다
3) 운동은 거의 하지 않고 인스턴트 음식을 주로 먹는다	
4)	

보기 감기가 심한데도 약을 먹지 않으니 빨리 나을 턱이 없다.

1) ______________________________.

2) ______________________________.

3) ______________________________.

4) ______________________________.

문법 설명

'그렇게 되어야 할 까닭이나 이치가 없다'는 뜻이다. '-을 턱이 있어요?'와 같이 의문형으로 사용하면 반어적인 표현이 된다.

06 A/V-(으)ㄹ지언정

- 목숨을 잃을지언정 적에게 항복하지는 않겠다.
- 그때 나는 나이는 어렸을지언정 생각은 어른스러웠다.
- 평생 독신으로 살지언정 그 사람과는 절대 결혼하지 않을 것이다.

◎ 다음 문장을 완성하십시오.

보기 비록 지금은 가난할지언정 10년 후에는 보란 듯이 성공할 것이다.

1) ______________________________ 절대 포기하지 않을 것이다.

2) ______________________________ 후회는 하지 않는다.

3) ______________________________ 부모님께 손을 벌리지는 않겠다.

4) ______________________________ 하던 일은 다 끝내야 한다.

문법 설명

뒤 문장의 사실을 강조하기 위하여 앞 문장에서는 반대되는 극단적인 상황을 인정하거나 가정하는 표현이다. '비록 그러하지만 그러나' 혹은 '아무리 그러하다 하여도 그러나'의 뜻이다. '-(으)ㄹ망정'보다 다소 강한 느낌이 있다.

쓰 기

01 다음 글을 읽고 질문에 대답해 봅시다.

(가)

1. 사교육비 지출의 실태와 요인
   1) 가정 내 사교육비 지출 현황
   2) 사교육비 지출의 원인
2. 사교육비 과다 지출의 문제점
   1) 경제적 문제점
   2) 사회적 문제점

➡

(나)

가정 내 사교육비 지출이 해마다 급증하고 있는 것으로 나타났다. 이는 입시 위주, 경쟁 위주의 학교 교육이 사교육을 더욱 부추기고 있기 때문인 것으로 보인다.

사교육비가 늘어나면 가정 경제에 큰 부담으로 작용한다. 또한 학교 교육은 부실해지고 사교육 시장이 더욱 활성화되는 결과를 낳을 수 있다.

1) 먼저 (가)를 작성한 후에 (나)와 같은 글을 쓰면 어떤 점이 좋습니까?

2) (가)는 글쓰기의 어느 과정에서 이루어져야 합니까?

개요 작성하기

개요 작성 순서

화제선정 ➡ 주제문 쓰기 ➡ 제목 붙이기 ➡ 자료 수집하기 ➡ 개요 작성하기

개요 작성 방법

- 머릿속에 떠오르는 대로 질문과 대답을 간단하게 써 본다.
- 주제에 맞지 않는 내용은 버리고 관계있는 것끼리 묶어 가며 정리한다.
- 정리한 내용을 서론, 본론, 결론에 알맞게 배치하여 쓸 순서를 정한다.
- 최대한 자세히 작성하여 글을 쓰는 데 도움이 될 수 있도록 한다.
- 전체 구성에 맞지 않는 내용은 수정한다.

개요 작성 시 유의점

- 각 항목의 배열 순서는 논리적인 질서가 있어야 한다.
- 각 항목은 서로 연관되어 있어야 한다.
- 각 하위 항목은 상위 항목의 내용을 모두 다루어야 한다.

02 '화제 개요'와 '문장 개요'에 대해서 알아봅시다.

1) 화제 개요 : 화제와 연관된 핵심 단어를 중심으로 간단하게 쓰는 방법이다.
글의 흐름을 한눈에 볼 수 있고 작성하기 쉽다.

2) 문장 개요 : 중요한 내용을 문장으로 풀어서 쓴다.
글의 전개 방향과 내용을 정확히 알 수 있다.

화제 개요	문장 개요
• 제목 : 한국의 사교육비 문제와 대책 • 주제문 : 사교육비를 줄이기 위한 정부의 대책이 필요하다. Ⅰ. 서론 가정 내 사교육비 지출이 심각한 수준임. Ⅱ. 본론 1. 사교육비 지출의 실태와 원인 1) 가정 내 사교육비 지출 현황 2) 사교육비 지출의 원인 2. 사교육비 과다 지출의 문제점 1) 경제적 문제점 2) 사회적 문제점 3. 사교육비를 줄이기 위한 대책 1) 학교 교육의 정상화 2) 방과 후 활동 도입 Ⅲ. 결론 정부의 대책 마련이 시급함.	• 제목 : 한국의 사교육비 문제와 대책 • 주제문 : 사교육비를 줄이기 위한 정부의 대책이 필요하다. Ⅰ. 서론 한국 가정에서 자녀를 위한 사교육비 지출이 심각한 수준이다. Ⅱ. 본론 1. 사교육비 지출의 실태와 원인 1) 가정 내 사교육비 지출이 해마다 급증하고 있다. 2) 입시 위주, 경쟁 위주의 학교 교육이 사교육을 더욱 부추기고 있다. 2. 사교육비 과다 지출의 문제점 1) 사교육비로 지출되는 비용이 커서 가정 경제에 큰 부담으로 작용한다. 2) 학교 교육은 부실해지고 사교육 시장이 더욱 활성화되는 결과를 낳는다. 3. 사교육비를 줄이기 위한 대책 1) 학교 교사들의 전문성을 높이고 수업 내용을 충실히 하여 학생들이 사교육에 의존하지 않도록 해야 한다. 2) 방과 후에 학교에서 수업 내용을 보충할 수 있는 다양한 프로그램을 시행하는 등 사교육을 공교육으로 끌어들일 수 있는 방안을 모색한다. Ⅲ. 결론 정부가 나서서 사교육비를 줄이거나 없애기 위한 대책을 마련해야 한다.

03 개요 작성 순서를 참고하여 문장 개요를 작성해 봅시다.

제목 : ____________________

주제문 : ____________________

Ⅰ. 서론

Ⅱ. 본론

Ⅲ. 결론

메 모

제 2 과

건강과 과학

1. 수면과 인간

듣기 수면에 도움이 되는 방법에 대한 방송 듣기
어휘 수면 장애
문법 및 표현
- N을/를 막론하고
- V-(으)려야 V-(으)ㄹ 수 없다
- A/V-ㄴ/는/다고 해도
- V-되
- V-는 한편

말하기 원인과 결과 표현하기

2. 음식 과학

읽기 건강한 밥상에 대한 글 읽기
어휘 건강과 음식
문법 및 표현
- A/V-(으)ㄴ/는 데 반해
- V-고도
- V-는 바
- A/V-다손 치더라도

쓰기 제목 정하기

1 수면과 인간

01 여러분은 잠을 잘 때 어떤 버릇이 있습니까?

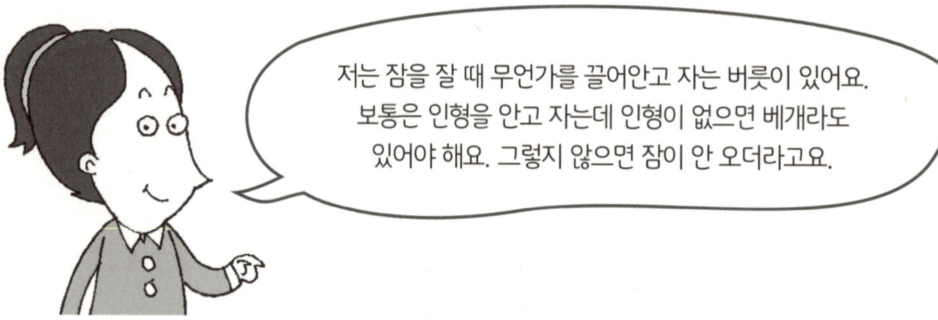

02 잠이 드는 데 어려움을 느끼거나 자고 일어나도 몸이 여전히 피곤하다면 다음을 확인해 보십시오.

	증 상	
1	잠을 자는 시간과 일어나는 시간이 규칙적이지 않다.	
2	한밤중에 자주 잠을 깬다.	
3	잠을 잘 때 코를 고는 편이다.	
4	자다가 심하게 땀을 흘린다.	
5	아침에 일어나기가 힘이 든다.	
6	주위가 조용하면 자신의 의지와는 상관없이 잠들어 버린다.	
7	잠을 충분히 잤는데도 불구하고 종종 피곤하다.	
8	앉아 있거나 누워 있을 때 다리를 가만히 두지 못하고 움직이고 싶다.	
9	항상 너무 많은 일을 빨리 처리한다.	
10	고혈압이 있거나 체중이 많이 나간다.	

※ 위의 10가지 증상 중 2개 이상이 해당될 경우 수면 장애일 가능성이 높다.

듣기

Track 02 다음을 듣고 물음에 답하십시오.

01 '건강지킴이'에 대한 설명으로 맞는 것을 고르십시오.

① '건강지킴이'는 매주 한 번씩 방송된다.
② 건강과 관련된 다양한 정보를 제공한다.
③ 텔레비전을 보면서 건강 운동을 따라할 수 있다.
④ 직장인이나 수험생을 대상으로 만든 프로그램이다.

02 다음 중 들은 것과 같은 것을 고르십시오.

① 하루에 8시간 정도를 자는 게 건강에 좋다.
② 수면 장애에 시달리는 사람은 남자보다 여자가 많다.
③ 사람들은 잠이 드는 것보다 깊이 자는 게 더 어렵다고 한다.
④ 현대인들은 하루의 3분의 1 이상의 시간을 자는 데 사용한다.

03 다음은 '건강지킴이'에서 소개하는 수면을 취하는 데 도움이 되는 방법입니다. 들으면서 내용을 쓰십시오.

방법	
1)	잠자기 4시간 전에 끝내야 함.
따뜻한 물로 샤워하기	2)
수면에 방해되는 음식 섭취하지 않기	3) 음주 및 흡연 삼가기
잠을 자기 좋은 환경 만들기	시끄러운 소리가 나는 물건 치우기 4)
5)	매일 일정한 시간에 자고 일어나야 함.

04 여기에서 말하는 '잠이 보약이다'가 의미하는 것을 쓰십시오.

안녕하세요? KMBS 라디오 '건강지킴이' 이경숙입니다. 오늘은 '잠'에 대해서 이야기를 한번 해 볼까 하는데요. 과도한 업무에 지친 직장인들, 가사 노동에 힘든 주부님들, 그리고 밤늦도록 공부하는 수험생들 등등 현대인들은 남녀노소를 막론하고 수면 부족에 시달리고 있습니다. 일반적으로 하루 권장 수면 시간은 8시간 전후라고들 얘기하는데요, 잠자는 시간이 하루의 3분의 1이나 되는 만큼 수면과 인간은 떼려야 뗄 수 없는 관계에 놓여 있습니다. 그러나 요즘 많은 이들이 잠이 들기가 어렵고 또한 잠이 든다고 해도 깊이 잠들지 못해 여러 번 깬다고 하소연합니다. 그렇다면 어떻게 해야 잠을 잘 잘 수 있을까요?

여기에 간단한 방법이 있습니다. 우선, 자기 전에 가벼운 운동을 해 보세요. 운동은 육체의 피로를 불러오기 때문에 잠이 좀 더 쉽게 들 수 있도록 도움을 줍니다. 그러나 너무 늦은 시간에 하는 운동은 좋지 않으니 운동을 하되 잠들기 4시간 전에는 끝내는 것이 좋습니다. 자기 전에 따뜻한 물로 샤워를 하는 것도 도움이 됩니다. 하지만 너무 차갑거나 뜨거운 물로 샤워를 하는 것은 오히려 잠을 깨울 수 있으니 주의하세요. 그리고 취침 전 카페인 섭취는 피하셔야 합니다. 흡연과 음주도 삼가는 게 좋습니다. 특히 술과 담배는 신경을 자극시켜 잠을 자는 데 방해가 될 수 있습니다. 잠을 자는 환경도 중요합니다. 시침 소리가 크게 들리는 시계와 같은 물건들은 다른 곳으로 치워 놓는 한편 적당한 온도와 습도를 유지하는 데에도 신경을 쓰십시오. 매일 일정한 시간에 잠자리에 들고 일어나는 규칙적인 수면 습관도 도움이 될 것입니다.

우리의 옛말에 '잠이 보약이다'라는 말이 있습니다. 잠만 제대로 자도 건강을 지킬 수 있음을 잊지 마시기 바랍니다. 내일 이 시간에는 '커피와 건강'에 대해 알아보기로 하겠습니다. 그럼 안녕히 계세요.

지킴이 과도하다 업무 지치다 직장인 가사 노동 수험생 막론하다
수면 시달리다 권장 전후 하소연하다 육체 주의하다 취침 섭취
피하다 흡연 삼가다 신경 자극시키다 방해 시침 치우다 습도
규칙적 옛말 보약

더 생각해 봅시다

01 다음에 대해 함께 이야기 해 봅시다.

- 인간은 왜 잠을 자야 할까?
- 잠을 자지 않으면 어떻게 될까?
- 얼마 동안 자야 가장 적당할까?
- 만약 인간이 잠으로부터 해방된다면 인생이 어떻게 변할까?

02 잠을 잘 자기 위해 여러분은 어떤 노력을 해 보았습니까? 친구들과 이야기를 나누어 봅시다.

수면에 도움이 되는 방법	이유
우유를 데워 마신다.	몸이 편안해진다.
조용한 음악을 듣는다.	너무 조용하면 오히려 잠을 잘 수 없다.

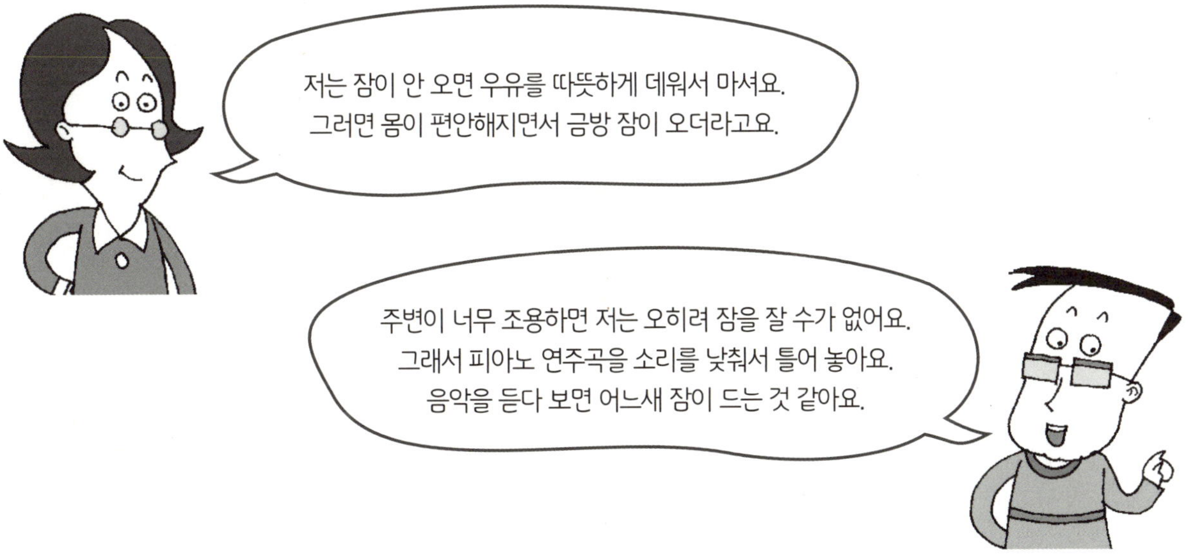

03 여러분은 어떤 자세로 잠을 잡니까? 다음 그림에 대한 설명으로 맞는 것을 연결하십시오. 그리고 여러분의 수면 자세와 성격에 대해 이야기해 봅시다.

엎드려서 베개를 감싸고 자는 자세

사교성이 좋아 친구가 많다.
다른 사람의 평가에 민감하다.

옆으로 누워 허리를 구부린 자세

겉은 강해 보이지만 마음은 약하다.
낯을 가리는 사람이 많다.

반듯하게 하늘을 보고 누운 자세

성격이 느긋해서 서두르지 않는다.
일처리가 정확하다.

두 팔을 머리 위로 뻗고 자는 자세

성격이 자상하다.
다른 사람의 고민을 잘 들어준다.

옆으로 누워서 두 팔을 앞으로 향한 자세

개방적인 성격이나 의심도 많다.
일단 결정을 내리면 마음을 바꾸지 않는다.

팔을 내리고 옆으로 누워 자는 자세

매사 낙천적이고 긍정적이다.
다른 사람의 말을 잘 믿는다.

어 휘

◎ 수면 장애와 관련된 어휘에 대해 알아봅시다.

• 수면

매일 8시간 이상 수면 시간을 확보하려고 애쓰고 숙면을 하는 편인데도 요즘은 아침에 눈을 뜰 때 머리가 맑지 않고 팔다리가 무겁다.

• 불면증

불면증이 있는 사람이 잠을 자고자 할 때에는 자신이 잠을 자야 한다는 생각을 지나치게 하지 않도록 노력해야 한다.

• 피로

충분한 수면이나 목욕, 마사지 등은 피로를 푸는 데 도움이 된다.

• 악몽

요즘 스트레스가 심해서인지 자주 악몽을 꾸고 가끔 가위에 눌리기도 해서 밤잠을 설치는 일이 많다.

• 지치다

지금 몸과 마음이 너무 지쳐 있어서 아무 것도 하고 싶지 않아.

• 시달리다

여름 더위에 시달려 몸이 약해진 데다가 식욕까지 떨어져 기운을 차릴 수 없다.

• 수척하다

중요한 발표를 앞두고 며칠 밤을 꼬박 새운 상우의 얼굴이 몰라보게 수척했다.

1) ________________을/를 풀려면 아무 것도 하지 않는 것보다 오히려 간단한 운동을 하는 게 낫다.

2) 명절 때만 되면 나는 놀아 달라고 안기는 여섯 명의 조카들에게 ________________ 녹초가 되곤 했다.

3) 요즘 ________________ 때문에 수면제를 처방 받아서 먹고 있습니다.

4) 너무 환하게 불을 켜고 자면 ________________을/를 취하기 힘들다고 합니다.

5) 그동안 마음고생이 심했는지 언니의 얼굴이 놀랄 만치 마르고 ________________.

6) 어젯밤의 ________________이/가 머리에서 떠나지 않아 오늘 하루 종일 아무 일도 손에 잡히지 않았다.

7) 불우 이웃 돕기 자선 바자회 일로 하루 종일 여기저기 뛰어다녔더니 너무 ________________ 나머지 집에 돌아오자마자 씻지도 못하고 바로 침대 위에 쓰러져 잠이 들고 말았다.

문법 및 표현

01 N을/를 막론하고

- 청바지는 남녀노소를 막론하고 누구나 편하게 입을 수 있는 옷이다.
- 우리 회사는 지위의 고하를 막론하고 모두 유니폼을 입어야 한다.
- 이유 여하를 막론하고 잘못한 일에 대해서는 변명하지 않는 게 나아.

◎ 관계 있는 것끼리 연결한 후 문장을 완성하십시오.

1) 지위 고하 •		• 저출산은 심각한 사회 문제이다
2) 여행객의 국적 •		• 사랑은 문학의 영원한 주제이다
3) 동서고금 •		• 그 나라는 입국이 자유롭다
4) 국내외 •		• 잘못에 대한 책임을 지다
5) 남녀노소 •		• 트로트 가요는 한국인에게 친숙하다

1) 지위 고하를 막론하고 잘못에 대해서는 책임을 져야 한다.

2) ______________________________.

3) ______________________________.

4) ______________________________.

5) ______________________________.

문법 설명

무엇이든 어느 것이든 이것저것 따지거나 가리지 않음을 나타내는 표현이다. '을/를 불문하고'로 바꿔 쓸 수 있다.

02 V-(으)려야 V-(으)ㄹ 수 없다

- 그는 도저히 믿으려야 믿을 수 없는 사람이다.
- 학생증이 없어서 책을 빌리려야 빌릴 수 없었어요.
- 장을 본 지 오래 돼서 집에는 먹으려야 먹을 게 아무 것도 없다.

◎ 다음 대화를 완성하십시오.

1) 가 : 폭설로 도로 사정이 안 좋으니까 운전 조심하세요.
   나 : 면허증이 없어서 ______________ 걱정하지 마세요.

2) 가 : 왜 이렇게 늦었어? 늦으면 연락이라도 해야 할 거 아냐.
   나 : 미안해. 휴대폰을 집에 두고 나와서 ______________.

3) 가 : 어제 잠을 못 잤어? 얼굴이 안 좋아 보여.
   나 : 말도 마. 에어컨이 고장 나는 바람에 너무 더워서 ______________.

4) 가 : 주말에 고향 갔다 왔어? 생활비가 모자라서 당분간 고향에 못 간다면서?
   나 : ______________. 엄마 생신이었거든.

문법 설명

어떤 일을 하고자 하는 의도가 있으나 주로 그 의도와 반대되는 상황이 오게 되어 결국 그 일을 할 수 없게 됨을 나타낸다. '-(으)ㄹ래야 -(으)ㄹ 수 없다'의 형태로 쓰이기도 한다.

03 A/V-ㄴ/는/다고 해도

- 시간이 없다고 해도 해야 할 일을 하지 않을 수는 없다.
- 그 식당 음식이 맛있다고 해도 매일 먹다 보면 이내 질릴 것이다.
- 아무리 가까운 사이라고 해도 서로의 모든 것을 이해하기는 힘들다.

◎ 다음 대화를 완성하십시오.

1) 가 : 그 사람이 연락하면 한 번 더 만나보실 생각은 있어요?
   나 : ______________ 그 사람에 대한 제 첫인상이 바뀔 거 같지 않아요.

2) 가 : 이 약을 먹으면 좀 괜찮아질까요?

나 : ______________________ 쉬지 않으면 소용없어요.

3) 가 : 아까는 미안해요. 기분이 안 좋아서 괜히 수영 씨에게 화를 냈네요.

나 : ______________________ 저한테 그러시면 안 되죠.

문법 설명

앞 문장의 내용과 상관없이 뒤 문장의 내용을 주장할 때 사용한다. '–는다 해도'로 줄여서 쓸 수 있으며 부사 '아무리'와 자주 사용된다. 명사는 '(이)라고 해도'의 형태로 쓰인다.

04 V–되

- 죄는 미워하되 사람은 미워하지 말라는 말이 있다.
- 자유롭게 이야기를 나누되 꼭 한국말로 해야 합니다.
- 약을 먹되 식후 30분경에 따뜻한 물과 함께 드시는 게 좋아요.

◎ 다음 대화를 완성하십시오.

1) 가 : 엄마, 이번 주말에 집으로 친구를 초대하려고 하는데요.

나 : ______________________ 친구들 간 다음 청소하는 거 잊으면 안 돼.

2) 가 : 요즘 텔레비전을 없애야 하나 고민하고 있어요. 한번 보기 시작하면 해야 할 일도 잊어버릴 때가 많아서요.

나 : ______________________ 시간을 정해 놓고 보는 건 어때요?

3) 가 : 상처에 붕대를 감았으니 샤워를 해도 괜찮지 않을까요?

나 : ______________________ 물이 안 들어가도록 조심하세요.

4) 가 : 평소에 읽고 싶었던 책이 여기 다 있네요. 좀 빌려 가서 읽어도 될까요?

나 : 물론이지요. 그렇지만 ______________________.

문법 설명

앞 문장의 내용을 인정하거나 허락하면서도 그에 대한 단서나 조건이 있음을 나타날 때 사용한다.

05 V-는 한편

- 공부를 열심히 하는 한편 운동도 게을리 하지 않고 있습니다.
- 매일 책상 위의 먼지를 걸레로 닦는 한편 일주일에 한 번은 바닥 청소도 한다.
- 학교에서 수해 피해 지역 학생들에게 장학금을 주는 한편 복구 현장에 구호품도 전달하였다.

◎ 다음을 한 문장으로 만드십시오.

1) 고객 관리를 위해 백화점에서 고객들에게 감사 편지를 보내다 / 우수 고객에게 선물을 주다

→ ______________________________.

2) 시험 준비를 위해 지금까지 배운 어휘와 문법을 정리하다 / 연습 문제를 풀다

→ ______________________________.

3) 시각을 넓히기 위해 방학마다 배낭여행을 가다 / (   )

→ ______________________________.

4) 같은 실수를 반복하지 않기 위해 이번 일의 문제가 무엇인지 분석하다 / (   )

→ ______________________________.

5) 나의 미래를 위해 (   ) / (   )

→ ______________________________.

문법 설명

어떤 일을 하는 동시에 다른 쪽에서 또 다른 일을 함을 나타낸다.

1과 규율과 교육 제도
2과 건강과 과학
3과 취업과 직업관
4과 소비와 경제
5과 언어와 생활
6과 현대인의 생활
7과 발명과 과학
8과 함께하는 사회
9과 한국의 예술
10과 철학과 삶

말하기

01 다음은 현대인이 자주 걸리는 성인병입니다. 다음 설명을 읽고 어떤 병에 대한 설명인지 맞는 것을 연결하십시오.

1) 뇌졸중 •		• 혈압이 높아서 혈관을 손상시킨다. 뇌와 심장에 영향을 주며, 만성 두통과 같은 여러 합병증이 있다.
2) 당뇨병 •		• 몸에 쌓인 콜레스테롤이 혈관을 막으면서 뇌의 혈액 순환에 문제를 일으킨다.
3) 비만 •		• 체내에 지방이 과다하다. 서구식 식습관이 주요 원인이다.
4) 고혈압 •		• 인슐린이 부족하거나 기능이 좋지 않아서 생긴다. 소변으로 당을 배출한다.

02 성인병이 발생하게 된 원인과 그 예방법에 대해 알아봅시다.

1) 성인병의 원인과 예방법에는 어떠한 것들이 있습니까?

성인병의 원인	예방법
• 스트레스(정신적 긴장)	• 긴장을 해소시키는 나만의 방법 찾기
• 잘못된 식습관(고염식, 고지방식, 고열량식)	• 싱겁게 먹기
• 운동 부족	• 정기 검진을 통해 점검하기
• 음주 및 흡연	• 조기 발견 및 관리하여 합병증 예방하기
• 유전	•
•	•

2) 원인과 결과를 설명할 때 사용하는 표현을 이용하여 성인병의 원인에 대해 이야기해 봅시다.

원인과 결과 표현하기

- (으)로 인해(서) / 때문에
- −게 되다

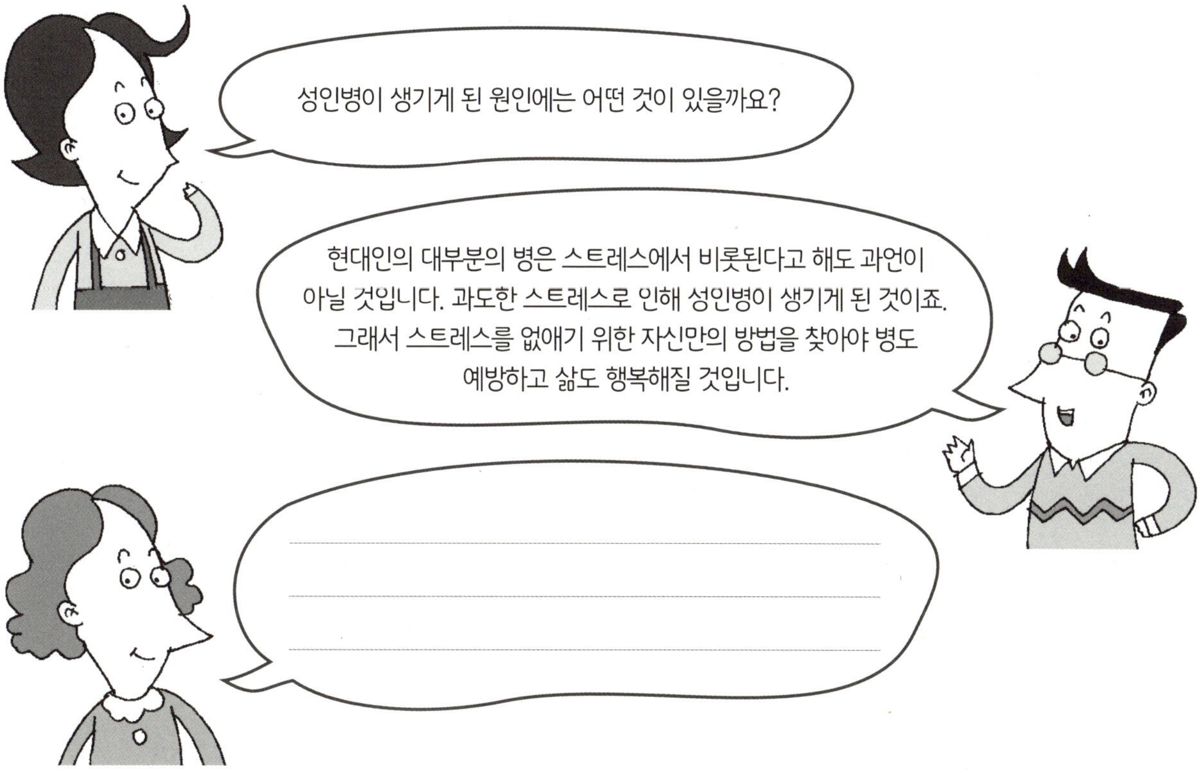

03 신문이나 뉴스를 보고 관심이 있는 사건을 골라 위의 표현을 사용해서 발표해 봅시다.

종류	사건의 원인	사건의 결과
1) 자연 재해	장마 끝 느닷없는 폭우가 쏟아짐.	집이 무너지고 도로가 유실됨.
2)		
3)		

1)

장마가 끝났다고 생각하고 있었는데 갑자기 예상하지 못했던 어마어마한 양의 폭우로 인해 집이 무너지고 도로가 유실되었다는 기사를 오늘 아침 인터넷을 보고 확인했습니다. 자연의 힘이 얼마나 무서우며 우리 인간이 얼마나 나약한 존재인지 다시 한 번 실감할 수 있었습니다.

2)

3)

04 다음을 읽고 앞에서 배운 표현을 이용하여 이야기를 완성해 봅시다.

(…) 가도 가도 회색빛 구름과 타 버린 집들뿐이었다. 사방 어디를 둘러보아도 사람 그림자 하나 찾을 수 없었다. 지금이 몇 시인지 여기가 어디인지도 짐작할 수 없으면서도 기윤은 남쪽을 향했다. 남쪽으로 가야 했다. 남쪽에 답이 있을 것이라고 믿었다. 시야가 흐려 자신이 옮기는 발걸음이 정확히 어디를 향하는지 알 수 없으면서도 기윤은 그저 남쪽을 향하고 있다고 믿었다. 그때 저 멀리 어둠 속에서 불빛 같은 뭔가가 반짝거렸다. (…)

1) 왜 이런 일이 일어났을지 이야기해 봅시다.

2) 이야기를 마무리 지어 봅시다.

2 음식 과학

01 아래 그래프를 보고 이야기해 봅시다.

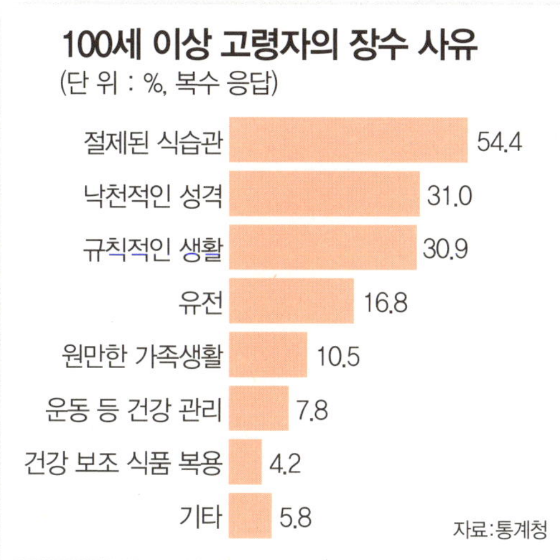

1) 고령자들의 장수 사유에는 어떤 것들이 있습니까?

2) 여러분은 건강을 유지하는 데 가장 필요한 것이 무엇이라고 생각합니까?

02 각 계절에 나오는 '제철 식품'에 대해 알아봅시다. 아래 식품들은 어느 계절이 제철일까요?

여 름

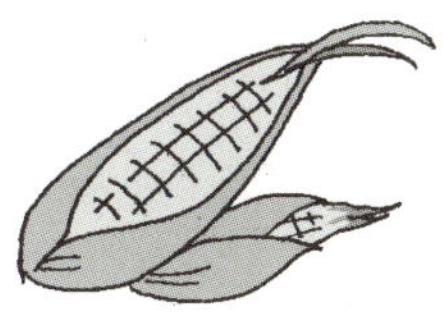

읽기

다음은 건강한 밥상에 대한 글입니다. 잘 읽고 질문에 답하십시오.

우리의 건강을 유지하는 데 가장 중요한 역할을 하는 것은 바로 식생활이다. 인간의 생명을 유지하고 발전시켜 나가는 것은 다름 아닌 음식이라고 할 수 있다. 이러한 음식이 과거에는 단지 생명을 이어나가기 위한 수단으로만 여겨졌던 데 반해 요즘은 건강하고 풍요로운 삶의 열쇠라는 인식이 자리잡고 있다. 실제로 건강에 좋다는 유기농 식품을 비롯해 특정 질병의 예방과 치료에 효과가 있다는 식품을 챙겨 먹는 데에 적지 않은 돈과 시간을 투자하는 사람들을 주변에서 쉽게 볼 수 있다. 하지만 큰돈과 많은 시간을 들이지 않고도 얼마든지 건강한 식생활을 할 수 있다. 그렇다면 어떤 음식들로 건강한 밥상을 차려야 할까?

첫째, 제철 식품이 좋다. 제철 식품이란 계절에 따라 많이 나오는 식품으로, 재배에 특별한 시설이 필요하지 않아 값이 쌀 뿐만 아니라 맛과 향이 좋다. 또한 풍부한 영양소를 담고 있는데, 생생한 태양 에너지를 받고 자란 제철 식품은 우리 몸속으로 에너지를 쏙쏙 넣어 주는 역할을 한다. 요즘은 제철 식품이 따로 없다고 하지만 비닐하우스에서 짧은 기간 재배한 과일이나 채소는 햇빛을 충분히 받지 못해 영양소의 함량이 부족하다. 그러므로 제때에 생산되는 식품을 신선한 상태로 먹는 것이 가장 좋다.

둘째, 곡채식 위주의 식사가 좋다. 현대인의 성인병은 대부분 육류 위주의 식습관에서 비롯되었으며, 또한 이러한 질병을 곡식과 채식만으로 치료했다는 보도들을 쉽게 접할 수 있다. 실제로 쥐를 대상으로 한 실험에서도 곡채식의 효능이 입증된 바 있다. 곡채식 사료를 준 그룹, 곡채식과 육류를 섞어 준 그룹, 육류만을 준 그룹의 쥐들을 해부한 결과, 곡채식 사료를 섭취한 그룹에서는 질병이 발견되지 않은 데 반해 육류 섭취량이 많을수록 높은 질병률을 보인 것으로 나타났다. 이는 곡채식이 얼마나 중요한지를 보여 주는 예이다.

셋째, 보양식을 잘 선택해서 먹는 것이 좋다. 보양식이란 우리 몸에 부족한 영양소와 기운을 보충해 주는 음식으로 연령과 성별, 그리고 체질, 계절 등에 따른 다양한 음식이 있다. 산모에게는 호박, 잉어 등이 부기를 빼 주고 약해진 몸을 건강하게 해 주며, 운동선수에게는 장어, 흑염소 등이 체력을 보강해 준다. 우리가 아무리 영양의 균형을 고려해서 음식을 섭취한다손 치더라도 바쁜 일상에 쫓기다 보면 부족한 영양소가 생기게 마련이다. 이럴 때 특정 영양소를 보충해 주는 보양식을 먹는 것이 건강을 유지하는 데 도움을 줄 수 있다.

갈수록 사람들의 평균 수명이 늘고 있는 요즘 이제 단순히 오래 사는 것을 넘어 건강한 삶이 많은 사람들의 관심사가 되고 있다. 건강한 삶을 위해서는 지금부터라도 바른 식생활의 중요성을 깨닫고 생활 속에서 실천해야 할 것이다. 하루도 빠짐없이 먹는 음식보다 중요한 것이 또 어디 있겠는가.

식생활 다름 아닌 수단 풍요롭다 인식 제철 식품 재배 영양소
쏙쏙 비닐하우스 함량 제때 위주 성인병 육류 식습관 효능
사료 해부 보양식 기운 연령 체질 산모 잉어 부기 장어
흑염소 체력 보강하다 특정

01 건강에 좋은 음식과 그 음식의 효능에 대해 정리해 봅시다.

1	제철 음식	영양소가 풍부하며 우리 몸속으로 에너지를 넣어준다.
2		
3		

02 음식에 대한 사람들의 생각이 어떻게 달라졌습니까?

과거	
현재	

03 이 글의 내용과 같은 것을 고르십시오.

① 건강해야 바른 식생활을 할 수 있다.

② 바쁘게 생활하는 사람들은 영양소가 부족해지기 쉽다.

③ 비닐하우스에서 생산된 식품은 제철 식품만큼 건강에 좋다.

④ 시간과 돈을 투자하지 않으면 건강한 식생활을 하기 어렵다.

더 생각해 봅시다

01 여러분의 하루 식단은 어떻습니까? 아래의 그림을 보고 여러분의 현재 영양 섭취 상태에 대해 이야기해 봅시다.

종류	음식	섭취량
곡류		매일 2~4회 정도
고기 · 생선 달걀 · 콩류	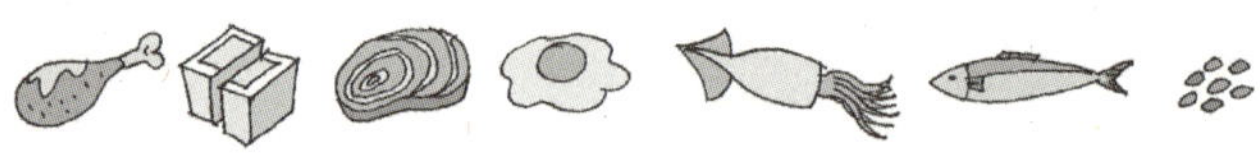	매일 3~4회 정도
채소류		매 끼니 2가지 이상
과일류		매일 1~2개
우유 · 유제품류		매일 1~2잔
유지 · 당류	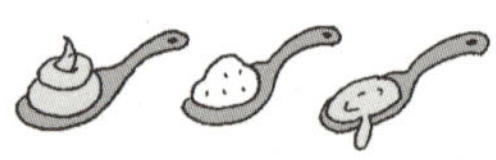	조리 시 적당량

	섭취 음식	종류	섭취 음식	종류	섭취 음식	종류
아침	빵	곡류				
점심						
저녁						

1) 부족하거나 지나치게 많이 섭취하고 있는 식품은 무엇입니까?

2) 자신의 식습관 중 어떤 점을 유지하고 어떤 점을 개선하는 것이 좋을까요?

02 여러분 나라에는 어떤 보양식이 있습니까? 하나를 골라 소개해 봅시다.

한국	삼계탕	삼계탕은 닭 한 마리를 통째로 인삼, 황기, 대추, 생강, 마늘 등의 재료와 함께 푹 삶아 만든 한국의 대표적인 여름철 전통 보양 음식이다. 특히 삼복(초복, 중복, 말복)날에 많이 먹는 음식으로 각종 영양소가 풍부하고 소화가 잘 되며 땀을 많이 흘려 기운이 없을 때 체력 증강에 좋다. 삼계탕에 들어가는 재료 중 인삼은 갈증을 없애주고 피로회복을 도와주며 여름철 찬 것을 먹어 약해진 위장의 기능을 보충해 준다. 마늘은 기운을 보충해 주며 모든 재료들의 독성을 없애 주는 효능이 있다. 찹쌀은 소화가 잘되는 음식으로 더위 때문에 약해진 위장의 기능을 도와준다.

메 모

어 휘

◎ 건강과 음식에 관련된 어휘에 대해 알아봅시다.

- 식습관

  그는 편식에다 짜게 먹는 습관, 불규칙한 식사, 식사할 때 바르지 못한 자세까지 식습관이 바르게 형성되어 있지 않다.

- 제철 식품

  식탁에 올라 오는 제철 식품을 보면 계절을 느낄 수 있다.

- 보양식

  무더운 날씨로 인해 기운이 빠지는 여름철에는 보양식을 찾는 사람들이 많다.

- 체질

  체질은 유전과 환경에 의해서 만들어지는 것으로 한번 형성된 체질은 바꾸기가 여간 어려운게 아니다.

- 영양소

  탄수화물, 지방, 단백질, 비타민, 무기질 등은 우리 몸에 꼭 필요한 영양소이다.

- 수명

  의학의 발달로 인간의 수명이 연장되어 인구가 급속도로 증가하고 있다.

- 성인병

  고혈압, 당뇨병, 동맥경화 등의 성인병은 대부분 동물성 지방의 과다 섭취가 원인이다.

- 장수

  공기가 맑고 물이 깨끗하기로 유명한 마을에는 100세 이상의 장수 노인이 많다.

- 섭취

  사람은 음식물 섭취를 통해 생활에 필요한 에너지를 얻는다.

1) 30대 이후에는 ______________ 에 걸리지 않도록 지방이 많은 음식을 피하고 적당한 운동을 해야 한다.

2) 이 시계에 들어가는 건전지는 ______________ 이/가 짧아 자주 갈아 줘야 한다.

3) 과일이나 채소류는 수확되는 시기에, 생선은 산란 시기에 나오는 것들을 ______________ (이)라고 한다.

4) 이 식품에는 하루 활동에 필요한 각종 ______________ 이/가 골고루 들어 있다.

5) 나이가 들어도 여전히 인기를 끌고 있는 그 가수의 ______________ 비결은 끊임없는 노력이다.

6) 식생활 수준이 향상됨에 따라 동물성 단백질의 ______________ 이/가 급격하게 증가하고 있다.

7) 기운이 없을 때는 삼계탕, 장어 등이 좋은데, 요즘은 이런 ______________ 전문적으로 요리하는 식당도 많다.

8) 그 사람은 허약한 ______________ 을/를 바꾸기 위해 몸에 좋다는 음식은 다 찾아 먹었지만 소용없었다.

9) 바른 ______________ 은/는 어렸을 때부터 갖게 해 줘야 이후 건강하게 생활할 수 있는 밑거름이 된다.

문법

01 A/V-(으)ㄴ/는 데 반해

- 그 대학교는 교수진은 훌륭한 데 반해 학교 시설은 형편없다.
- 아파트 생활은 편리하다는 장점이 있는 데 반해 답답하다는 단점도 있다.
- 예전에는 직업이 단순한 생계 수단이었던 데 반해 현재는 생계 수단 그 이상의 의미를 가진다.

◎ 보기 와 같이 문장을 완성하십시오.

대상1	내용	대상2	내용
보기 연극	대사 위주로 구성	뮤지컬	대사, 노래, 춤으로 구성
1) 빙상 스케이트	계절과 장소의 제약	인라인 스케이트	
2) 미혼 남성들	결혼에 대한 긍정적인 반응	미혼 여성들	

보기 연극은 대사로만 공연되는 데 반해 뮤지컬은 대사, 노래, 춤으로 공연된다.

1) ______________________________.

2) ______________________________.

◎ 다음 문장을 완성하십시오.

1) 인터넷은 생활을 편리하게 해 준 데 반해 ______________________.

2) 일을 할 때 문제는 순식간에 발생하는 데 반해 ______________________.

3) 이번 경제 정책이 ______________________ 소비자들로부터는 환영받지 못하고 있다.

문법 설명

앞 내용이 뒤 내용과 상반되거나 대조됨을 나타낸다. 문어적이고 격식적인 표현이다.

02 V-고도

- 한 끼를 굶더니 밥을 두 그릇이나 먹고도 배가 고프다고 한다.
- 그 사람은 잘못을 저지르고도 자신의 잘못을 인정하지 않는다.
- 그 친구는 음주운전을 해서 큰 사고를 내고도 여전히 술을 마시고 다닌다.

◎ 보기 와 같이 문장을 완성하십시오.

사실	반대 상황
보기 질문을 받다	대답할 수 없다
1) 시험에 합격하다	기뻐하지 않다
2) 힘들게 일하다	
3) 직접 경험해 보지 않다	
4) 억울한 일을 당하다	

보기 목이 아파서 질문을 받고도 대답할 수 없었다.

1) ________________________________.

2) ________________________________.

3) ________________________________.

4) ________________________________.

문법 설명

앞의 행동이나 사실과 다른 행동을 하거나 예상된 결과가 아님을 나타내는 표현이다.

03 V-는 바

- 그 공연은 각종 매체를 통해 여러 번 소개된 바 있다.
- 앞서 말씀 드린 바와 같이 이 행사는 신입생들을 위해 마련된 행사입니다.
- 조사한 바에 따르면 올해 취업률이 작년과 비교해 볼 때 5% 이상 상승했다고 합니다.

◎ 다음 문장을 완성하십시오.

맡다　느끼다　듣다　밝히다　공헌하다　결정되다　알다

1) 사회의 발전을 위해서는 각자 자기 분야에서 ________ 바 책임을 다해야 한다.

2) TV 뉴스에서 ________ 에 의하면 올 여름 전력난이 아주 심할 것이라고 합니다.

3) 그 가수는 얼마 전 한 매체에서 자신이 대기업 회장의 아들임을 ________ 있다.

4) 그 문제에 대해서는 저도 전혀 ________ 가 없으니 질문을 삼가 주시기 바랍니다.

5) 이번 연구의 결과물은 의학 발전에 ________ 가 크다.

6) 구체적인 사항은 아직 ________ 가 없어 자세히 말씀드릴 수 없습니다.

7) 여성의 흡연에 대해서 제가 평소 ________ 를 말씀드리겠습니다.

문법 설명

앞에서 말한 내용 그 자체나 일, 사실 등을 나타낸다. '-는 것', '-는 사실'의 의미가 있다. '-는 바(가) 있다/없다', '-는 바에 따르면', '-는 바와 같이'의 형태로 주로 쓰며, 문어적이고 격식적인 표현이다.

04 A/V-다손 치더라도

- 아르바이트를 한다손 치더라도 여행비를 다 모을 수는 없을 것 같다.
- 아무리 일이 바쁘다손 치더라도 친한 친구의 결혼식에 안 갈 수는 없다.
- 잃어버린 지갑을 찾는다손 치더라도 돈이 그대로 들어 있지는 않을 것이다.

◎ 다음 문장을 완성하십시오.

1) 설령 그 사람과 헤어진다손 치더라도 ______________________.

2) 아무리 청소를 깨끗이 한다손 치더라도 ______________________.

3) ______________________ 다시 예전처럼 친해지기는 힘들 것 같다.

4) ______________________ 지금처럼 담배를 많이 피워서는 안 된다.

문법 설명

어떤 일이 있다고 가정해도 그것이 다른 일에 영향을 미치지 못하거나 관계가 없음을 말할 때 사용한다. 앞 내용은 부정적이거나 실현 가능성이 낮은 극단적인 상황을 가정하여 나타내고 뒤 내용은 앞의 내용과 상반된 상황이 온다. '-더라도'보다 뜻이 강하다. '비록', '설사', '설령', '아무리'와 같이 쓰인다.

메 모

쓰기

01 다음의 제목을 보고 글의 내용을 추측해 봅시다.

1) 김장하는 날

2) 부모는 아이의 첫 번째 선생님이다

3) 한국어 교육의 현황과 과제

02 다음 글을 읽고 질문에 답해 봅시다.

사람의 타고난 몸의 성질을 체질이라고 한다. 그리고 모든 사람에게는 자신에게 유익한 식품과 해로운 식품이 체질에 맞게 정해져 있다. 자신의 체질을 알고 체질에 맞는 유익한 음식을 섭취하면 건강하게 오래 살 수 있다. 또한 병에 걸렸을 때에도 자신의 체질을 알고 치료하면 그 효과가 높다.

1) 이 글은 무엇에 대해 말하고 있습니까?

2) 이 글의 제목으로 가장 적절한 것을 선택해 봅시다.

☐ 체질과 음식　　☐ 질병의 치료

☐ 유익한 음식　　☐ 체질의 유형

제목 정하기

- 제목은 그 글에 대한 첫인상을 결정하며 그 내용에 대한 암시를 준다.
- 제목은 되도록 인상 깊은 말로 표현하고 글의 내용과 관련이 있는 것으로 정한다.

제목의 유형

1) 소재와 관련된 제목 : 글의 주인공 또는 다루는 사물, 소재의 일부, 또는 전체를 제목으로 한다.
   예 : 춘향전, 기다리는 사람들, 전통문화의 중요성, 정서지수와 자존감의 관계
2) 주제와 관련된 제목 : 핵심이 뚜렷이 부각되므로 주제를 특별히 강조하고 싶은 경우에 선택한다.
   예 : 일찍 일어나는 새가 벌레를 잡는다, 어머니가 그립다, 사랑은 아프다
3) 목적과 관련된 제목 : 독자에게 무엇인가 알리거나 행동을 유도하려는 경향이 강하다. 논설문에 많이 쓴다.
   예 : 먼저 베풀자, 잘 먹고 잘 자야 건강하다, 마음을 비워라

03 다음 글을 읽고 빈칸을 채운 후 제목을 정해 봅시다.

1) 나에게는 가족과 같은 친구, 지후가 있다. 아주 어렸을 때부터 지후와 나는 단짝 친구였다. 공부를 할 때도 밥을 먹을 때도 여행을 할 때도 우리는 늘 함께 했다. 힘든 일이 있을 때도 가족만큼이나 서로를 걱정하고 위로해 주었다. 둘 다 형제가 없어서 그랬던지 언제나 서로를 의지하고 힘이 되어 주었다. 기뻐도 슬퍼도 나는 지후가 떠오른다. 지금까지 내 삶의 기억에서 지후가 없었던 날을 손으로 꼽을 수 있을 만큼 우리는 붙어 다녔다. 나에게 친구 그 이상의 의미인 지후는 온전한 나의 가족이다.

소재	내 친구 지후
주제	지후는 내 가족과 같은 친구이다.
목적	내 친구의 소중함을 소개
제목	

2) 사람들은 결혼이 인생을 결정하는 중요한 출발이며 인생 그 자체를 설명할 수 있는 모든 것이라고 말한다. 결혼이 그처럼 중요한 것이니만큼 결혼을 특별한 사람들만 하는 것이라고 생각하는 사람도 적지 않다. 결혼에 특수한 재능이나 자격이 필요한 것은 아닌데 말이다. 요즘 젊은이들은 결혼을 너무 복잡하게 생각한다. 결혼은 특별한 상황이 아니다. 결혼은 적령기에 있는 사람이면 누구나 자연스럽게 오를 수 있는 삶의 계단이며 자연의 이치이다. 말하자면 결혼은 자연스러운 통과 의례인 것이다.

소재	
주제	
목적	
제목	

3) 변화는 시대를 헤쳐 가는 가장 중요한 열쇠이다. 거대한 물결이 밀려오기 전에 스스로 변화를 유도하는 자세를 가진 사람만이 현대 사회에서 살아남을 수 있다. 적극적으로 변화를 시도하는 사람이란 고정관념을 벗어나 독특한 발상을 하는 사람이며, 이러한 사람을 일컬어 우리는 창조적 인간이라고 한다. 지금 우리 사회가 필요로 하는 사람은 바로 창조적인 사람이다.

소재	
주제	
목적	
제목	

04 아래 항목을 정해 글을 완성해 봅시다.

소재	운동과 건강
주제	
목적	
제목	

1과 교육과 교육 제도
2과 건강과 과학
3과 취업과 직업관
4과 소비와 경제
5과 언어와 생활
6과 현대인의 생활
7과 발명과 과학
8과 함께하는 사회
9과 한국의 예술
10과 청하가 사

제 3 과

취업과 직업관

1. 취업 특강

듣기 취업을 위한 면접에 대한 특강 듣기

어휘 취업

문법 및 표현
- V-(으)ㅁ에 있어(서)
- 지피지기면 백전백승
- A/V-(으)ㄴ/는 것은 말할 것도 없고
- 귀를 기울이다
- 말꼬리를 흐리다
- V-기(에) 앞서
- A-기 짝이 없다

말하기 화제 유지하기

2. 직업관의 변화

읽기 직업관의 변화에 대한 설명문 읽기

어휘 직업

문법 및 표현
- A/V-다고 해도 과언이 아니다
- N(이)라든가
- A/V-아/어(서) 그런지
- A/V-아/어 봤자
- 도전장을 내밀다

쓰기 글 시작하기

1 취업 특강

01 사람들은 희망하는 직업을 갖기 위해서는 어떠한 준비를 하고 있습니까?

전문 자격증 취득　　어학 공부　　실무 경험 쌓기　　전공 학점 관리

기타 (　　　　　　　　　)

02 취업 지원을 하려고 할 때 뭐가 필요한지 생각해 봅시다.

이력서

03 면접 복장에 대해 생각해 봅시다.

1) 면접을 보러 갈 때 알맞은 복장과 피해야 할 복장에 대해 생각해 봅시다.

알맞은 면접 복장	피해야 할 복장

2) 그 밖에 신경 써야 할 것들에는 어떤 것들이 있을까요?

- 액세서리 : 크고 화려한 것은 피한다.
- 신발 :
- 머리 모양 :
- 기타 :

듣기

Track 03

다음을 듣고 물음에 답하십시오.

01 잘 듣고 다음 빈칸을 완성하십시오.

질문 내용	면접관들이 알고자 하는 점
대학 생활, 봉사 활동, 친구와 부모님에 대한 질문	
경쟁사와의 관계, 전반적인 업계 동향이나 기업의 개선점 등에 관한 질문	
예상 외의 질문	

02 다음 질문에 답하십시오.

1) 지원자의 위기 관리 능력을 알아 보기 위해 면접관이 던진 질문은 무엇입니까?

2) 여러분이 지원자라면 위의 질문에 어떻게 대답하겠습니까?

03 강연자는 면접을 볼 때 갖춰야 할 자세로 어떤 것들을 말했습니까?

안녕하십니까? 여러분. 지난 시간에는 면접에 임함에 있어서의 기본자세에 대해 말씀드렸지요? 오늘은 면접관들의 질문 의도에 대해 알려 드리고자 합니다. '지피지기면 백전백승'이란 말이 있지요? 면접관들의 질문 의도를 잘 알고 대비한다면 면접이라는 거대한 관문을 무사히 통과할 수 있습니다.

여러분, 면접관들이 지원자에 대해 궁금해 하는 것은 과연 무엇일까요? 그것은 바로 인성, 직무 능력, 창의성 등에 대한 것입니다. 면접관들은 이런 점을 파악할 수 있는 질문들을 합니다. 먼저 대학 생활, 봉사 활동, 친구, 부모님에 대한 질문은 그 사람의 인성을 파악하고자 하는 질문입니다. 즉, 그 질문에 대한 대답을 통해 지원자의 대인 관계를 파악하고 지원자가 회사에서 원만하게 잘 지낼 수 있는지를 판단합니다. 다음으로 전반적인 업계 동향이나 기업의 개선점, 경쟁사와의 관계 등에 대한 질문은 지원자가 직무와 관련하여 얼마나 준비를 해 왔는지, 지원자에게 업무 능력이 있는지를 알고자 하는 것입니다. 회사에 대한 질문에 잘 모르겠다고 대답을 했을 경우 면접관은 여러분의 점수표에 낮은 점수를 써 넣고 있을지도 모릅니다. 마지막으로 지원자의 창의적인 대답을 통해 위기 관리 능력이 얼마나 되는지를 알고자 하는 질문을 많이 합니다. 예를 들어 면접관이 작은 골프공을 보여 주면서 이 방을 가득 채우기 위해 공이 몇 개나 필요하겠느냐는 질문을 한다면 여러분은 뭐라고 답하겠습니까? 정말 몇 개의 공이 필요한지 계산해 보겠습니까? 이 질문에 이렇게 대답한 지원자가 있었습니다. '공은 한 개면 충분합니다. 나머지 공간은 회사와 일에 대한 저의 열정으로 가득 채우겠습니다.' 여러분! 어떻습니까? 난감한 질문에 재치있게 대답함으로써 위기를 넘긴 것은 말할 것도 없고 본인의 열정을 면접관들에게 충분히 보여 줄 수 있었던 대답이지 않습니까?

이상과 같이 면접관의 질문에는 다양한 의도들이 숨겨져 있습니다. 이러한 면접관의 질문에 대답을 잘하려면 당연히 많은 준비가 필요하겠지요? 면접장에 들어서기에 앞서 자신이 지원하고자 하는 기업에 관련된 정보와 보도 자료 등은 틈틈이 모아 두고, 지원한 분야와 업무에 대한 자신의 생각을 정리해 두면 많은 도움이 될 것입니다. 그리고 지난 시간에 말씀 드린 바와 같이 적극적인 자세로 면접에 임해 주십시오. 지나친 자신감과 겸손은 금물이며 면접관의 질문을 귀 기울여 잘 듣고, 대답을 할 때에는 말꼬리를 흐리지 않도록 주의하시기 바랍니다. 그런데 이렇게 준비를 철저히 해도 예의에 어긋나는 행동을 한다면 이 모든 것이 물거품이 될 수 있습니다. 면접관의 질문에 훌륭하게 대답해 놓고도 예의에 어긋나는 태도와 행동으로 낮은 점수를 받는 지원자들을 보면 안타깝기 짝이 없습니다. 여러분! 면접장에 들어갈 때부터 나올 때까지 공손한 모습을 잃지 말고 끝까지 최선을 다하시기를 당부드립니다.

임하다	기본자세	의도	지피지기	백전백승	거대하다	관문	무사히	
통과하다	과연	인성	직무	창의성	파악하다	원만하다	전반적	업계
동향	개선점	계산하다	열정	난감하다	재치있다	틈틈이	겸손	금물
말꼬리	흐리다	철저히	예의	어긋나다	공손하다	당부하다		

더 생각해 봅시다

01 다음은 인터넷에 게시된 신입 사원 채용 공고입니다. 다음을 보고 이야기해 봅시다.

상반기 신입 사원 채용 공고

회사명	한국전자	작성 일자	2. 26
게시자	인사부 김도한	모집 대상	신입 사원
게시 기간	2. 27 ~ 3. 30	모집 기간	3. 2 ~ 3. 30

한국전자와 함께 새로운 미래를 열어 갈 인재를 찾습니다!

㉠ ______________ : 연구개발직, 영업마케팅직
㉡ ______________ : 각 부문 00명
㉢ ______________ : 전문대 졸업 이상자, 어학 자격 보유자, 해외여행에 결격 사유가 없는 자
㉣ ______________ : 본사 홈페이지에서 지원서를 다운로드 받아 작성
㉤ ______________ : 입사 지원서, 자기 소개서, 졸업 증명서, 성적 증명서
㉥ ______________ : 3월 2일~3월 30일
㉦ ______________ : 서류 전형 → 면접 전형 → 건강 검진 → 최종 합격
㉧ ______________ : 4월 중순 개별 통지

※ 제출 서류는 일체 반환하지 않음.
※ 기타 자세한 사항은 001-234-5678로 문의해 주시기 바랍니다.

1) ㉠~㉧에 알맞은 말을 〈보기〉에서 골라 보십시오.

보기

전형 절차　　채용 인원　　합격자 발표　　지원 방법
모집 기간　　모집 부문　　지원 자격　　제출 서류

2) 여러분 나라의 사원 채용 공고와 위의 채용 공고를 비교해 봅시다.

같은 점 : ____________________

다른 점 : ____________________

02 여러분은 회사에 꼭 필요한 인재는 어떤 사람이라고 생각합니까? 그 이유는 무엇입니까?

- 업무 능력이 우수한 사람
- 인성이 좋은 사람
- 위기 관리 능력이 뛰어난 사람
- 유머 감각이 뛰어난 사람
- 아이디어가 많은 사람
- 자기 주장이 강한 사람
- 긍정적인 사고를 하는 사람
- ____________________

03 다음의 면접 요령을 보고 이야기해 봅시다.

1. 간결하면서도 의미 있는 답을 하라!

– 먼저 간결하게 결론을 말하고, 그 결론이 나오게 된 근거를 설명한다.

2. 회사에 대한 관심과 열정을 보여라!

– 회사와 지원한 업무에 대한 이해와 입사 후의 활동에 대한 구체적인 계획이 있어야 한다.

3. 자신감이 없어 보이는 행동은 피하라!

– 말을 하면서 손을 얼굴 부위로 가져간다든지 면접관의 시선을 피하거나 바닥을 보는 행동은 좋은 인상을 줄 수 없다.

1) 다음은 면접관의 질문에 대한 지원자의 대답입니다. 여러분이 면접관이라면 누구에게 더 좋은 점수를 주고 싶습니까? 그 이유는 무엇입니까? 위의 면접 요령을 참고하여 이야기해 봅시다.

1) 질문 : 자신의 성격이 어떻다고 생각합니까?	
소영 : 저는 호기심이 많습니다. 궁금한 것이 생기면 끝까지 찾아보거나 사람들에게 물어 봐서 알아내야 직성이 풀립니다. 이런 제 성격이 주위 사람을 다소 귀찮게 할 수도 있지만 연구개발팀에는 꼭 필요한 성격이라고 생각합니다.	수민 : 저는 주위 사람들로부터 조용하고 침착하다는 말을 많이 듣습니다. 웬만한 일에는 흥분하지 않고 냉정하고 침착한 편이라서 그런 것 같습니다.
2) 질문 : 입사를 하고 2년이 지났다고 가정합시다. 본인은 이 회사에서 어떤 일을 하고 있을 거라고 생각합니까?	
민수 : 제 책상에서 커피와 샌드위치로 간단히 점심을 먹고, 남은 점심시간을 이용해 회의 준비를 하고 있을 것 같습니다.	지호 : 경쟁사와 소비자의 동향을 살피고 분석하여 우리 회사 제품의 판매를 촉진할 수 있는 방법을 모색하고 있을 것입니다.

2) 여러분이라면 위의 질문에 어떻게 대답하겠습니까?

어휘

◎ 취업과 관련된 어휘에 대해 알아봅시다.

• 담당하다

경찰은 시민들의 생명과 안전을 지키는 중요한 역할을 담당하고 있다.

• 유망하다

장래가 유망한 직업을 선택하는 것도 나쁘지는 않지만 나는 젊은이들에게 자신이 정말 하고 싶은 일을 선택하라고 조언해 주고 싶다.

• 동기

우리 회사에 지원하게 된 동기에 대해서 구체적으로 말해 보십시오.

• 포부

세계적인 발레리나가 되겠다는 큰 포부를 실현하려면 밤낮없이 구슬땀을 흘리며 연습해야 한다.

• 성취감

몇 달 동안 매달렸던 프로젝트를 성공적으로 마쳤을 때의 성취감은 말로 표현할 수 없을 정도로 컸다.

• 수당

정해진 업무 시간 외에 일을 더 하게 되면 초과 근무 수당이 지급된다.

• 협상하다

회사에 입사한 지도 꽤 되었고 그동안의 실적도 좋았으므로 회사와 연봉을 다시 협상해도 좋을 것 같다.

1) 외국인 친구가 나에게 한국 문화에 대해서 물어 본 적이 있었는데 그때 나는 알고 있는 게 거의 없어서 충격을 받은 적이 있었다. 그 일이 ________ 이/가 되어 '한국 문화 알리기' 동호회를 만들게 되었다.

2) 우리 회사는 세계 여러 나라에 거래처가 있는데 나는 주로 아시아 지역 거래처를 ________.

3) 어려운 일일수록 그 일을 끝냈을 때의 ________ 은/는 큰 법이다.

4) 회사 측은 노조와 임금 인상 문제를 다시 ________ 했다.

5) 신인배우상을 받은 김은지는 언론사와의 인터뷰에서 어떠한 역할도 잘 소화해 낼 수 있는 훌륭한 배우가 되겠다고 ________ 을/를 밝혔다.

6) 일한 만큼의 ________ 을/를 더 준다고 해도 나는 밤늦게까지 일하고 싶지는 않다.

7) 미래에는 기후 변화 전문가나 신재생에너지 전문가 등 환경이나 에너지 관련 직종이 ________.

문법 및 표현

01 V-(으)ㅁ에 있어(서)

- 인간에게 있어서 가장 중요한 것은 바로 사랑이 아닐까 한다.
- 집을 구함에 있어 최우선적으로 고려해야 하는 것은 환경이라고 생각한다.
- 다이어트를 함에 있어 주의해야 할 사항은 무조건 굶거나 한 가지 음식만 먹어서 영양의 균형을 잃으면 안 된다는 것이다.

◎ 보기 와 같이 대화를 완성하십시오.

보기 가 : 직업을 선택함에 있어 가장 우선적으로 고려해야 하는 게 있다면 뭘까요?

나 : 뭐니뭐니 해도 보수가 얼마나 되는가 하는 거죠. 좀 힘들어도 보수가 괜찮다면 참을 수 있을 것 같아요.

1) 가 : 손님들을 ______________________________?

나 : 저는 서비스업에 종사하기 때문에 제 기분에 상관없이 손님들에게 항상 밝은 모습을 보여야 한다는 게 가장 어려운 거 같아요.

2) 가 : 대학을 ______________________________?

나 : 저는 무조건 사람들이 좋다고 하는 대학에 가는 것이 아니라 본인이 진정으로 원하는 것이 무엇인지를 알고 그것을 배울 수 있는 대학을 선택하는 것이 무엇보다 중요하다고 생각합니다.

3) 가 : 인생에 있어 가장 중요한 것은 뭐라고 생각합니까?

나 : ______________________________.

문법 설명

앞에 오는 말을 화제나 논의의 대상으로 한 상태를 나타낸다. 명사 다음에는 '에 있어(서)'의 형태로 사용된다.

02 지피지기면 백전백승

- 지피지기면 백전백승이란 말이 있듯이 경기에서 승리하려면 우리 팀의 전략은 물론 상대 팀의 전략에 대해서도 완벽하게 파악하고 있어야 한다.
- 어떻게 하면 좋은 광고를 만들 수 있을까 하다가 '지피지기면 백전백승'이란 말이 떠올라 제품을 만드는 공장으로 가서 직접 보고 생각해 보기로 했다.

문법 설명

'상대방을 알고 자신에 대해 알면 모든 싸움에서 이길 수 있다.'는 뜻이다.

03 A/V-(으)ㄴ/는 것은 말할 것도 없고

- 폭염으로 인해 수영장은 말할 것도 없고 해수욕장까지 물이 있는 곳은 더위를 피해 온 사람들로 가득하다.
- 포장 이사 서비스를 이용하면 이삿짐을 싸 주는 것은 말할 것도 없고 이사한 후에 짐 정리까지 해 주므로 아주 편리하다.
- 시즈코 씨는 언어 감각이 뛰어나서인지 한국어 발음이 분명한 것은 말할 것도 없고 문법에 어긋나지 않는 정확한 한국어를 구사한다.

◎ 다음 문장을 완성하십시오.

1) 이번 태풍으로 말미암아 ________________.

2) 나는 요리에 소질이 없어서 ________________.

3) 그 회사에 취직하려면 ________________.

4) 주말에 밀린 잠을 자느라고 ________________.

문법 설명

'앞의 것은 말할 필요도 없이 당연하고 뒤에 오는 것까지 당연하게 이루어진다.'는 뜻이다. '은/는 물론이고'와 바꾸어 쓸 수 있다.

04 귀를 기울이다

- 누군가 내 이야기를 귀 기울여 들어 주는 것만으로도 큰 위로가 된다.
- 자연의 소리에 귀를 기울이면 생명을 가진 모든 것과 친구가 될 수 있을 것 같다.

문법 설명

'남의 이야기나 의견에 관심을 가지고 잘 듣는다'는 뜻이다.

05 말꼬리를 흐리다

- 동생이 내 질문에 당황하며 말꼬리를 흐리는 걸 보니 뭔가 숨기고 있는게 분명하다.
- 나는 어렵거나 곤란한 질문을 받으면 말꼬리를 흐리는 버릇이 있다.

문법 설명

'말의 마지막 부분을 분명하게 하지 않는다'는 뜻이다. '말끝을 흐리다'와 비슷한 표현이다.

◎ 보기 에서 알맞은 표현을 골라 문장을 완성하십시오.

보기 지피지기면 백전백승이다 귀를 기울이다 말꼬리를 흐리다

1) 너무 긴장한 나머지 교수님의 질문에 제대로 대답하지 못하고 ____________________.

2) ____________________ 자기 몸 상태와 운동 효과에 대해 잘 알고 운동을 하면 더욱 효율적이다.

3) 다른 사람이 말할 때에는 ____________________ 듣는 자세가 필요하다.

06 V-기(에) 앞서

- 토론을 시작하기에 앞서 오늘의 토론자들을 소개해 드리겠습니다.
- 대학원에 진학하기에 앞서 자신이 연구하고자 하는 바를 분명히 해 놓는 게 좋다.

◎ 다음 문장을 완성하십시오.

1) 사업을 시작하기에 앞서 ______________________.

2) 남을 탓하기에 앞서 ______________________.

3) 집을 계약하기 앞서 ______________________.

문법 설명

'무엇을 하기 전'이라는 뜻이다.

07 A-기 짝이 없다

- 자기가 원하는 게 무엇인지 확실하게 알고 있는 사람을 보면 부럽기 짝이 없다.
- 영화제에서 상을 많이 받은 좋은 영화라고 해서 봤는데 내용이 지루하기 짝이 없었다.

◎ 다음 문장을 완성해 보십시오.

1) 오랜만에 고국 음식을 먹으니 ______________________.

2) 성실하게 일해서 돈 모을 생각은 안하고 복권에 당첨되는 꿈만 꾸고 있는 친구가 ______________________

______________________.

3) ______________________ 섭섭하기 짝이 없었다.

문법 설명

비교할 수 없이 대단하거나 매우 심함을 강조해서 표현할 때 쓴다. '-기 이를 데 없다', '-기 그지없다'와 비슷한 표현이다.

말하기

01 상대방의 말을 근거로 해서 다른 사람에게 조언하거나 자신의 의견을 제시해 봅시다. 다음 상황에서 어떻게 말하면 좋을까요?

상황 1

출근을 힘들어하는 동료에게 카풀을 하자고 제안한다.

가 : 아침마다 만원 지하철에 시달리는 게 싫어서 요즘은 한 시간 일찍 출근해.

나 : ______________________________.

상황 2

보수가 좋은 회사를 찾는 친구에게 보수보다 적성에 맞는 일을 찾는 것이 중요하다고 설득한다.

가 : 일이 내 적성에 맞는지 어떤지 보다는 보수가 좋은 회사를 우선해서 고르고 있어.

나 : ______________________________.

1) '나'의 입장이 되어서 대답해 봅시다.

2) 다음 표현을 사용해서 다시 대답해 봅시다.

화제 유지하기 I

- –(으)니까 말인데 ~
- 말이 나와서 말인데 ~
- 말이 나왔으니까 말인데 ~

[상황1] ______________________________

[상황2] ______________________________

3) 위의 표현을 이용해서 다음 상황에 대답해 봅시다.

①

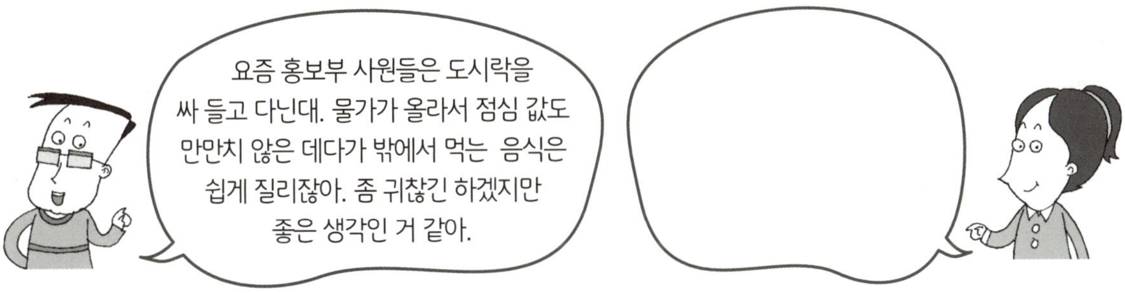

②

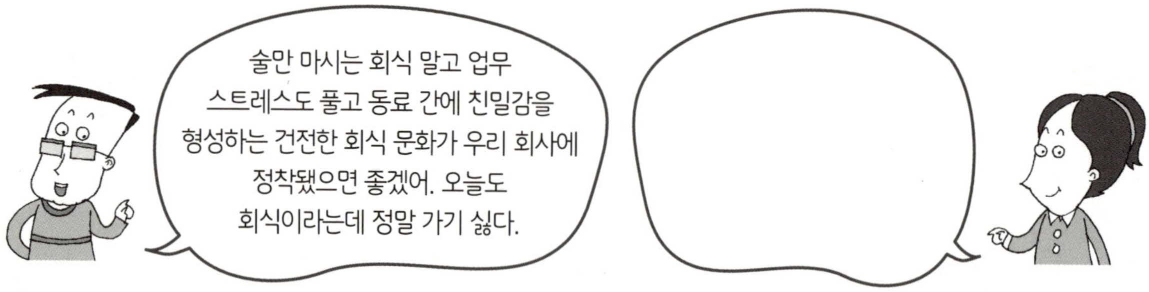

02 다음의 상황에서 여러분은 어떻게 대답하겠습니까?

상황 1

김 대리가 시장 조사하러 외근을 나간다고 하니까 이 대리가 자기도 거래처에 가려고 했다면서 같이 나가자고 한다.

가 : 김 대리 지금 어디 나가는 길이야?

나 : 응, 시장 조사하러 가려고.

가 : ______________________________.

상황 2

설문에 응해 준 소비자들에게 사은품으로 회사 이름이 박힌 볼펜을 주는 게 어떠냐는 이 대리의 말에 김 대리가 미리 준비해 놓았다고 한다.

가 : 내일 소비자들 반응을 알아보기 위해 설문 조사할 때 말이야. 우리 회사 이름이 박힌 볼펜을 사은품으로 주는 건 어때?

나 : ______________________________.

1) 다음 표현을 사용해서 다시 대답해 봅시다.

화제 유지하기 Ⅱ

- 그렇지 않아도 ~
- 안 그래도 ~

[상황1] ______________________________

[상황2] ______________________________

2) 위의 표현을 이용해서 다음 상황에 대답해 봅시다.

①

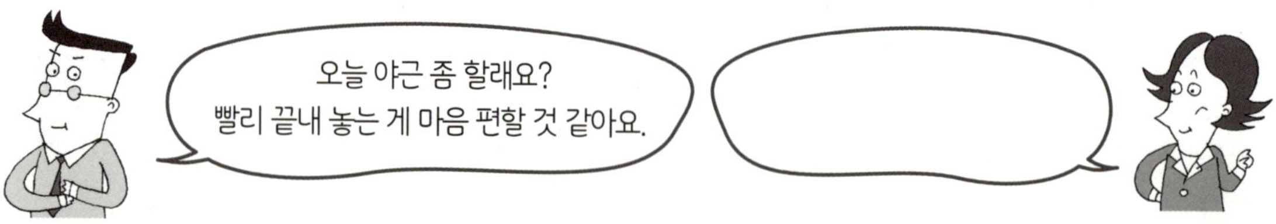

②

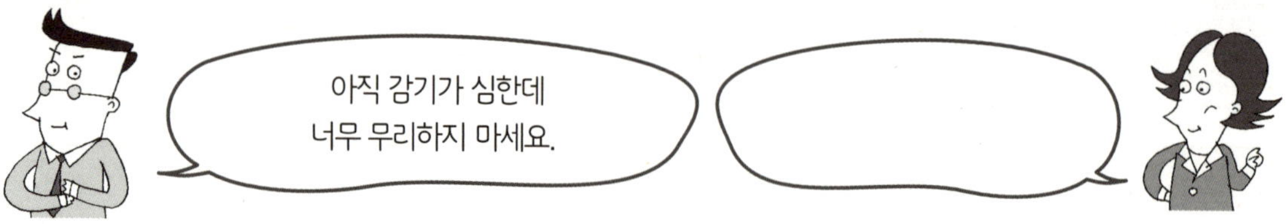

03 다음 보기 와 같이 상황에 맞게 대화해 봅시다.

보기

상황 1

김 대리와 이 대리가 신입사원 김민수에 대해 이야기하고 있다. 김민수는 과장님이 아직 퇴근 전인데도 퇴근 시간인 6시가 되면 바로 퇴근을 하는데 두 사람은 김민수의 용기를 부러워한다. 그리고 당장 내일부터 김민수처럼 과장님의 눈치를 보지 않고 정시에 퇴근하기로 마음먹는다.

대화

김 대리 : 김민수 씨는 정말 대담한 거 같아. 입사 첫날부터 과장님이 퇴근 안 하고 계셔도 6시만 되면 칼퇴근했잖아.

이 대리 : 말이 나왔으니까 말인데 나는 김민수 씨의 용기가 정말 부럽더라. 과장님도 일찍 퇴근하는 것에 대해 아무 말씀 안 하시잖아.

김 대리 : 나도 내일부터 과장님 눈치 보지 말고 당당하게 퇴근할까 봐.

이 대리 : 그렇지 않아도 나도 정시 퇴근 시도해 보려던 참이었는데 우리 내일 같이 퇴근하자.

상황 2

김 대리가 퇴근 후 시간을 자기 계발에 투자하는 직장인들이 늘어나고 있다는 뉴스에 대해 이 대리에게 말한다. 그 말을 듣고 이 대리는 김 대리에게 퇴근 후에 바로 집으로 가지 말고 뭔가 배워 보라고 한다. 김 대리는 외국어를 배울 계획이었다.

김 대리 : 퇴근 후 시간을 자기 계발을 위해 투자하는 직장인들이 점점 많아지고 있대.

이 대리 : 말이 나와서 말인데 ______________ ______________.

김 대리 : 그렇지 않아도 ______________ ______________.

이 대리 : ______________.

상황 3

김 대리는 이번 휴가에는 집에서 쉬고 싶지만 아빠의 휴가를 기다리고 있는 아이들을 생각하면 그럴 수가 없다. 휴가에 대한 이야기가 나오자 이 대리가 김 대리에게 이번 휴가를 같이 보내자고 제안한다. 김 대리도 이 대리와 같은 생각이었다.

김 대리 : ______________.

이 대리 : ______________.

김 대리 : ______________.

이 대리 : ______________.

김 대리 : ______________.

이 대리 : ______________.

2 직업관의 변화

01 여러분은 어떤 직업이 가장 마음에 듭니까? 그리고 그 일을 하려면 어떤 능력을 갖춰야 합니까? 이야기해 봅시다.

02 여러분이 직장을 선택할 때 중요하게 생각하는 것은 무엇입니까? 다음 중에서 우선 순위를 정하고 그 이유를 말해 봅시다.

□ 안정성　　□ 적성
□ 연봉　　□ 기업의 장래성
□ 기업 인지도　　□ 복리 후생
□ 전공과의 관련성　　□ 윤리적 만족감이나 보람

1) 우선순위 3가지 : (　　　　　) → (　　　　　) → (　　　　　)

2) 그렇게 생각하는 이유는 무엇입니까?

3) 위에 제시된 조건 외에 중요하다고 생각하는 것이 있으면 말해 봅시다.

읽기

다음은 직업관의 변화에 대해 설명한 글입니다. 잘 읽고 질문에 답하십시오.

현대 사회에서는 생계유지를 위한 수단으로서의 직업 또는 사회적 위상으로서의 직업은 그 의미가 점점 약해지는 대신 자아실현의 장으로서의 직업의 의미가 부각되고 있다. 여기에는 여러 가지 사회 경제적 요인이 작용한다. 기성세대에 비해 생활이 풍족해진 것, 직업의 종류가 다양해진 것, '평생 직장' 대신 '평생 직업'의 개념이 자리 잡은 것이 그 요인이다. 요즘 젊은 세대들은 아버지 세대와 다른 직업관을 가지고 있는데, 그것은 다음과 같은 특징을 보인다.

첫째, 요즘 젊은이들은 개인의 여가 활동을 중시한다. 이들은 직장을 선택할 때 월급이 좀 적더라도 가족과 함께 보내거나 자기 계발, 취미 활동 등을 할 수 있는 시간이 충분한가를 중요하게 여긴다. 부모님 세대가 먹고 살기 위해 쉬는 날 없이 일을 했다면 이들은 잘 쉬기 위해서 일을 한다고 해도 과언이 아니다.

둘째, 이들도 윤리적인 만족감을 추구한다. 다시 말해 자신이 하고 있는 일이 다른 직업에 비해 수입이 적고 사회적 지위가 낮다고 하더라도 자신의 직업에 긍지를 가지고 성실하게 일한다. 사회 복지사가 저소득층이나 장애인들을 위해 헌신하는 것이라든가 소방관이 목숨을 걸고 사람을 구하는 것, 공무원이 봉사의 정신으로 공직 생활을 하는 것 등이 모두 여기에 속한다고 할 수 있다.

셋째, 적성을 중요하게 생각하는 것도 요즘 젊은이들의 특성 중의 하나이다. 그들은 기성세대에 비해 경제적으로 풍족한 시기에 성장해서 그런지 단순히 대우가 좋은 직업보다 하고 싶거나 잘할 수 있는 일을 하려는 성향이 강하다. 얼마 전 한 게임 회사에서 실시한 설문 조사 결과에 의하면 구직 시 가장 중요하게 생각하는 것을 묻는 질문에 '적성'이라고 대답한 사람이 49%를 차지했다. 하고 싶은 일을 하면서 성취감과 만족감을 얻으려고 하는 젊은이들의 직업관이 반영된 결과라고 볼 수 있다.

마지막으로 들 수 있는 것은 목표 지향적 특성이다. 다시 말해 자기가 하고자 하는 일을 위해서 남의 시선을 의식하지 않고 노력하는 것이다. 대학 진학 대신 마이스터 고등학교를 선택한 학생들은 전문적인 기술을 배워 기술자가 되고자 한다. 이들은 기술직에 대한 과거의 편견을 깨고 학벌보다는 실력으로 평가받으려는 것이다. 대기업이나 은행에서 고졸 출신자들을 채용하려는 분위기가 확산되고 있는 것도 이러한 현상에 한몫한다. 파일럿이나 군인, 경찰 등 남성들의 영역으로만 여겨졌던 직업 세계에 도전장을 내민 여성들도 바로 목표 지향적인 사람이라고 할 수 있다.

돈보다는 여가와 적성, 목표를 중시하며 일을 통해 윤리적인 만족감을 얻고자 하는 요즘 젊은 세대들의 직업관은 직업이 단순히 경제적인 만족을 넘어 개인의 자아실현과 사회적 차원의 공동 목표를 달성하는 수단으로 변화하고 있다.

생계유지 위상 자아실현 장 부각되다 요인 작용하다 기성세대 풍족해지다
개념 자리잡다 직업관 계발 과언 윤리적 수입 지위 긍지 사회 복지사
저소득층 헌신하다 공직 속하다 대우 성향 구직 마이스터 학벌 출신자
채용하다 확산되다 한몫하다 영역 도전장 차원

01 과거와 현재를 비교할 때 직업의 의미가 어떻게 달라지고 있습니까? 그렇게 달라진 이유는 무엇입니까?

1)

과거		현재
	➡	

2) 달라진 이유 :

02 요즘 젊은 세대의 직업관을 네 가지로 요약해 봅시다.

1)	여가 지향적	돈 보다는 여가 시간을 중요하게 생각함.
2)		
3)		
4)		

03 이 글의 중심 내용은 무엇입니까?

① 직업의 종류가 다양해지고 있다.

② 직업관에는 네 가지 종류가 있다.

③ 직업에 대한 생각이 달라지고 있다.

④ 직업은 개인의 자아를 실현하는 수단이다.

04 이 글의 내용이 아닌 것을 고르십시오.

① 돈보다는 개인의 적성이나 목표 등이 직업 선택의 중요한 조건이 되고 있다.

② 적성에 맞는 일을 선택하는 이유는 일을 통해 성취감과 만족감을 얻기 위해서이다.

③ 일에서 윤리적인 만족감을 얻고자 하는 사람들은 보수나 사회적 지위 등을 따지지 않는다.

④ 대학에 진학하는 대신 기술을 배우는 학생들은 직업을 생계유지의 수단으로 보는 경우이다.

더 생각해 봅시다

01 다음 직업의 사람들은 어떤 직업관을 가지고 있다고 할 수 있습니까? 보기를 참고하여 이야기해 봅시다.

예) 연예인, 간병인, 성직자, 프로게이머, 프리랜서, 스턴트맨 등

보기 스턴트맨인 나는 평소에도 몸을 움직이는 것을 좋아해서 운동을 즐겨한다. 어릴 때부터 연기에도 관심이 있었기 때문에 몸으로 연기하는 스턴트맨을 직업으로 선택했다. 물론 많은 돈을 벌거나 안정적인 직업은 아니다. 하지만 위험한 대역 연기를 성공했을 때 느끼는 만족감과 배우들의 안전을 보장해 주었다는 보람 같은 것이 늘 나를 매료시킨다. 그래서 나는 이 일이 좋고 앞으로도 계속 하고 싶다.

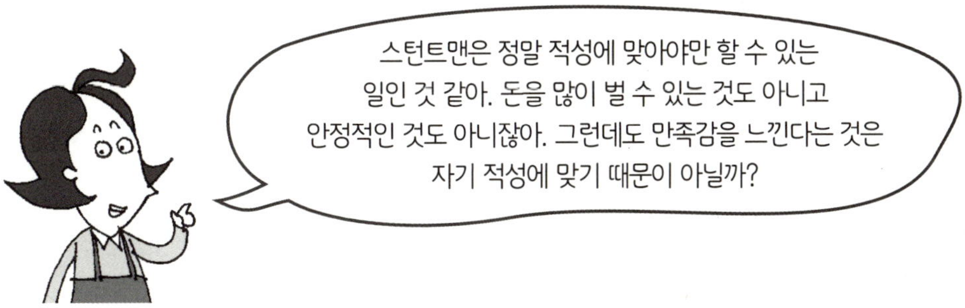

02 직업에 대해 더 이야기해 봅시다.

1) 여러분 나라에는 있지만 한국에는 없는 직업이 있으면 소개해 봅시다.

2) 다음의 이색 직업에 대해 조사해 봅시다.

예) 미스터리 쇼퍼, 애완동물 장의사, 조향사, 웃음 치료사, 증강 현실 전문가 등

보기 기업에서는 모든 매장의 상황을 자세히 알기가 어렵기 때문에 객관적인 입장에서 매장 상황을 파악해서 알려 줄 사람이 필요하다. 그래서 손님으로 가장하고 매장을 방문해서 업무 효율성이나 친절도, 맛 등에 대해 평점을 매겨 직접 보고하는 일을 하는 사람이 있는데 이를 미스터리 쇼퍼라고 한다.

3) 자신에게 어울릴 것 같은 이색 직업이 있으면 대해 이야기해 봅시다.

어 휘

◎ 직업과 관련된 어휘에 대해 알아봅시다.

• 가치관

신데렐라 콤플렉스는 소극적이고 의존적인 여성상을 조장하는 한국 사회의 보수적 가치관에서 비롯되었다는 주장이 있다.

• 직무

대통령이 해외 순방 중이어서 국무총리가 직무를 대행하고 있다.

• 종사하다

요즘 여성들은 현모양처가 되기보다는 전문직에 종사하며 독립적으로 살기를 원한다.

• 이직하다

자신의 적성을 찾아 이직하는 사람들이 점점 늘고 있다고 한다.

• 고용하다

불법 체류자를 고용하면 고용주는 벌금을 물게 되고 불법 체류 외국인은 강제로 추방당한다.

• 전망이 밝다

각종 세금 혜택, 복잡한 도로 사정 등을 고려할 때 한국의 소형차 시장은 전망이 밝다고 할 수 있다.

1) 친구는 지금 다니는 회사에 일이 많아서 다른 회사로 ________________ 싶다며 투덜댔다.

2) 그는 ________________ 태만으로 직장에서 쫓겨날 위기에 처해 있다.

3) 저희 회사는 ________________ 급여 수준도 높은 편이어서 이직자가 거의 없습니다.

4) 청소년기의 독서는 사고의 폭을 넓히고 삶의 ________________ 을/를 형성하는 데 매우 중요한 역할을 한다.

5) 그 회사는 생산량을 늘리기 위해 생산직 사원을 더 ________________ 결정했다.

6) 친구는 금융업에 ________________ 그런지 국내뿐만 아니라 세계 경제의 흐름도 잘 파악하고 있다.

문법

01 A/V-다고 해도 과언이 아니다

- 김홍도와 신윤복은 풍속화의 새로운 경지를 세웠다고 해도 과언이 아닐 것이다.
- 한국 사람이라고 해도 과언이 아닐 정도로 라파엘 씨의 한국어 실력은 뛰어나다.
- 그녀의 피아노 연주 실력은 전 세계를 통틀어 다섯 손가락 안에 든다고 해도 과언이 아니다.

◎ 다음 표를 채운 후 문장을 완성하십시오.

보기 이번 노래 대회 준비	김 선생님의 역할이 크다
1) 스마트 폰	
2)	모든 한국인들이 사랑하다
3)	

보기 이번 노래 대회 준비를 김 선생님 혼자서 다 했다고 해도 과언이 아닐 정도로 김선생님의 역할이 컸다.

1) ______________________.

2) ______________________.

3) ______________________.

문법 설명

앞에 오는 내용이 지나친 말이 아닐 정도로 앞의 내용이 대단하다는 뜻이다.

02 N(이)라든가

- 현대사회에서는 블로그라든가 트위터 같은 소셜 네트워크 서비스가 사회에 미치는 영향력이 매우 크다.
- 가 : 즐겨 먹는 한국 음식이 있어요?
  나 : 안동 찜닭이라든가 떡볶이 같은 매콤한 음식을 자주 먹는 편이에요.
- 가 : 직장을 선택할 때 우선적으로 고려하는 것은 무엇입니까?
  나 : 근무 환경이라든가 연봉이라든가 그런 것을 가장 먼저 생각해요.

◎ 친구에게 묻고 대답해 봅시다.

1) 한국어를 배울 때 어려운 점은 무엇입니까?

2) 주말이라든가 공휴일 같은 쉬는 날에는 주로 무엇을 합니까?

3) 배우자를 선택할 때 어떤 점을 중점적으로 보겠습니까?

4) 고향에 돌아갈 때 어떤 선물을 사 가고 싶습니까?

보기 한국어를 배울 때 관용어라든가 높임말 같은 모국어에 없는 표현들이 가장 배우기 힘들었어요.

문법 설명

둘 이상의 명사를 예를 들어 나열할 때 쓴다. 뒤에는 나열한 예들을 종합적으로 설명하는 말이 올 수 있다. '~(이)라든가 ~(이)라든가'의 형태로 두 번 반복하여 사용하기도 한다.

03 A/V-아/어(서) 그런지

- 요즘 피곤해서 그런지 영 입맛이 없네요.
- 출근 시간이라서 그런지 교통체증이 심해요.
- 동생이 시험 때문에 스트레스를 받아서 그런지 자주 짜증을 내요.

◎ 다음 문장을 완성하십시오.

1) ______________________ 수업 시간에 집중이 잘 안 돼요.

2) ______________________ 세일 기간인데도 백화점에 손님이 별로 없네요.

3) ______________________ 한국어 실력이 생각만큼 늘지 않아서 걱정이에요.

4) ______________________ 자꾸 기침이 나고 머리도 아파요.

5) ____.

문법 설명

앞에 오는 행동이나 상태가 뒤에 오는 상황의 이유일 것 같다고 조심스럽게 추측해 보는 표현이다. 원인을 확실하게 단정할 수 없는 경우에 사용한다. '-아/어서인지'로 바꿔쓸 수 있다.

04 A/V–아/어 봤자

- 봄인데 추워 봤자 얼마나 춥겠어?
- 가 : 감기가 심한데 왜 병원에 안 가요?
  나 : 가 봤자 소용없어요. 그냥 며칠 푹 쉬면 나을 거예요.
- 가 : 내일 토픽 시험이 있으니까 열심히 공부해야겠어요.
  나 : 매일 놀다가 오늘 갑자기 공부해 봤자 합격할 리가 없지.

◎ 보기 와 같이 이야기해 봅시다.

친구의 계획	지금 상황
보기 은행에 통장을 만들러 가다	문을 닫은 시간이어서 통장을 만들 수 없다
1) 교수님께 과제를 제출하다	제출 기한이 지나서 교수님이 받지 않는다
2) 자판기를 설치해 달라고 학교에 건의하다	강의실이 더러워진다고 설치해 주지 않는다
3)	

보기 통장을 만들러 가 봤자 지금은 은행이 문을 닫은 시간이어서 통장을 만들 수가 없어.

문법 설명

주로 동사와 결합하여 앞의 행동을 해도 결과가 달라지지 않거나 소용이 없을 때 사용한다. 형용사와 결합하면 '정도나 상태가 아무리 그렇다고 해도 별 의미가 없다'는 뜻이 된다.

05 도전장을 내밀다

- 우리 회사는 신제품을 개발하여 경쟁사에 도전장을 내밀었다.
- 축구 선수로 활동했던 김 씨는 이제 영화계에 도전장을 내밀고 배우로 변신했다.
- '강남 스타일'이라는 노래로 세계 팝 시장에 도전장을 내민 가수 싸이의 다음 행보가 기대된다.

◎ 다음 인터넷 기사의 제목을 보고 그 내용에 대해 이야기해 봅시다.

신예 걸그룹 7인조 '투란' 가요계에 도전장 내밀어

구지성, 19금 스릴러 '꼭두각시'로 스크린에 도전장 '팔색조 연기'

구글, 음악 스트리밍 서비스 출시…… 애플에 '도전장'
– 월정액 음악 스트리밍 서비스 출시할 듯, 애플 아이튠즈에 '도전장' 내밀어

'인공 피부' 센서……'아이언맨'에 도전장 내민다
– 라이브사이언스는 14일(현지시간) "인공 피부에 필요한 신축성 있는 압력 센서가 개발됐다. 인공 피부는 더 이상 공상 과학 속 이야기가 아니다."라고 전했다.

문법 설명

새로운 분야에 도전하는 행동을 비유적으로 표현하는 말이다.

메 모

쓰 기

01 다음 글을 읽고 질문에 대답해 봅시다.

얼마 전 실시한 통계청 조사 결과에 따르면 최근의 경기 회복세에도 불구하고 청년층의 실업률이 전년도에 비해 0.9% 증가했다고 한다. 그러나 이와 반대로 대졸 미취업자들 중에 취업을 준비하는 사람의 수는 오히려 감소하고 있는 것으로 나타났다.

따라서 본고에서는 '구직 단념자'가 늘고 있는 이유와 정부의 실업 대책의 문제점에 대해 자세히 살펴보고자 한다. 더 나아가 청년 실업률을 줄일 수 있는 효과적인 방안에 대해서도 논의해 보도록 할 것이다.

1) 이 글은 글의 서론, 본론, 결론 중에 어디에 해당된다고 생각합니까?

2) 그렇게 생각하는 이유는 무엇입니까?

3) 이 글 다음에는 어떤 내용이 올 것 같습니까?

글 시작하기

포함되는 내용

- 현황 제시
- 문제 제기
- 연구 동기 및 목적
- 연구 방법 및 연구 방향
- 본문 내용 소개

주로 사용되는 표현

- 이 보고서는, 이 연구는, 본고는, 이 보고서에서는, 이 연구에서는, 본고에서는
- –는 데 목적이 있다, –고자 하다, –(으)ㄹ 것이다, –도록 하겠다
- 을/를 통하여, –(으)ㅁ으로써, 에 따르면
- 목적, 제시, 대상, 문제점, 살펴보다, 논의하다, 분석하다, 검토하다, 고찰하다, 모색하다 등

글 시작하기

- 논제의 개념을 정의한다.
- 속담이나 격언, 표어 등을 인용한다.
- 문제점의 현황과 실태를 지적한다.
- 독자에게 문제점에 대한 질문을 던진다.
- 작가의 의도가 분명히 담긴 주제문을 제시한다.
- 자신의 경험을 이야기하거나 간단한 일화를 소개한다.

서론 작성 시 유의할 점

- 문장을 쉽고 간결하게 써야 한다.
- 본론에서 말하고자 하는 내용이 잘 드러나야 한다.
- 개인의 감정이나 주장, 추측이 들어가지 않고 객관적인 사실만을 근거로 해서 써야 한다.
- 각 하위 항목은 상위 항목의 내용을 모두 다루어야 한다.

02 다음 문장을 읽고 어떤 방법을 사용하여 글을 시작했는지 써 봅시다.

1) 니트(NEET)족이란 구직 활동을 전혀 하지 않고 학교에 다니지도 않으면서 특별한 직업 훈련이나 교육도 받지 않는 청년층을 말한다. (→ 개념을 정의하기)

2) 옛말에 일하지 않는 사람은 먹지도 말라는 말이 있다. (→)

3) 시대가 변화함에 따라 요즘 젊은이들의 직업관도 달라지고 있다. (→)

4) 니트족이라면 모두 일할 의지가 없는 사람들이라고 생각하기 쉽지만 사실은 그렇지 않다. 취업에 성공했지만 적응하지 못하고 실패한 후에 자신감을 잃은 젊은이들도 있다. (→ 주제문 제시하기)

5) 영화 '울지마 톤즈'로 유명한 고 이태석 신부는 한국에서의 의사 생활을 포기하고 아프리카 수단으로 가서 가난하고 병든 사람을 돌보는 일에 평생을 바쳤다. 이는 부와 명예보다는 어려운 사람을 도우며 느끼는 윤리적인 만족감을 더 중요하게 생각한 경우라고 할 수 있다. (→)

6) 여러분이 직업을 선택할 때 가장 중요하게 생각하는 조건은 무엇인가? (→)

03 위에서 제시한 표현들을 활용하여 여러분 나라의 '실업 문제와 대책'에 대한 보고서의 서론 단락을 써 봅시다.

1) 먼저 다음 표의 내용을 간단하게 채워 봅시다.

제목	______________의 실업 문제와 대책
현황 제시	
문제 제기	
연구 목적	
연구 방법	
본문 내용 소개	

2) 위의 내용을 참고하여 서론 단락을 써 봅시다.

____

____

____

____

____

____

____

제 4 과

소비와 경제

1. 합리적인 소비

듣기 경제관념에 대한 대화 듣기
어휘 경제관념
문법 및 표현
- A/V-다니
- A/V-답시고
- V-는 족족
- A/V-다/자/냐/라는 둥 A/V-다/자/냐/라는 둥

말하기 상담하기/조언하기

2. 마케팅 전략

읽기 판매 전략에 대한 기사 읽기
어휘 판매와 구매
문법 및 표현
- A/V-(으)ㄴ/는다고 할 수 있다
- V-기보다(는)
- N 말고도(는)
- A/V-다면

쓰기 단락 구성하기

1 합리적인 소비

01 다음은 최근 일 년간 세대 별 소비 행태 변화를 조사하여 그래프로 나타낸 것입니다. 세대별로 어떤 특징이 있는지 알아봅시다.

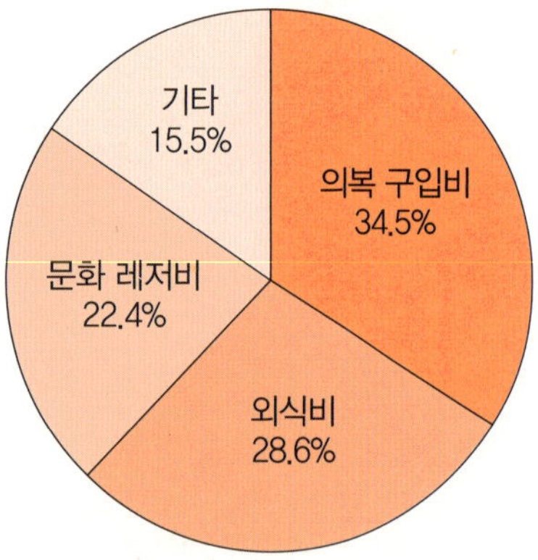

〈불황 극복을 위한 소비 감소 항목〉

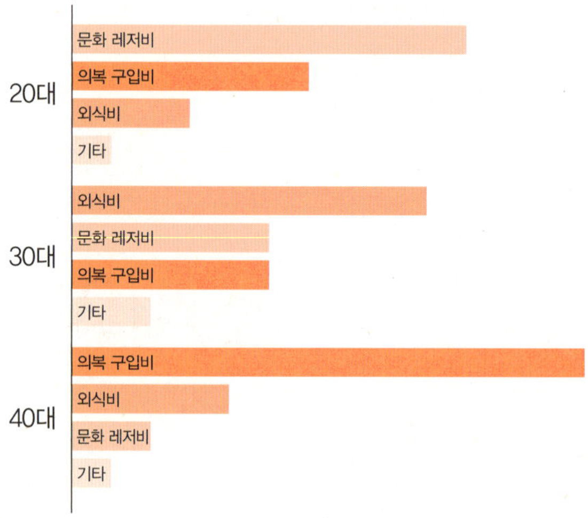

〈세대별 주요 긴축 항목〉

1) 이러한 결과가 나타난 이유에 대해 이야기해 봅시다.

2) 여러분이라면 어떤 항목을 줄이시겠습니까? 그 이유는 무엇입니까?

02 여러분은 돈을 어떻게 씁니까? 다음의 소비 유형에 대해 알아보고 여러분은 어떤 유형에 속하는지에 대해 이야기해 봅시다.

☑ 저축형 ☐ 절약형
☐ 투자형 ☐ 한탕형
☐ 의논형 ☐ 계획형

예 : 저는 돈을 쓰기 전에 먼저 은행에 일정 금액을 저금하는 습관이 있어요. 돈이 손에 있으면 아끼지 못하고 다 써 버리거든요. 그래서 돈이 생기면 항상 그 돈의 절반은 무조건 은행에 넣어 두려고 해요.

듣기

다음을 듣고 물음에 답하십시오.

Track 04

01 두 사람은 무엇에 대해 이야기를 나누고 있습니까?

① 취미 생활의 중요성
② 월급을 관리하는 방법
③ 즐기며 사는 삶의 가치
④ 적금 들기가 어려운 이유

02 이어질 여자의 행동으로 어울리는 것을 고르십시오.

① 은행에 가서 적금을 든다.
② 돈을 아끼는 방법을 알아본다.
③ 하고 싶은 일이 무엇인지 생각한다.
④ 중고 자동차를 언제 구입할지 계획을 세운다.

03 다음은 남자에 대한 설명입니다. 들으면서 내용을 쓰십시오.

- 남자의 예전 좌우명 : ________________
  미래를 준비하는 삶에 관심이 없었으므로 돈을 계획 없이 써 버림.
- 2년 전 ________________
  동생은 학생인데도 불구하고 ________________
  ↓
  계획적으로 돈을 모으기 시작함.

04 '푼돈이 모여서 목돈이 된다'가 의미하는 바를 쓰십시오.

05 '씀씀이가 헤프다', '경제관념이 없다'의 의미에 대해 구체적인 예를 들어 이야기해 봅시다.

여 : 월급 관리를 어떻게 해야 할지 모르겠어.

남 : 적금도 안 들었어?

여 : 쥐꼬리만 한 월급에 매달 고정적으로 나가는 돈도 만만치 않아서 도저히 엄두가 안 나더라고.

남 : 원래 적은 돈부터 시작하는 거야. 푼돈이 모여서 목돈이 되는 거잖아.

여 : 그런데 내가 너랑 이런 이야기를 하고 있다니 뭔가 이상해. 현재를 즐기자가 네 좌우명 아니었어? 그런데 적금이 어쩌고 목돈이 어쩌고 하니까 신기하다.

남 : 하하, 그래? 사실 나도 이런 생각하기 시작한 건 얼마 안 됐어. 그동안은 즐긴답시고 돈이 들어오는 족족 다 썼으니까. 난 하고 싶은 일은 뭐든지 해야 직성이 풀렸던 것 같아.

여 : 찐빵 하나 먹자고 낯선 길을 물어 가면서 차를 몰았던 일처럼?

남 : 하하, 내가 그랬었나? 그때 내 뒤에서 경제관념이 없다는 둥 씀씀이가 헤프다는 둥 수군거린 것도 알고 있었어.

여 : 그래도 난 네가 참 멋지다고 생각했어. 그런데 무슨 심경의 변화가 생겨서 재테크에 관심을 갖기 시작한 거야?

남 : 그게 말이야. 2년 전쯤이었던가? 할머니가 입원하신 적이 있었어. 그때 학생이었던 동생이 통장을 턱 내 놓더라. 난 얼굴이 화끈거려 도저히 고개를 들 수가 없었어. 삶을 즐기는 것만이 다가 아니라는 걸 그때 처음으로 깨닫게 된 것 같아.

여 : 그런 일이 있었구나. 네 이야기를 듣다 보니 월급 관리가 단순히 돈을 아끼고 모으는 데에 그치는 게 아니구나 싶어. 에휴, 돈은 버는 것도 힘든데 쓰는 것도 왜 이렇게 힘든 거야?

남 : 너무 어렵게 생각하지 말고 우선 네가 뭘 하고 싶은지부터 생각해 봐. 목표가 있어야 계획도 세울 수 있으니까.

여 : 목표? 지금 당장은 아무 것도 떠오르지 않아.

남 : 너무 거창하게 생각하니까 그렇지. 가령 중고 자동차 한 대를 산다고 치자. 그걸 사는 데 돈이 얼마나 들고 언제 살 건지 계획을 세우면 네가 월급을 어떻게 관리하면 되는지 알 수 있을 거야.

관리 적금 쥐꼬리 고정적 만만하다 도저히 엄두 푼돈 목돈 즐기다
좌우명 찐빵 몰다 경제관념 씀씀이 헤프다 수군거리다 심경 재테크
턱 화끈거리다 당장 떠오르다 거창하다 가령

더 생각해 봅시다

01 다음은 한국의 속담이나 고사를 이용하여 재테크의 방법을 유형화한 것입니다. 속담이 의미하는 바가 무엇인지 이야기해 봅시다. 그리고 이와 관련된 여러분 나라의 속담도 소개해 봅시다.

- 티끌 모아 태산 형
- 친구 따라 강남가기 형
- 자린고비 형
- 돌다리 두드리기 형
- 한 우물만 파는 형
-

예 : 한국의 속담 중에 '티끌 모아 태산'이라는 속담이 있어요. 아무리 적은 돈이라도 계속해서 모으면 큰돈이 될 수 있다는 뜻이지요. 즉, '티끌 모아 태산 형'은 돈을 모으는 데 저금이 가장 좋은 방법이라는 경제관념을 가진 사람을 가리키는 말이지요. 저도 다른 데 투자하는 것보다 적은 돈이라도 은행에 맡기는 게 제일 믿을 수 있는 방법이라고 생각해요.

__________ 형

더 알아 봅시다

- 티끌 모아 태산 – 아무리 작은 것이라도 모이고 모이면 나중에 큰 덩어리가 된다.
- 돌다리도 두드려보고 건너라 – 확실해 보이는 일도 다시 한 번 확인해야 한다.
- 친구 따라 강남 간다 – 친구가 하면 따라서 하게 된다.
- 우물을 파도 한 우물을 파라 – 한 가지 일을 끝까지 밀고 나가야 성공할 수 있다.
- 자린고비 – 돈이 있는데도 쓰지 않고 아낀다.

02 여러분은 소비를 줄이기 위해 어떤 노력을 하고 있습니까? 알뜰 소비를 할 수 있는 방법을 소개해 봅시다.

소비를 줄이기 위한 방법	
문 닫기 직전 마트 가기	각종 쿠폰 모으기
멤버십 카드 가입하기	가까운 거리는 걷거나 자전거 타기
백화점 할인 기간 이용하기	못 신는 스타킹에 조각 비누 넣어 사용하기
외식 자제하기	도서관 이용하기

예 : 저는 문 닫기 직전에 마트에 자주 가요. 왜냐하면 마감 세일을 하기 때문에 물건을 저렴하게 살 수 있는데 특히 김밥이나 치킨 같은 조리 음식은 50% 가까이 싸게 살 수 있거든요.

03 지금 당장 500만 원이 생긴다면 무엇을 하고 싶습니까? 지출 계획서를 써 봅시다.

지출 계획서			
지출 항목		예상 금액	이유
예) 교육비	메이크업 학원 등록	120만 원	내 꿈은 메이크업 아티스트가 되는 것이다. 학원비가 비싸서 아르바이트를 하려고 생각하고 있었는데 돈이 생겼다.
교육비			
여가 활동비			
의복비			

어 휘

◎ 경제관념과 관련된 어휘에 대해 알아봅시다.

- **합리적이다**
  우리 회사는 합리적인 자금 관리와 원가 절감을 통해 금융 위기에서 벗어날 수 있었다.
- **경제적이다**
  아이들은 성장 속도가 빠르므로 책이나 장난감 같은 물건들은 대여해서 쓰는 게 경제적이다.
- **헤프다**
  내 동생은 씀씀이가 헤픈 편이라서 용돈이 금방 바닥이 나는데 그럴 때면 언제나 나한테 손을 내밀곤 한다.
- **사치스럽다**
  이런 비싼 가방은 지금 네 형편으로는 너무 사치스러운 거 아니야?
- **알뜰하다**
  내 아내는 알뜰해서 물건을 사기 전에 항상 인터넷 가격 비교 사이트를 통해 가격을 꼼꼼하게 따져본다.
- **인색하다**
  돈을 쓰는 데 인색한 사람을 자린고비라고 부른다.
- **절감하다**
  통신 회사마다 통신비를 절감할 수 있는 다양한 상품을 내놓았다.

1) 소형차는 세금 감면의 혜택뿐만 아니라 연료비도 적게 들어서 ______________.

2) 한 유명 연예인이 방송에 자동차 한 대 가격과 맞먹는 시계를 끼고 나오자 ______________ 비난이 쏟아졌다.

3) 소비자들이 수용할 수 있는 ______________ 가격을 제시하지 못하면 이번 신제품 출시에서 경쟁사와의 싸움에서 이기기가 힘들 겁니다.

4) 아버지는 돈이나 물건을 아끼지 않고 ______________ 쓰는 사람들만 보면 항상 혀를 끌끌 차며 안타까워하신다.

5) 정부는 에너지를 ______________ 위하여 하루 두 차례, 두 시간씩 냉난방기 사용 줄이기 운동을 벌이고 있다.

6) 돈 한 푼에도 벌벌 떠는 ______________ 사람하고는 가까이 지내기가 쉽지 않다.

7) 출퇴근 시간을 ______________ 쓰기 위해 나는 지하철에서 책을 읽으려고 애쓰는 중인데 아직 습관이 되지 않아서인지 쉽지 않다.

문 법

01 A/V-다니

- 그렇게 이야기했는데 또 거짓말을 하다니!
- 적금 통장이 벌써 다섯 개라니 도대체 비결이 뭐예요?
- 방금 그렇게 먹어 놓고 지금 또 배고 고프다니 대단하다.

◎ 다음 대화를 완성하십시오.

1) 가 : 4월인데 눈이 오네요.
   나 : ______________________ 도대체 봄은 언제 오는 걸까요?

2) 가 : 우리 아이는 아직 세 살밖에 안 되었는데 벌써 글자를 읽을 수 있어.
   나 : ______________________ 정말 똑똑한가 보다.

3) 가 : 아직 사무실에서 일하고 있어요.
   나 : ______________________ 일이 그렇게 많아요?

4) 가 : 너 왜 이렇게 화가 났어? 무슨 일 있어?
   나 : ______________________ 네가 나한테 어떻게 이럴 수가 있어?

5) 가 : 요즘 하루 평균 세 시간 정도밖에 못 자는 것 같아. 너무 피곤해.
   나 : ____.

문법 설명

어떤 사실을 보거나 듣고 놀람이나 감탄 혹은 의심을 표현할 때 사용한다. 일반적으로 친구 관계나 그 밖에 아주 친한 사이에서 또는 말하는 사람보다 아랫사람에게 사용하며 혼잣말로도 쓰인다.

02 A/V-답시고

- 남편은 피곤하답시고 주말에는 집에서 잠만 자려고 한다.
- 우리는 한 푼이라도 아끼겠답시고 목적지까지 걸어가기로 했다.
- 부지런히 한답시고 아침부터 일을 시작했는데도 아직 반도 못 끝냈다.

◎ 제시된 문장과 같은 의미가 되도록 문장을 만드십시오.

1) 부지런히 한다고 했는데 아직 이것밖에 못했어요.

→ ______________________________.

2) 그동안 바쁘다고 아이들에게 신경을 많이 못 써 줘서 너무 미안하다.

→ ______________________________.

3) 학벌이 좋다고 얼마나 눈이 높은지 몰라요.

→ ______________________________.

◎ 다음 사람들이 어떤 행동을 한 이유에 대해 말해보십시오.

사람	행동	이유
보기 소영	요즘 밥 대신 과일만 먹는다	다이어트를 하고 있다
그 남자	입만 열면 자기 자랑을 한다	학벌이 좋다
마커스	하루 종일 전화기만 들여다보고 있다	
한나	아르바이트를 세 개나 한다	
나단	학교도 안 오고 매일 춤 연습만 한다	

보기 가 : 소영이가 요즘 밥은 안 먹고 과일만 먹더라.
나 : 다이어트를 한답시고 그러는 거잖아.

문법 설명

말하는 사람이 다른 사람의 행위나 상태의 이유나 근거에 대해 얕잡아 보거나 못마땅해할 때 사용한다. '나'나 '우리'처럼 말하는 사람이 주어로 쓰이면 말하는 자신의 행위를 가리켜 겸손하게 말함을 나타낸다. '-답시고'는 '-다고'로 바꿔 쓸 수 있으나 '-다고'에는 빈정거림이나 겸손함의 뜻은 없다.

03 V-는 족족

- 주전 선수들이 부상으로 빠진 우리 팀은 경기하는 족족 패배하였다.
- 내 동생은 돈이 생기는 족족 컴퓨터 게임 시디를 사는 데 써 버린다.
- 회사에 원서를 내는 족족 떨어져서 이제는 부모님 뵙기도 부끄럽다.

◎ 다음 문장을 완성하십시오.

1) ______________________ 누가 훔쳐가 버려서 벌써 잃어버린 자전거만 해도 네 대나 된다.

2) 선을 보는 족족 ______________________.

3) 운전면허 시험을 치는 족족 ______________________.

4) ______________________ 저금하는 것 말고는 달리 월급 관리는 하지 않고 있습니다.

문법 설명

'어떤 일을 하는 하나하나', '하나도 빠짐없이 모두'의 뜻을 나타낸다.

04 A/V-다/자/냐/라는 둥 A/V-다/자/냐/라는 둥

- 몇 살이냐는 둥 결혼은 했느냐는 둥 질문을 하면 대답하기 곤란하다.
- 아이가 놀이공원에서 배가 고프다는 둥 다리가 아프다는 둥 짜증을 냈다.
- 공부하라는 둥 컴퓨터 게임 좀 그만하라는 둥 잔소리를 들을 때마다 공부가 더 하기 싫어진다.

◎ 다음 대화를 완성하십시오.

1) 가 : 세계 경제가 앞으로 어떻게 될 거래요?
   나 : ______________________ 여러 전망이 나오고 있어요.

2) 가 : 영화를 보고 나온 관객들의 반응은 어땠어요?
   나 : ______________________.

3) 가 : 어머니한테 제일 많이 들었던 잔소리가 뭐예요?
   나 : ______________________.

문법 설명

사람들이 이렇다거니 저렇다거니 하며 자꾸 여러 말을 늘어놓을 때 사용한다.

말하기

01 우리 반에서 가장 알뜰한 사람과 그렇지 않은 사람은 누구라고 생각합니까? 그리고 여러분은 어떻습니까? 보기 와 같이 이야기해 봅시다.

보기

가 : 너는 알뜰한 편이야? 아니면 씀씀이가 헤픈 편이야?

나 : 나는 씀씀이가 헤픈 편이어서 돈을 잘 못 모아.

가 : 그래? 쿠폰이나 세일 정보를 잘 챙기기에 알뜰하다고 생각했는데…….

나 : 그렇긴 한데 돈을 계획적으로 쓰지 않아서 돈이 늘 모자라.

02 여러분은 고치고 싶은 소비 습관이 있습니까? 어떻게 하면 고칠 수 있는지에 대해 이야기해 봅시다.

1) 여러분이 고치기를 원하는 소비 습관에는 어떤 것이 있습니까?

고치고 싶은 소비 습관	해결 방법
보기 쇼핑을 하러 가서 불필요한 물건들을 구매하게 된다.	살 물건을 미리 적으면 도움이 된다.

2) 자신이 고치고 싶은 소비 습관에 대해 다음의 표현을 이용하여 보기 와 같이 이야기해 봅시다. 그리고 친구의 고민을 들은 후 적절한 해결책을 찾아 조언해 봅시다.

상담하기 -(으)ㄹ까 봐 고민이다, -아/어서 걱정이다

조언하기 -(으)ㄹ 때에는 ~는 것이 제일이다

보기

가 : 쇼핑을 하러 가서 필요 없는 물건들을 자꾸 사게 돼서 걱정이야.

나 : 충동구매를 하게 될 때에는 쇼핑가기 전에 미리 필요한 물건을 적어 놓는 게 제일이야.

가 : 네 말이 맞아. 진작 메모하는 습관을 가졌어야 했는데 그게 쉽지 않더라고.

03 다음의 고민을 가지고 있는 사람에게 어떤 해결책을 제시해 줄 수 있습니까? 다음 문제를 가진 친구에게 조언을 해 봅시다.

1) 친구가 많아서 유흥비로 지출되는 돈이 많다.

2) 신용카드를 지나치게 많이 사용해서 걱정이다.

3) 대학원 진학을 해야 할지 취직을 해야 할지 고민이다.

4) ______________________________

보기

가 : 직장 생활을 하다 보니 생각 외로 나가는 돈이 많아서 고민 돼요. 이러다가는 돈을 한 푼도 못 모을까 봐 걱정이에요.

나 : 그럴 때에는 무조건 저축부터 하세요. 남은 돈으로 생활을 하되 일주일씩 사용할 수 있는 돈을 나눠 두고 그것만 가지고 생활하는 것도 도움이 돼요.

더 알아 봅시다

1. 다음은 돈의 사용이나 경제와 관련된 한국어 표현입니다. 다음 표현을 보고 그 의미를 추측해 봅시다.

- 짜다
- 손을 벌리다
- 금값이다
- 돈방석에 앉다
- 입에 거미줄을 치다
- 허리띠를 졸라매다

2. 여러분 나라의 돈이나 경제 관련 표현에 대해 발표해 봅시다.

2 마케팅 전략

01 여러분은 충동구매를 하거나 필요량 이상의 상품을 샀던 경험이 있습니까? 어떤 상품이었습니까?

□ 하나 사면 하나를 더 주는 1+1 상품

□ 꼭 필요하지 않지만 끼워 주는 사은품이 마음에 드는 상품

□ 사려던 상품을 찾던 도중 우연히 발견한 다른 품목의 상품

□ 사려던 상품과 함께 진열되어 있는 연관 상품 (예 우유 옆 시리얼)

□ 계산 차례를 기다리다가 발견한 계산대 옆 작은 상품

02 여러분이 자주 이용하는 대형 마트의 내부 구조는 어떻습니까? 각각의 이유를 추측해 봅시다.

1) 창문과 시계가 있습니까?

□ 없다　　　　□ 있다

2) 엘리베이터와 에스컬레이터는 각각 어디에 위치해 있습니까?

□ 매장의 구석　　　　□ 매장의 중앙

03 아래 사진을 보고 판매 전략을 추측해 봅시다.

읽기

다음은 판매 전략에 대한 글입니다. 잘 읽고 질문에 답하십시오.

쇼핑하러 대형 마트에 갔다가 계획에도 없던 물건을 구입한 경험, 누구나 한 두 번은 있을 것이다. 꼭 필요한 물건은 아니었지만 사은품도 챙길 겸 지갑을 열었다면 당신은 마트의 '판매 전략'에 딱 걸려들었다고 할 수 있다. 물건을 고르는 동안 무심코 지나치게 되는 매장의 내부, 알고 보면 그곳에는 소비자의 지갑을 열기 위한 치밀한 전략이 곳곳에 숨어 있다.

방배동에 사는 김미화 씨(30세, 주부)는 OO마트의 식품 매장에 들어설 때마다 다른 매장보다 더 많은 종류의 상품이 있는 것 같은 느낌을 받는다. 과일도 종류가 다른 곳보다 더 많고 가격도 훨씬 저렴하게 느껴진다. 막상 따져보면 1~2개 정도 차이인데 이처럼 느끼는 이유는 바로 상품의 진열 방식 때문이다. 과일 매장의 경우 상품의 저렴함을 강조하고 풍성하게 보이도록 하기 위해 여러 과일을 쌓아두고 판매한다. 또한 앞쪽에 비싼 상품을 진열해 뒤쪽 상품이 상대적으로 저렴하게 느껴지게 해서 판매율을 더 높이는가 하면 사람의 시선이 본능적으로 좌우를 살피는 특징이 있다는 사실을 이용해서 같은 종류의 상품은 수직으로 진열해 구매를 유도한다.

또 다른 판매 전략으로 매장의 구조를 이용하는 방법이 있다. 위층으로 손님들을 이동시키기 위해 1층에는 화장실을 두지 않고, 느긋한 마음으로 쇼핑에 몰입하도록 하기 위해 창문과 시계를 설치하지 않는다. 매장 곳곳에 설치된 유리나 거울은 소비자들의 발걸음을 늦추는 효과가 있다. 엘리베이터는 구석에, 에스컬레이터는 중앙에 설치한다. 엘리베이터로 단번에 목적지까지 가는 것보다 에스컬레이터를 타고 다양한 매장을 거쳐 가게 하는 것이 구매를 유도할 수 있는 방법이기 때문이다.

이에 더해 최근에는 신뢰 마케팅, 정보 제공 마케팅 등 새로운 방식의 마케팅이 등장했다. 판매대 광고판에 '산지 직거래, 계약 재배' 등의 문구를 넣거나 생산지, 생산자 사진, 이력 등을 표기하는 경우들은 널리 이용되는 신뢰 마케팅 방법이다. 유명 인사 및 연예인들을 상품 광고에 내세우는 것도 신뢰 마케팅의 한 방법이다.

그리고 특정 제품을 직접 홍보하기보다 상품과 관련 있는 다양한 정보를 제공해 간접 홍보의 효과를 얻기도 한다. 요리법이나 건강 유지법 등을 소개해 자연스럽게 상품을 노출시키는 방식이다. 얼마 전 OO마트의 카레 코너 앞은 '다양한 카레 요리법'이라는 제목의 안내문을 읽는 사람들로 북적거렸다. 한 주부는 카레 말고도 요리에 필요한 다른 재료도 함께 구입했다. 정보 제공 마케팅은 해당 상품은 물론 관련 상품 매출 신장에도 영향을 준다.

이처럼 기존의 마케팅 전략이 단지 인간의 심리나 행동을 분석해 판매에 이용하는 것이었다면 이제는 거기에다 상품의 품질에 대한 신뢰를 더욱 부각시키는 마케팅으로 진화하고 있다. 상품의 품질로 자신 있게 승부를 거는 것이다. 우리가 평소 눈치채지 못했던 다양한 마케팅 방식, 지금 이 순간에도 대형 마트들의 판매 전략 연구는 계속되고 있다.

사은품 전략 걸려들다 무심코 지나치다 매장 소비자 치밀하다 들어서다
진열 풍성하다 상대적 시선 본능적 수직 구매 유도하다 구조
느긋하다 몰입하다 설치하다 늦추다 구석 단번 신뢰 제공 판매대
산지 직거래 문구 이력 표기 널리 유명 인사 내세우다 홍보하다
노출시키다 코너 북적거리다 매출 신장 심리 분석하다 진화하다 눈치채다

01 대형 마트의 마케팅 전략에는 어떤 것들이 있습니까?

_______ 을/를 이용한 마케팅 _______ 을/를 이용한 마케팅

_______ 마케팅 _______ 마케팅

02 아래 내용에 해당하는 마케팅 전략을 써 넣어 봅시다.

에스컬레이터는 매장의 중앙에 설치한다.	구조
유명 인사 및 연예인들을 상품 광고에 내세운다.	
요리법을 소개해 자연스럽게 상품을 홍보한다.	
상품을 수직으로 진열해서 구매를 유도한다.	
매장 곳곳에 유리나 거울을 설치한다.	
과일이나 채소를 쌓아 두고 판매한다.	

상품의 진열 방식을 이용한 마케팅 – '진열' / 매장 구조를 이용한 마케팅 – '구조'
신뢰 마케팅 – '신뢰' / 정보 제공 마케팅 – '정보'

03 이 글의 내용과 같은 것을 고르십시오.

① 정보 제공 마케팅은 여러 상품의 판매율을 한꺼번에 올릴 수 있다.

② 동일한 상품은 가로로 진열하는 것이 판매율을 높이는 데 효과적이다.

③ 비싼 상품을 뒤쪽에 진열하면 고객은 가격이 싸다고 느껴 많이 구입한다.

④ 매장에 창문이 많아야 고객이 답답해하지 않고 매장에 오래 머무를 수 있다.

04 최근 대형 마트의 전략에는 어떠한 변화가 생기고 있습니까?

더 생각해 봅시다

01 다양한 마케팅의 예를 소개해 봅시다.

	예 1	예 2
정보 제공 마케팅		
신뢰 마케팅		

02 해외에서 특별한 판매 전략을 사용해 성공한 사례들이 많습니다. 여러분이 판매 사업을 한다면 어떤 물건을 팔고 싶습니까?

1) 한국에서 여러분 나라로 가져가서 팔고 싶은 물건이 있습니까? 그 이유와 자신이 생각하고 있는 판매 전략을 말해 봅시다.

한국에서 가져가서 팔고 싶은 물건	
이유	
판매 전략	

2) 여러분 나라에서 한국으로 가져와서 팔고 싶은 물건이 있습니까? 그 이유와 자신이 생각하고 있는 판매 전략을 말해 봅시다.

한국으로 가져와서 팔고 싶은 물건	
이유	
판매 전략	

03 아래 상품 중 하나를 골라 판매 기획서를 써 봅시다.

상품 판매 기획서	
상품명	
판매 장소	
판매 대상	
판매 전략	전략 :
	이유 :

어휘

◎ 판매와 구매에 관련된 어휘에 대해 알아봅시다.

- **마케팅**
  마케팅에는 신제품 개발, 시장 조사, 광고, 판매 활동 등이 모두 해당된다.
- **판매량**
  시원한 날씨 탓에 에어컨을 비롯한 냉방 용품의 판매량이 감소했다.
- **홍보**
  새로운 상품을 개발한 회사는 TV와 인터넷 광고, 광고 모델의 매장 방문 등을 통해 신제품에 대한 홍보를 시작했다.
- **진열**
  계산대에 작은 생필품을 진열하는 것은 판매율을 조금이라도 높이고자 하는 전략이다.
- **저가품**
  이 백화점에서는 몇 천 원짜리 저가품에서부터 몇 백만 원짜리 고가품에 이르기까지 다양한 제품을 판매한다.
- **매장**
  신발은 제조업체에 따라 사이즈가 다르므로 인터넷 쇼핑을 이용하기보다 매장을 방문해 사는 것이 좋다.
- **신상품**
  겨울이 다가오자 의류 업체에서는 새로운 디자인의 신상품을 속속 내놓고 있다.

1) 우리 회사는 부유층을 대상으로 고가품 전략을 유지하는 반면 중산층을 대상으로 ________ 생산을 계획하고 있다.

2) 한 대형 한식당에서는 비가 오는 날 파전을 무료로 제공하는 ________ 전략을 펼쳤다.

3) ________ 이/가 잘 되어 있으면 상품을 찾기가 쉽고 깔끔해 보여 손님들이 좋아한다.

4) 그동안 베일에 가려 있던 ________ 이/가 나오기가 무섭게 날개 돋친 듯이 팔렸다.

5) 기름값이 떨어지면서 중형 자동차 ________ 이/가 증가하고 있다.

6) 그 영화는 주연 배우가 직접 상영관을 돌아다니며 자신의 출연 작품 ________ 을/를 적극적으로 하고 있다.

7) 그 회사는 작년에 10개에 불과했던 ________ 을/를 올해 30개로 늘렸다.

문법

01 A/V-다고 할 수 있다

- 김 과장 덕분에 이번 일이 성공했다고 할 수 있다.
- 원하던 직장에 들어갈 수 있었던 것은 운이 좋았기 때문이라고 할 수 있다.
- 비만 중에 주로 중년층에서 생기는 내장 비만의 경우 그 위험은 더 크다고 할 수 있다.

◎ 다음 문장을 완성하십시오.

1) 그 선배의 충고가 없었더라면 나는 축구선수의 꿈을 포기했을 것이다. 내가 축구선수로 성공할 수 있었던 것은 ____________________.

2) 미혼 남성과 미혼 여성 대부분은 결혼 상대자가 자신의 부모님 같은 사람이면 좋겠다고 대답했다. 이러한 사실을 볼 때 결혼 상대자를 선택하는 데에 ____________________.

3) 나라의 경제가 위기에 처했을 때 국민들은 자발적으로 금 모으기 운동에 참여해 위기를 극복했다. 나라의 경제를 살린 것은 ____________________.

문법 설명

어떠한 화제에 대하여 단정적으로 말하지 않고 간접적이고 우회적으로 표현할 때 사용한다. '-다고 볼 수 있다'와 바꿔 쓸 수 있다.

메 모

02 V-기보다(는)

- 주말에 바깥 활동을 하기보다 집에서 한가로이 보내는 사람들이 많다.
- 음료수 병을 그냥 버리기보다는 생활용품으로 재활용하는 것이 어떨까요?
- 일이 잘 풀리지 않을 때 짜증을 내기보다는 마음을 가라앉히고 해결책을 생각해 보자.

◎ 보기 와 같이 문장을 완성하십시오.

비교 대상 1	비교 대상 2
보기 문제를 해결하려고 하다	문제를 덮으려고만 하다
1) 저축만 하다	투자도 하다
2) 기름에 튀겨서 먹다	쪄서 먹다
3) 여가 시간에 잠을 자다	취미 활동을 하다

보기 담당자는 문제를 해결하려고 하기보다는 문제를 덮으려고만 한다.

1) ______________________________.

2) ______________________________.

3) ______________________________.

문법 설명

어떤 사실과 다른 사실을 비교해서 말할 때 쓰는 표현이다. '-는 것보다는'과 바꿔 쓸 수 있다.

03 N 말고도[는]

- 삼계탕을 만들려면 닭과 인삼 말고도 필요한 재료가 많아요.
- 현재로서는 상황을 지켜보는 것 말고는 다른 방법이 없네요.
- 청소 말고도 해야 할 일이 많아서 오늘 쉬기는 틀린 것 같아요.

◎ 다음 문장을 완성하십시오.

1) 크림빵 말고도 ________________ 입에 맞는 걸로 골라 먹어.

2) 영어 말고는 ________________ 직장 선택의 폭이 좁아요.

3) 이 일은 너 말고는 ________________.

4) 대학 생활에서는 공부 말고도 ________________.

문법 설명

앞의 대상을 제외한 다른 대상이 더 있음을 나타낸다. '이/가 아니고', '을/를 제외하고'의 뜻이며 뒤에는 긍정적인 내용이 온다. '말고는'은 '이외에는', '을/를 제외하고는'의 뜻으로 다른 대상이 없음을 나타내며 뒤에는 부정적인 내용이 온다.

04 A/V-다면

- 경주에 유적지가 많다면 제주도에는 경치가 아름다운 곳이 많다.
- 이 일로 큰 이득을 챙기는 사람이 있다면 엄청난 손해를 보는 사람도 있다.
- 과거의 지능 검사가 하나의 능력만을 측정했다면 최근의 지능 검사는 다양한 능력을 측정한다.

◎ 다음 문장을 완성하십시오.

1) 옛날 아이들이 ________________ 요즘 아이들은 부모의 도움 없이 혼자서 할 수 있는 일이 거의 없다.

2) 옛날 여성들이 ________________ 현대 여성들은 다양한 사회 활동을 하고 있다.

3) 젊은 사람들이 ________________ 노인들이 수영을 하는 목적은 대부분 병을 치료하는 데에 있다.

문법 설명

앞 내용이 뒤 내용과 상반되거나 대조됨을 나타낸다. 문어적이고 격식적인 표현이다.

쓰기

01 다음 글을 읽고 질문에 답해 봅시다.

한국 사회에서 하우스 푸어가 생기는 원인은 우선, 부동산을 가장 가치 있는 재테크 수단으로 생각하여 자산의 대부분을 부동산에 투자하는 습관과 관련이 있다. 한국 가정의 부동산 자산 비중은 전체 자산의 약 80%로, 미국 37%, 일본 40%에 비하여 두 배 이상 높다. 부동산은 안전하고, 주택 가격은 상승한다는 잘못된 믿음으로 과도한 대출을 받아서 내 집 마련에는 성공하지만, 이자 부담이 날이 갈수록 증가하게 된다.

※ 하우스 푸어(house poor) : 집을 소유하고 있지만, 주택 마련을 위한 무리한 대출로 인해 생긴이자 부담과 원리금 상환 부담 등으로 빈곤하게 사는 사람들

1) 위 단락은 전체 글 중 어느 부분에 해당하겠습니까?

☐ 서론　　☐ 본론　　☐ 결론

2) 위 단락은 무엇에 대해 이야기하고 있습니까? 단락의 알맞은 제목을 골라 봅시다.

☐ 하우스 푸어의 정의　　☐ 하우스 푸어의 원인　　☐ 하우스 푸어의 해결책

3) 위 단락의 소제목과 주제 문장을 써 봅시다.

소제목	주제 문장

단락 구성하기

- 글은 여러 개의 단락으로 이루어진다.

글 = 단락1 + 단락2 + 단락3 + 단락4 …… 마지막 단락
서론　　**본론**　　**결론**

- 단락은 중심이 되는 주제 문장과 뒷받침 문장으로 이루어진다.
- 뒷받침 문장은 예시, 비교, 분류, 분석, 인용 등의 방법들을 적절하게 이용해서 전개한다.
- 본론은 서론에서 제시된 문제점들을 짜임새 있게 설명하거나 논술하여 결론을 짓는 구실을 한다.
- 문제점 별로 주어진 자료를 분석하고 종합하여 논리적인 서술을 함으로써 글의 내용을 펼쳐나가는 과정이 본론이다.

본론을 전개해 나가는 과정에서 유의해야 할 사항

1. 본론은 서론에서 제시된 목표, 문제점 그리고 다룰 범위들을 좇아서 차례로 전개한다.
2. 본론을 쓰는 데는 체계적으로 하위 항목을 구분해서 개요를 미리 만드는 것이 바람직하다.
3. 본론 개요의 각 항목에 대해서는 충분한 논의와 짜임새 있는 뒷받침 내용이 있어야 한다.
4. 각 항목을 필요에 따라 몇 개의 소주제로 나누고 각 소주제 별로 한 단락씩 전개해 나간다.

02 본론의 단락을 구성해 봅시다.

1) 다음 단락의 주제 문장 두 개를 아래에서 골라 넣어 봅시다.

한국 사회에서 하우스 푸어가 생기는 원인은 우선, 부동산을 가장 가치 있는 재테크 수단으로 생각하여 자산의 대부분을 부동산에 투자하는 습관과 관련이 있다.**(주제문)** 한국 가정의 부동산 자산 비중은 전체 자산의 약 80%로, 미국 37%, 일본 40%에 비하여 두 배 이상 높다. 부동산은 안전하고, 주택 가격은 상승한다는 잘못된 믿음으로 과도한 대출을 받아서 내 집 마련에는 성공하지만, 이자 부담이 날이 갈수록 증가하게 된다.**(뒷받침 문장)**

다음으로, ______________________________.**(주제문)** 부동산 가격이 상승하면 집을 팔아 대출금을 갚아도 이익을 볼 수 있지만, 부동산 가격이 하락하면서 처음은 가격보다 낮은 가격으로 아파트를 내 놓아도 거래되지 않는 상황에 이르면 집을 팔 수도 없게 된다. 이런 상태에서 어쩔 수 없이 매달 막대한 이자를 넣느라 생활이 어려워지는 하우스 푸어가 생기는 것이다.**(뒷받침 문장)**

이 같은 원인으로 인해 생겨난 하우스 푸어는 개인적, 사회적으로 많은 문제를 일으킨다. 개인적 문제로는 ______________________________.**(주제문)**

– 후략 –

① 불안정한 부동산 가격을 원인으로 들 수 있다.

② 기업의 투자 감소는 결국 국가 경제의 불황으로 이어진다.

③ 하우스 푸어 가정은 부채가 날로 늘어 생활의 어려움을 겪는다.

④ 가계의 부채가 늘면 투자 심리가 줄어 기업들은 투자를 회피한다.

2) 다음 표는 전체 글의 본론에 제시할 각 단락의 소제목과 주제 문장입니다. 알맞은 소제목과 주제 문장을 써 넣어 글 전체 단락을 구성해 봅시다.

서론

본론
- 하우스 푸어의 원인
  - 1. 한국인들은 자산의 대부분을 부동산에 투자한다.
  - 2.
- (빈칸)
  - 1.
  - 2.

결론

03 '청년 실업의 원인과 해결 방안'이라는 주제로 본론을 구성한 후 서론과 본론 부분을 글로 써 봅시다.

서론

본론
- (빈칸)
  - 1.
  - 2.
- (빈칸)
  - 1.
  - 2.
  - 3.

결론

1. 서론

2. 청년 실업의 원인 및 해결 방안

1) 청년 실업의 원인

2) 청년 실업의 해결 방안

3. 결론

1과 교육과 교육 제도
2과 건강과 과학
3과 취업과 직업관
4과 소비와 경제
5과 언어와 생활
6과 현대인의 생활
7과 발명과 과학
8과 함께하는 사회
9과 한국의 예술
10과 철학과 삶

제 5 과

언어와 생활

1. 한국어의 특징

듣기 인사 문화에 대한 대화 듣기
어휘 언어의 특징
문법 및 표현
• A/V-더니만
• N(이)라도 V-는 줄 알다
• V-나 싶다
• A/V-다기보다(는)
• A/V-다면야
말하기 대상을 강조하기

2. 언어의 특성

읽기 언어의 특성에 대한 설명문 읽기
어휘 언어의 특성 및 종류
문법 및 표현
• A/V-(으)ㄹ 법(도) 하다
• A/V-(으)ㄹ 리 만무하다
• A/V-(으)련마는
• A/V-(으)므로
쓰기 글 마무리하기

1 한국어의 특징

01 여러분은 한국인으로부터 다음과 같은 질문을 처음 받았을 때 어떻게 대답했습니까? 혹은 이런 질문을 받는다면 어떻게 대답하겠습니까?

1) (우연히 길에서 만났을 때) 어디 가세요? / 어디 가?

→

2) (우연히 길에서 만났을 때) 식사하셨어요? / 밥 먹었어?

→

3) (헤어질 때) 언제 밥 한번 같이 먹어요.

→

4) (헤어질 때) 다음에 내가 술 한잔 살게.

→

02 다음과 같은 경우에 한국어로 어떻게 말을 할까요? 상황과 맞는 대답을 연결하세요.

손님에게 음식을 대접할 때 •	• 나중에 연락드릴게요.
물건을 구입하지 않고 가게에서 나올 때 •	• 나중에 올게요.
상대방의 제안을 거절할 때 •	• 생각해 볼게요.
별로 친하지 않은 사람과 만난 후 헤어질 때 •	• 차린 건 없지만 많이 드세요.

03 여러분 나라에서는 다음과 같은 경우에 어떻게 말을 합니까?

손님에게 음식을 대접할 때	
물건을 구입하지 않고 가게에서 나올 때	
상대방의 제안을 거절할 때	
별로 친하지 않은 사람과 만난 후 헤어질 때	
길에서 우연히 친구를 만났을 때	

듣기

Track 05

다음을 듣고 물음에 답하십시오.

01 처음에 여자의 심리 상태는 어땠습니까?

① 난감하다

② 섭섭하다

③ 허전하다

④ 안타깝다

02 세 사람이 공통적으로 어려워한 점은 무엇입니까?

① 한국인의 정

② 한국의 예절

③ 한국의 인사 문화

④ 한국인의 약속에 대한 인식

03 '언제 밥 한번 먹어요'와 같은 한국 사람들이 자주 하는 인사에는 어떤 의미가 있습니까? 그렇게 말하는 이유는 무엇입니까?

04 여러분은 한국 사람들의 말에 당황했던 적이 있습니까? 있다면 어떤 말이었습니까?

토니 : 켈리, 왜 아까부터 말도 없이 휴대폰만 만지작거리고 있어?

켈리 : 친구한테 문자를 보내야 할지 말아야 할지 몰라서 말이야.

앤디 : 친구랑 다투기라도 했어? 문자 하나 보내는데 왜 그렇게 고민을 해?

켈리 : 한국인 친구를 길에서 우연히 만났는데, 그 친구가 언제 밥 한번 같이 먹자고 하는 거야. 그런데 약속을 정하기도 전에 다음에 보자고 하더니만 그냥 가 버렸어. 내가 먼저 연락해서 약속을 정해야 하는 건지 어떤 건지 잘 모르겠어.

토니 : 그런 일로 속을 태우고 있었어? 난 큰일이라도 생긴 줄 알았네.

켈리 : 나한텐 꽤 심각한 문제야. 친한 친구라면 바로 연락해서 물어 보겠는데, 별로 친하지도 않은데 연락해서 말을 제대로 못 알아들었다고 하면 좀 미안하잖아.

앤디 : 나도 한국에 온 지 얼마 안 됐을 때 너랑 같은 고민을 한 적이 있어. 한국인 친구가 언제 밥이나 술을 먹자고 해서 내가 언제가 좋겠느냐고 물어보면 다들 당황하거나 이상하다는 표정을 짓는 경우가 많았거든. 내가 뭘 잘못했나 싶었지.

토니 : 그러고 보니 나도 처음에 많이 당황했었던 거 같아.

켈리 : 한국 사람들은 왜 확실하게 약속 시간을 정하지 않는 거지?

앤디 : 친구한테 물어봤는데, 그냥 '안녕하세요?'처럼 '밥 한번 먹어요.'도 인사 같은 말이래.

켈리 : 그냥 인사라고? 근데 왜 인사를 꼭 약속하듯이 하는 거야? 너무 헷갈리잖아.

앤디 : 내 생각에는 말이야. 한국 사람들이 정이 많다고 하잖아. 그래서 그냥 '안녕'이라고만 하고 지나가 버리기에는 뭔가 섭섭하고 정이 없어 보여서 그런 거 아닐까?

토니 : 앤디 말에 일리가 있는 거 같아. 길에서 한국 사람을 만나면 꼭 '어디 가세요?', '식사하셨어요?'라고 물어보잖아. 켈리 너도 들어 봤어?

켈리 : 응, 난 그것도 이상하다고 생각했어.

토니 : 이 표현들도 앤디가 말한 것과 같은 종류의 인사라고 생각해. 정말 상대방이 어디에 가는지, 식사는 했는지 알고 싶어서 물어본다기보다는 상대방에 대한 관심과 정을 나타내는 거라고 할 수 있을 것 같아.

켈리 : 그렇구나. 그럼, 나 그 친구한테 연락 안 해도 되는 거지?

토니 : 그래. 네가 꼭 하고 싶다면야 해도 되겠지만. 하하하.

만지작거리다 | 우연히 | 속을 태우다 | 꽤 | 헷갈리다 | 섭섭하다 | 일리 있다

더 생각해 봅시다

01 다음 한국어의 특징을 잘 읽어 보고, 여러분의 모국어와 비교해 봅시다.

1) 언어마다 어순의 차이는 있지만 대체로 '주어+서술어+목적어', '주어+목적어+서술어', '서술어+주어+목적어'의 세 가지 유형으로 구분된다. 한국어는 '주어+목적어+서술어'의 순서로 문장이 이루어진다.

보기 친구가 책을 읽는다.
주어 목적어 서술어

모국어 → ____________________

2) 한국어는 항상 수식어가 피수식어 앞에 온다.

보기 넓은 정원에 예쁜 꽃들이 가득하다.
수식어 피수식어 수식어 피수식어

모국어 → ____________________

3) 한국어는 조사가 매우 발달한 언어로 조사는 명사의 뒤에 위치한다. 문장의 주어를 나타내는 '이/가', 문장의 목적어를 나타내는 '을/를', 문장의 뜻을 더해주는 '만, 마다, 보다……', 말을 이어주는 '와/과, 랑/이랑……' 등이 있다.

보기 정부가 공공요금 인상을 서두르고 있다.
오늘이 어제보다 더 덥다

모국어 → ____________________

4) 한국어는 소리를 나타내는 말인 의성어와 모양을 나타내는 말인 의태어가 매우 발달한 언어이다.

보기 꼬르륵, 꾸벅꾸벅, 두근두근, 미끌미끌, 훌쩍
살금살금, 엉엉, 오르락내리락, 콜록콜록, 쨍그랑

모국어 → ____________________

5)

한국어는 상대를 존중하여 말하는 높임법이 발달한 언어이다. 나이, 지위, 친척 관계, 친한 정도 등에 따라 높임법이 결정되는데 행위를 하는 사람을 높이거나 말을 듣는 사람을 높인다. '께서, 께'와 같은 조사와 '-(으)시'와 같은 어미, '계시다, 주무시다, 댁'과 같이 정해져 있는 어휘, 그리고 문장의 끝부분에 위치하는 서술어의 형태로 표현한다.

보기 할아버지께서 방에서 주무신다.
이 신문을 방에 계신 아버지께 갖다 드려라.

모국어 →

◎ 4)의 보기 에 제시된 단어의 의미를 추측해 보고 어떤 뜻의 말인지 골라서 써 봅시다.

① 얇은 쇠나 유리가 떨어져 부딪히는 소리

② 올라갔다가 내려갔다가 하는 것을 반복하는 모양

③ 배가 고플 때 배에서 나는 소리

④ 주로 졸 때 머리나 몸을 자꾸 앞으로 숙였다가 드는 모양

⑤ 기침 소리

⑥ 몹시 미끄러운 모양

⑦ 몹시 놀라거나 불안하여 가슴이 자꾸 뛰는 모양

⑧ 남이 알지 못하도록 조심스럽게 움직이는 모양

⑨ 콧물을 들이마시는 소리나 모양

⑩ 크게 우는 소리

◎ 다음 상황에서 높임법에 맞게 말을 해 보십시오.

① 손자가 식사 준비가 다 되었다고 할아버지께 알린다.

→

② 손녀가 할머니께 아버지가 퇴근했음을 알린다.

→

③ 부하 직원이 부장에게 사장님한테서 전화가 왔었음을 알린다.

→

02 이 밖에 여러분이 한국어를 공부하면서 느낀 한국어와 모국어의 차이점이 있다면 무엇입니까?

어 휘

◎ 언어와 관련된 어휘에 대해 알아봅시다.

- **억양**
  김 대리는 회사 밖에서 만날 때도 사무적인 억양으로 말해서 도무지 친근감이 생기지 않는다.
- **말투**
  그는 마음이 따뜻한 사람인데도 불구하고 화가 난 듯한 말투 때문에 사람들로부터 오해를 많이 받는다.
- **호칭**
  한국의 친족 호칭은 아주 복잡하고 어려운 데다 친척들과의 교류도 옛날만큼 많지 않아 한국인이라고 해도 젊은이들은 제대로 구분해서 사용하기 어려워한다.
- **능통하다**
  우리 회사에서는 외국어와 컴퓨터에 능통하며 해외 근무가 가능한 사람을 뽑고 있다.
- **습득하다**
  한 언어학자에 의하면 두 언어를 들으며 자란 아기는 한 언어만 듣고 자란 아기에서는 볼 수 없는 독특한 방법으로 언어를 습득하게 된다고 한다.
- **존대하다**
  비록 자신보다 나이가 적다고 하더라도 형의 부인에게는 존대하여 말해야 한다.
- **유창하다**
  아사코는 한국인에게 뒤지지 않을 만큼 유창한 한국어 실력을 가지고 있다.

1) 부부가 반말을 하지 않고 ____________ 말하면 서로를 더 존중하게 되어 부부 싸움이 줄어 든다고 한다.
2) 사회 생활을 하면서는 초등학생 같은 ____________ 은/는 버려야 한다.
3) 김영수 씨는 해외 거래처와의 첫 회의에서 다소 긴장한 듯 보였으나 철저한 회의 준비와 ____________ 영어 실력으로 거래처 사람들을 만족시켰다.
4) 우리 회사에서는 고객 관리를 잘하고 업무에 ____________ 사람은 나이에 상관없이 승진의 기회가 주어진다.
5) 나는 대학 시절에 남자 선배는 선배님이라고 불렀지만 여자 선배는 선배님이라는 ____________ 대신에 언니라고 불렀다.
6) 컴퓨터에 대한 전문 지식을 ____________ 위해 유학을 가거나 대학원에 진학하고 싶다.
7) 그는 평소에는 표준어로 말을 하지만 긴장하면 경상도 지방의 ____________ 을/를 섞어 말하는 습관이 있다.

문법

01 A/V-더니만

- 사람들이 모여서 수군거리더니만 부장님이 가까이 가니까 각자 제자리로 돌아갔다.
- 어제는 비가 올 것처럼 흐리더니만 오늘은 언제 그랬냐는 듯이 구름 한 점 없이 맑다.

◎ 다음 대화를 완성하십시오.

1) 가 : 이제 두 돌밖에 안 지난 아이가 신기하게 텔레비전에 나오는 노래를 다 따라하네요.
   나 : 네, 혼자서 ______________ 저렇게 따라 부르기 시작하대요.

2) 가 : 상우 씨 담배 끊었어요? 쉬는 시간에도 커피만 마시네요.
   나 : 네, 지난달에 사무실 사람들한테 ______________ 마음을 단단히 먹었나 봐요.

3) 가 : 요즘 계속 매진이라면서요? 역시 입소문이 무섭긴 무섭네요.
   나 : 그렇죠? 공연 초기만 해도 객석이 ______________ 요즘은 관객들로 꽉 차요.

문법 설명

'-더니'의 강조 표현이다.

02 N(이)라도 V-는 줄 알다

- 1박 2일 갔다 올 건데 웬 짐이 그렇게 많아? 남들이 보면 해외여행이라도 가는 줄 알겠다.
- 길에 사람들이 많이 모여 있길래 유명한 연예인이라도 온 줄 알았더니 새로 생긴 가게에서 개업 기념 선물을 나눠 주고 있었다.

◎ 다음 대화를 완성하십시오.

1) 가 : 내 머리 스타일 어때? 괜찮아?
   나 : 너 요즘 부쩍 외모에 신경 많이 쓰는데 누가 보면 ______________.

2) 가 : 두 사람 왜 서로 말을 안 해? 누가 보면 ______________________.

나 : 그렇게 보여? 그냥 바쁘게 일하느라 말할 틈이 없었을 뿐인데.

3) 가 : 어제 슬픈 영화 보면서 펑펑 울다가 잤더니 눈이 이렇게 심하게 부었어.

나 : 그런 거였어? 나는 네가 ______________________.

문법 설명

'사실은 그렇지 않은데 뭔가를 보거나 듣고 그렇다고 생각할 수 있다'는 뜻이다.

03 V-나 싶다

- 반값 세일이라는 말에 정신이 빼겨 무조건 샀는데 괜히 샀나 싶다.
- 일 좀 도와 달라는 친구의 부탁을 너무 냉정하게 거절했나 싶어서 신경이 쓰인다.

◎ 다음 대화를 완성하십시오.

1) 가 : 어떡하지? 오늘 우리 부장님 표정이 정말 안 좋아.

나 : 왜? 무슨 일 있었어?

가 : 사실 어제 부서 회식 자리에서 부장님이 자기에게 불만 있으면 다 이야기하라고 해서 내가 몇 가지 이야기했는데 괜히 ______________________.

2) 가 : 여보세요? 잘 내려오고 있어? 언제쯤 도착할 것 같아?

나 : 지금 귀성하는 차들로 고속도로가 꽉 막혀서 괜히 오늘 ______________________.

3) 가 : 이번 사내 노래 대회에 참가하기로 했다면서?

나 : 같은 부서직원들이 하도 나가라고 해서 신청하긴 했는데 걱정이야. 노래도 못하는데 어떻게 ______________________.

문법 설명

말하는 사람의 불만족이나 후회, 불확실한 생각을 나타낸다. 형용사일 경우 '-(으)ㄴ가 싶다'로 나타낸다.

04 A/V-다기보다(는)

• 가 : 그 채소 삶은 거 소금 간 하나도 안 돼 있던데 맛있어요?
  나 : 맛있어서 먹는다기보다는 건강을 생각해서 먹고 있는 거예요.
• 가 : 이 수학 문제 정말 어렵죠?
  나 : 어렵다기보다는 좀 복잡해서 시간이 많이 걸리네요.

◎ 다음 대화를 완성하십시오.

1) 가 : 나는 저 가수 별로던데 왜 그렇게 인기가 많지? 잘생겨서 그런가?
   나 : 글쎄, ______________________________.
2) 가 : 오랜만에 고향에 돌아가는 기분이 어때요? 정말 좋죠?
   나 : ______________________________.
3) 가 : 넌 이 교수님 수업이 마음에 드나 봐? 또 수강 신청을 했네.
   나 : ______________________________.

문법 설명

'앞 문장처럼 말하는 것보다 뒤 문장처럼 말하는 것이 더 적당하다'는 뜻이다.

05 A/V-다면야

• 세일을 한다면야 생각해 보겠지만 저 가격에는 못 사요.
• 세금이 국민을 위해 제대로 쓰이기만 한다면야 얼마든지 기분 좋게 낼 수 있다.

◎ 다음 대화를 완성하십시오.

1) 가 : 경쟁 업체에서 팀장 자리를 제의받았다면서요? 정말 그쪽으로 옮길 거예요?
   나 : 글쎄, 내가 원하는 조건을 모두 ______________ 고려해 보겠지만 그럴 리 없을 거야.
2) 가 : 이렇게 푹푹 찌는 날씨에 단체 등산이 웬 말이야? 정말 내일 간대?
   나 : 응. 혹시 내일 ______________ 안 가겠지만 안타깝게도 일기 예보에 의하면 내일 날씨는 아주 화창하고 좋대.

문법 설명

'-다면'의 강조 표현이다.

말하기

01 대화를 잘 이끌어 나가는 데 가장 중요한 것은 무엇이라고 생각합니까? 말해 봅시다.

- 상대방의 말을 경청해야 한다.
- 상대방의 감정이나 의견에 공감하며 적극적인 자세로 듣는다.
- 상대방에게 유익한 대화 내용을 소재로 삼는다.
- ______
- ______

02 다음 표현을 이용해서 대화에서 가장 중요한 것이 무엇인지 위에서 제시한 것을 강조해서 말해 봅시다.

강조하기 Ⅰ

- N(이)야말로
- V-는 것이야 말로
- V-는 것이 바로

대화에서 가장 중요한 것은 무엇일까요?

- 경청이야말로 대화를 이끌어 나가는 데 있어 가장 중요한 요소라고 생각해요.
- ______
- ______
- ______
- ______

03 다음 상황에서 강조 표현을 이용해서 말해 봅시다.

강조하기 Ⅱ

- –아/어야만 –(으)ㄹ 수 있다
- –지 않고서는 –(으)ㄹ 수 없다
- –지 않는 한 –(으)ㄹ 수 없다

1) 가 : 어제 우리 딸이 자기 생파를 친구들이랑 파바에서 하기로 했다고 용돈 좀 달라고 하는 거야.

나 : 뭐? 생파를 파바에서 한다고? 도대체 그게 무슨 말이야?

가 : 나도 영문을 몰라서 물어 보니까 '생파'는 '생일 파티'를 줄인 말이고, '파바'는 '파리바게트'라는 제과점을 줄인 말이래. 정말 요즘 애들 말은 뭐가 뭔지 통 모르겠어. 그래서 대화도 어렵고.

나 : 그러게 말이야. ______________________________.

2) 가 : 나는 네 마음을 잘 모르겠어. 뭐가 정말 좋은지 뭐가 정말 싫은지 말이야.

나 : 미안해. 나는 누구랑 말할 때 내 감정을 나타내는 게 너무 어려워. 심지어 가족들이랑 이야기할 때도 솔직하게 표현 못할 정도야.

가 : 그럼 가족들조차 너의 진짜 마음을 모를 수도 있잖아. 네가 먼저 ______________. 처음에는 좀 어렵겠지만 조금씩 표현하도록 해 봐.

04 다음 대화를 읽고 이야기해 봅시다.

1) 다음은 한 직장인과 상담 전문가의 대화입니다. 읽어 봅시다.

가 : 저는 제 일에 불만 없이 직장 생활을 잘해 왔습니다. 그런데 몇 달 전부터 툭하면 야근을 시키는 부장님 때문에 스트레스를 많이 받습니다. 파김치가 되도록 일을 하고 집에 들어가면 아내는 매일 늦게 들어온다면서 섭섭해 하고, 아이들은 주말 이외에는 아침에 잠깐 보는 게 고작입니다. 부장님이 저의 개인적인 시간까지 뺏을 권리는 없다고 생각하는데 정말 답답합니다.

나 : 부장님은 OO씨가 스트레스를 받고 있다는 사실조차 모를 수도 있을 텐데 부장님한테 이 상황에 대해 말은 해 봤습니까?

가 : 아니요, 직장 상사한테 어떻게 불만을 얘기할 수가 있겠습니까?

나 : ______________________________.
문제 해결의 첫 단계는 본인이 직접 문제 제기를 하는 것입니다.

가 : 그럼 제가 어떻게 말을 하면 좋을까요?

나 : 단순히 불만을 토로하거나 투정을 부리는 것은 전혀 설득력이 없습니다. 그동안 얼마나 야근을 했는지 일의 성과는 어땠는지를 정확하게 알려주고, 그날 반드시 해야 하는 일과 다음날 해도 되는 일이 무엇인지를 물어보는 방법이 좋을 것 같습니다.

2) 상담 전문가가 직장인에게 어떤 말을 해 줄 수 있을까요? 위의 강조하기 표현을 이용해서 빈칸에 들어갈 수 있는 말을 생각해 봅시다.

3) 여러분 나라의 회사 분위기는 어떻습니까? 만약 여러분이 위와 같은 상황에 놓이게 된다면 어떻게 대처하겠습니까?

05 다음 글을 읽고 말해 봅시다

여러분, '직찍, 발연기, 셀카, 웃프다, 완소, 저렴이' 등의 말을 들어 본 적이 있습니까? 제가 한국어를 배운 지 5년이 다 되어갑니다. 그리고 토픽 6급에도 합격했습니다. 그런데 아직도 한국어의 벽은 높기만 한 것 같습니다.

웬만한 문법이나 관용어, 속담 등은 열심히 외우고 사용해서 괜찮은데 이런 신조어 때문에 친구들과 대화할 때 말문이 막히는 경우가 많습니다. 한국인이 아니고서는 도저히 알 수 없는 이런 말들을 어떻게 공부해야 할지 몰라서 답답함에 국립국어원 표준 국어 대사전을 찾아보았으나 역시 사전에는 없었습니다. 실망스러운 마음에 홈페이지를 닫으려고 하다가 우연히 '이런 말도 있어요'라는 제목을 발견했습니다. 자세히 살펴보니 국립국어원에서 조사한 새로운 말들에 대해 국민들의 의견을 듣고 사전에 올릴지 말지 판단하려고 만든 코너인 것 같았습니다. 거기에는 많은 신조어들이 올라와 있었고 신조어의 뜻도 상세하게 나와 있는 데다가 예문도 있어서 정말 반가웠습니다.

그런데 재미있는 것은 설문 결과였습니다. 제시한 단어의 뜻을 알고 일상생활에서 많이 사용하는지, 그 단어를 사전에 올리기에 적당한지를 묻는 질문에 그렇다고 대답한 사람이 거의 없다는 것이었습니다. 그것은 바로 한국인이라고 하더라도 신조어의 뜻을 모르는 사람들이 훨씬 더 많다는 의미겠지요?

그 설문 결과를 보고 저는 신조어 때문에 전혀 스트레스를 받을 필요가 없다는 생각이 들어 마음이 놓였습니다. 앞으로는 답답해하지 않고 주위 친구들에게 물어보면 될 것 같습니다. 그런데 빠른 속도로 새롭게 생기는 신조어로 인해 세대 간의 대화가 원활하게 이루어질까 하는 의문이 들었습니다. 그리고 신조어가 한국어에 미치는 영향은 없을까에 대한 의문도 들었습니다. 우리나라에도 신조어가 많은데, 이런 신조어가 과연 그 나라의 말에 긍정적인 영향을 미치는지 부정적인 영향을 미치는지 궁금해졌습니다.

1) 여러분은 평소에 신조어를 많이 사용하는 편입니까? 한국어 신조어 중 자주 사용하는 말은 무엇입니까?

2) 한국어를 공부하고 사용할 때 겪은 어려움이나 답답함에 대해 이야기를 나눠 봅시다.

2 언어의 특성

01 다음은 한글이 만들어졌을 당시의 모습입니다. 현재와 다른 점을 이야기해 봅시다.

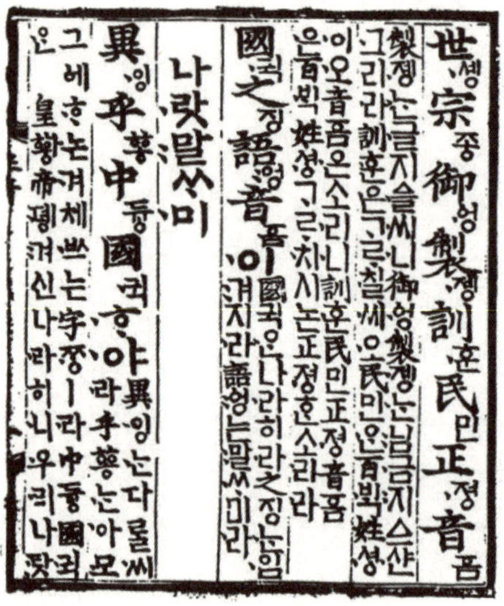

02 다음 시조를 읽고 그 의미를 추측해 봅시다.

나모도 아닌 거시 플도 아닌 거시
곳기난 뉘 시기며 속은 어이 뷔연난다
뎌러코 사시(四時)예 프르니 그를 됴하 하노라.

03 다음은 대학생 미영 씨가 친구에게서 받은 휴대폰 문자 메시지입니다. 무슨 뜻일지 생각해서 써 봅시다.

완소 베프야! 일욜에 머했떠?
난 셤 땜에 긱사에서 오나전
열공했엉.ㅠ.ㅠ 솔까말 지난
학기 학점 열라 망했거덩.
레알 안습이다. 흑흑. OTL

➡

정말 소중한 내 친한 친구야!

______________________________?

______________________________. ㅠㅠ

______________________________.

______________________________,

______________________________.

읽 기

다음은 언어의 특성에 대해 설명한 글입니다. 잘 읽고 질문에 답하십시오.

우리가 사용하는 언어는 시간이 흘러도 아무런 변화가 없는 것일까

한글을 만든 세종대왕은 다음과 같은 말씀을 하셨다.

"어린 백성이 말하고자 하는 바가 있어도 글을 몰라 표현할 수 없으니 매우 안타깝구나."

이 문장에서 '어리다'는 나이가 적다는 뜻이 아니다. 현대의 말로 '어리석다'와 비슷하다. 이것을 모르는 사람이라면 백성이 아직 나이가 적어서 글을 배우지 못했다고 잘못 해석할 법도 하다. 당시 보통 사람들은 우리말과 다른 중국의 한자를 쉽게 배우지 못했기 때문에 글을 쓸 리 만무했다. 말하고 싶은 것을 글로도 마음대로 쓸 수 있으면 좋으련마는 그렇게 하지 못하는 백성들을 불쌍하게 여긴 세종대왕의 마음을 표현한 것이다.

'어리다'의 뜻이 '어리석다'에서 '나이가 적다'로 변한 것처럼 시간이 흐르면서 변화하는 언어의 특성을 '역사성'이라고 한다. 이 역사성은 모든 언어가 가지고 있는 공통된 특성이며 짧은 시간 안에 나타나는 것이 아니다. 아버지와 딸의 대화를 들어보면 크게 다르지 않지만, 100년 전 조상들이 쓴 글을 보면 그 변화를 확실하게 느낄 수 있다. 언어가 지금 이 순간에도 생명을 지닌 유기체처럼 새로 만들어지고 변화하며 사라지고 있기 때문이다.

말이 새로 만들어지는 이유는 무엇일까

과거에 없던 물건이나 개념이 생겼을 때 새로운 말을 만들지 않고서는 표현해 낼 수가 없으므로 생기는 것이다. 이뿐만 아니라 이미 존재하는 대상일지라도 신선한 표현을 원하는 사람들의 욕구에 의해서 새말이 생길 수 있다. 예를 들어, '스마트 폰', '로봇 청소기', '전기 자동차' 등은 과거에는 없었지만 과학의 발달로 인해 새로 만들어진 물건이어서 그것을 지칭할 단어가 필요하게 된 경우이며, '스펙', '사이버 대학' 등은 물건이 아니라 개념을 표현하기 위한 신조어라고 할 수 있다.

널리 쓰이다가 사라진 단어들도 있다

외국에서 만든 물건이라는 뜻으로 1990년대까지 많이 사용되던 '외제'라는 단어는 이제 자취를 감추고, 대신 '수입산'이라는 단어를 사용한다. 은하수를 뜻하는 고유어 '미리내', 왕의 명령을 받고 지방에 파견되어 관리들의 비리를 감시하던 벼슬인 '어사' 등도 모두 사라진 단어이다. '즈믄:천', '온:백', '뫼:산'은 같은 개념을 표현하는 두 개의 단어가 서로 경쟁하다가 하나가 사라져서 지금은 '천', '백', '산'만이 남게 되었다.

형태는 그대로 있으나 의미가 변한 단어들도 있다

'얼굴'은 모습 전체를 나타내는 말에서 '안면'을 뜻하는 것으로 의미가 축소되었으며, 벼슬 이름이었던 '영감'은 '남자 노인'으로, 생각하다의 뜻으로 사용되던 '사랑하다'는 '좋아하다'로 그 의미가 바뀌었다. 이와 반대로 '나모'(나무), '아해'(아이), '녀름'(여름) 등은 의미는 같으나 형태가 바뀐 단어들이다.

아무런	공통되다	특성	유기체	존재하다	신선하다	욕구	지칭하다	스펙
사이버	은하수	고유어	파견되다	관리	비리	감시하다	축소되다	

01 □ 안에 알맞은 말을 쓰십시오.

시간의 흐름에 따라 만들어지고 변화하며 사라지는 언어의 특성을 □□□(이)라고 한다.

02 알맞은 것끼리 연결하십시오.

새로운 물건이나 개념이 생기면서 만들어진 말	•	•	미리내, 어사, 즈믄
널리 쓰이다가 사라진 말	•	•	어리다, 사랑하다, 얼굴
형태는 같은데 의미만 달라진 말	•	•	스마트 폰, 로봇 청소기, 전기 자동차

03 이 글의 내용과 같은 것을 모두 고르십시오.

① 외국에서 들어온 물건을 뜻하는 '수입산'은 '외제'에 밀려 사라진 단어이다.

② 과거 조상들이 남긴 책을 이해하기 어려운 이유는 언어의 역사성 때문이다.

③ 이미 표현이 존재하더라도 사람들이 새로운 표현을 원하면 새 말이 생길 수 있다.

④ '스펙', '사이버 대학'은 새로운 물건을 표현하기 위해 만들어진 신조어이다.

04 이 글에서는 새로운 말이 생겨나는 이유를 어떻게 설명했습니까?

05 다음 표를 채우면서 단어의 변화를 정리해 봅시다.

1) 의미 변화	과거	현재	2) 형태 변화	과거	현재
얼굴		안면	나무		나무
영감			아이		아이
사랑하다			여름		여름

더 생각해 봅시다

01 다음은 언어가 가지고 있는 일반적인 특성입니다. 어떤 의미인지 생각해 봅시다.

사회성	꽃을 보고 항상 '딸기'라고 말하는 미영 씨는 친구들과 의사소통을 하기가 어렵다.	언어는 개인이 마음대로 만들거나 바꾸어서 사용할 수 없다. 왜냐하면 언어는 같은 언어를 사용하는 사람들끼리의 약속이기 때문이다.
법칙성	'식당에서 가다'는 틀린 문장이고 '식당에 가다'가 맞는 문장이다.	
자의성	한국에서는 '사람[saram]'이라고 하는데 미국에서는 'man[mæn]', 중국에서는 '人[ren]'이라고 한다.	
창조성	아이에게 '어서 오세요.'를 가르쳐 주었더니 '어서 가세요.', '어서 와.' 등과 같은 문장을 스스로 만들었다.	

02 인터넷 용어나 신조어에 대해 더 이야기해 봅시다.

1) 여러분은 한국의 인터넷 용어나 신조어를 들어본 적이 있습니까? 아는 단어가 있으면 이야기해 봅시다.

보기
엄친아 : 엄마 친구 아들이라는 뜻으로, 외모와 실력을 모두 갖춘 완벽한 사람을 말한다.
버카충 : '버스 카드를 충전한다'는 뜻으로 줄임말이다.

2) 여러분들이 조사한 신조어들의 특징은 무엇이라고 생각합니까?

3) 신조어 사용에 대한 여러분의 생각은 어떻습니까?

보기
찬성 → 젊은 사람들의 문화라고 생각하기 때문에 다양성 측면에서 인정해야 한다.
반대 → 언어의 규범을 파괴하는 행위이므로 반대한다.

어휘

◎ 언어의 특성 및 종류와 관련된 어휘에 대해 알아봅시다.

• 생성되다

이미 있는 단어들끼리 결합하여 새로운 단어가 생성되기도 한다.

• 소멸되다

만주어는 청나라 황실의 노력에도 불구하고 몇백 년도 못 가서 소멸되고 말았다.

• 비속어

요즘 청소년들 사이에서 차마 입에 담기 어려운 온갖 비속어가 일상어처럼 쓰이고 있다.

• 은어

이번 회의에서는 청소년 대상 심야 라디오 프로그램 진행자의 잦은 은어와 비속어 사용이 문제로 떠올랐다.

• 통신 언어

컴퓨터나 스마트 폰 등 각종 통신 매체를 이용할 때 사용하는 언어를 통신 언어라고 한다.

• 의사소통

언어적 표현 못지않게 몸짓 언어와 같은 비언어적 표현도 의사소통에서 중요한 역할을 한다.

1) ________________ 은/는 통신 매체의 발달로 좁은 화면에 가능한 한 많은 내용을 담기 위해 간략한 표현이 사용된다는 특징이 있다.

2) 한 나라가 무력으로 정복을 당했다고 해서 그 문화까지 ________________ 것은 아니다.

3) 청소년들과 제대로 ________________ 을/를 하기 위해서 일부러 신조어를 배우는 어른들도 많다.

4) 어떤 특정한 집단에서 비밀을 유지하기 위해 사용하던 ________________ 이/가 사람들 사이에 알려져 통용되기도 한다.

5) 인터넷 게임방이나 채팅방에서 다른 사람을 비방하는 ________________ 을/를 사용하면 바로 강제 퇴장을 당한다.

6) 김치는 발효 과정 중에 ________________ 미생물들이 강력한 항균 작용을 한다.

문법

01 A/V-(으)ㄹ 법(도) 하다

- 어제 보고서 작성한다고 밤을 새웠으니 피곤할 법도 하다.
- 지각 때문에 매번 지적당하느니 습관을 고칠 법도 한데 여전히 늦잠 자는 버릇을 갖고 있다.
- 가 : 어린 나이에 받을 문화적 충격을 생각해서라도 조기 유학은 보내지 않는 것이 좋다고 생각해요.
  나 : 이야기를 들어 보니까 그럴 법도 하네요.

◎ 다음 대화를 완성하십시오.

1) 가 : 에덴 씨는 이번에도 회식에 안 온대요?
   나 : 네, 과장님이 그렇게 여러 번 제안하면 올 법도 한데 약속이 있다면서 먼저 나갔어요.

2) 가 : 도현 씨는 정말 착한 사람 같아요.
   나 : 맞아요. 어려운 부탁을 여러 번 하면 ______________________.

3) 가 : 사토미 씨는 많은 사람들 앞에서 노래하는데 전혀 떨지 않네요.
   나 : 그러게요. ______________________.

4) 가 : 병원에 가도 감기가 낫지 않아서 힘들어요.
   나 : ______________________.

문법 설명

어떤 일이나 상황이 일어날 가능성이 많을 때, 또는 그렇게 되는 것이 당연하다고 판단할 때 사용한다.

02 A/V-(으)ㄹ 리 만무하다

- 그렇게 조금 먹고 배부를 리 만무하다.
- 뭐라고요? 정말 예쁘게 생겼는데 이 사람이 남자일 리 만무해요.
- 실효성 있는 대책을 세우지 않는 한 실업률이 떨어질 리 만무합니다.

◎ 다음 표를 채운 후 문장을 완성하십시오.

조건	결과
보기 담배를 끊다	건강이 좋아지다
1) 공교육을 강화하다	사교육비 지출이 감소하다
2) 출산 장려 정책을 시행하다	출산율이 증가하다
3) 남한과 북한이 통일되다	

보기 담배를 끊지 않으면 건강이 좋아질 리 만무하다.

1) ______________________________.

2) ______________________________.

3) ______________________________.

◎ 가능성이 전혀 없다고 생각되는 일에 대해 더 이야기해 봅시다.

보기 한여름에 눈이 오는 일, 평일에 도서관이 문을 닫는 일, 시험이 취소되는 일

문법 설명

결코 있을 수 없는 일이라고 판단될 때 사용하는 표현이다.

03 A/V-(으)련마는

- 내가 어릴 적 꿈을 포기하지 않았다면 지금쯤 소설가로 활동하고 있으련마는…….
- 가 : 내일 예정대로 체육 대회를 할 수 있을까?
  나 : 글쎄, 비가 안 오면 좋으련마는 내일 비소식이 있어서 어떻게 될지 모르겠어.
- 가 : 아흐메드 씨, 조 선생님 결혼식에 왜 안 왔어요?
  나 : 알았으면 갔으련마는 저는 전혀 몰랐어요.

◎ 관계있는 것끼리 연결한 후 문장을 완성하십시오.

1) 시간이 나면 영화라도 보다	•	•	예상하지 못한 질문에 당황해서 결국 면접시험에 떨어졌다
2) 고향에 갈 때 부모님 선물을 사면 좋다	•	•	3년 동안 변함없이 매일 데이트를 한다
3) 열심히 준비했으면 합격했다	•	•	요즘 회사일이 바빠서 매일 야근이다
4) 매일 만나면 지겨울 때도 있다	•	•	이번 학기에 장학금을 못 받아서 생활비가 빠듯하다

1) 시간이 나면 영화라도 보련마는 요즘 회사일이 바빠서 매일 야근이다.

2) ______________________________.

3) ______________________________.

4) ______________________________.

문법 설명

어떤 상황이 되기를 기대하지만 아쉽게도 조건이 충족되지 못해서 기대하는 결과가 이루어질 수 없음을 나타낸다. 주로 '–(으)면 –(으)련마는'의 형태로 쓰인다.

04 A/V–(으)므로

- 지나친 흡연은 폐암 등을 유발할 수 있으므로 삼가야 한다.
- 인간은 사회적 동물이므로 사회를 떠나서는 홀로 살아갈 수 없다.
- 책을 오랫동안 보면 눈이 피로해지므로 잠깐씩 쉬었다가 읽어야 합니다.

◎ 관계 있는 것끼리 연결한 후 문장을 완성하십시오.

1) 나는 여름철 전국 최고 기온을 기록하는 대구 출신이다 •	• 약속을 주말로 미루다
2) 눈이 많이 와서 길이 미끄럽다 •	• 다른 사람보다 더위에 익숙하다
3) 최선을 다해서 준비했다 •	• 운전을 조심해야 한다
4) 월말이라 회사에 일이 많다 •	• 결과에 상관없이 후회는 없다

1) 나는 여름철이면 전국 최고 기온을 기록하는 대구 출신이므로 다른 사람보다 더위에 익숙하다.

2) ______________________________.

3) ______________________________.

4) ______________________________.

문법 설명

앞의 내용은 원인이나 이유, 근거를 나타내고 뒤의 내용은 결과를 나타낸다. 주로 문어적, 격식적인 표현으로 사용한다.

쓰 기

01 다음 글을 읽고 질문에 대답해 봅시다.

지금까지 인터넷에서 자주 사용되는 언어에 대해서 살펴보았다. 특징을 정리하면 다음과 같다. 첫째, 입말을 그대로 글자로 표현하는 경우가 많다. 둘째, 한국어와 외국어를 조합한 독특한 조어 현상이 일어난다. 셋째, 말을 간단하게 줄여 사용하는 경향이 강하다. 넷째, 표정이나 심리 상태 등의 비언어적인 부분까지 시각적으로 표현한다. 마지막으로 문장 끝부분에 새로운 문법 형태가 나타난다는 것이다. 본 연구에서는 공간을 인터넷으로 한정하여 조사했다는 한계를 지니고 있다. 앞으로 다양한 SNS 매체를 대상으로 신조어 전반에 대한 특징에 대해서도 연구할 필요가 있다.

1) 이 글은 글의 서론, 본론, 결론 중에 어디에 해당된다고 생각합니까?

2) 그렇게 생각하는 이유는 무엇입니까?

3) 이 글 다음에는 어떤 내용이 올 것 같습니까?

글 마무리하기

포함되는 내용

- 본론 내용 요약 및 정리
- 연구 성과 및 한계
- 앞으로의 과제에 대한 전망이나 제안

주로 사용되는 표현

- 지금까지 [이상으로] ~에 대해서 살펴보았다 [논의하였다]
- 요약하자면 [요약하면, 정리하면] 다음과 같다
- –다는 한계를 지닌다
- –는 데 의의가 있다
- 앞으로 ~에 대해서 연구할 필요가 있다

제시 방법

- 글쓴이가 주장하는 바를 재확인한다.
- 주제문을 간결하고 분명하게 압축하여 제시한다.

예 : 언어는 시간의 흐름에 따라 변화한다.
본론에서 언급한 바와 같이 인터넷 언어는 맞춤법에 맞게 바꾸어 사용해야 한다.

결론 작성 시 유의할 점

- 본론에서 말한 내용을 부정하지 않는다.
- 서론과 결론의 내용은 일관성이 있어야 한다.
- 본론에서 언급되지 않은 새로운 내용을 제시하지 않는다.

02 '청소년들의 비속어 사용 실태와 개선 방안'에 대한 보고서의 결론을 쓰려고 합니다. 다음 자료 내용을 참고하여 결론 단락을 써 봅시다.

제목	청소년들의 비속어 사용 실태와 개선 방안
본문 요약	• 최근 국립국어원 조사 결과에 의하면 초등학생의 97%, 중고등학생의 99%가 '짱', '찌질이', '쩔다' 등의 비속어를 사용한 적이 있다고 답했다. • 교사들도 학생과의 대화에서 비속어를 접한 적이 있다. • 청소년들의 언어 사용에 가장 부정적인 영향을 미치는 요인은 부모의 언어 폭력으로 밝혀졌다. • 가족 구성원 간의 친밀도가 높을 때 자녀들의 비속어의 사용이 줄어드는 것으로 분석됐다. • 청소년 스스로 문제점을 자각하는 것이 비속어의 사용을 줄이는 가장 효과적인 방법이 될 수 있다.
연구 성과 및 한계	• 초 · 중 · 고등학생들은 물론이고 교사들까지 조사 대상으로 삼았다. • 단순한 실태 보고가 아니라 전문가를 통해 개선 방안을 모색해 보았다. • 적극적이고 실효성 있는 대책 마련이 시급하다.
과제 및 전망	• 비속어뿐만 아니라 유행어, 은어 등 각종 신조어 사용에 대한 폭넓은 조사가 필요할 것으로 보인다. • 조사 결과를 바탕으로 효과적인 개선책 마련과 꾸준한 교육을 통해 청소년들의 언어를 순화시킬 수 있을 것이다.

↓

지금까지 청소년들의 비속어 사용 실태와 개선 방안에 대해서 살펴보았다.

제 6 과

현대인의 생활

1. 현대인의 사고방식

듣기 현대인의 사고방식에 대한 대화 듣기
어휘 사고방식
문법 및 표현 • V-는 추세
• A/V-건 (간에)
• A/V-(으)ㄹ 테고
말하기 순서대로 말하기

2. 현대인의 시간 활용

읽기 런치투어족에 대한 기사 읽기
어휘 여가 생활
문법 및 표현 • 발이 묶이다
• 손을 놓다
• V-(으)ㄹ 나위 없다
• N 또한
• V -자는 취지에서
쓰기 찬성/반대하는 글쓰기

1 현대인의 사고방식

01 우리 생활이 과거와 어떻게 달라졌는지 변화에 대해 이야기해 봅시다. 미래에는 우리의 생활이 어떻게 달라질지 생각해 봅시다.

02 여러분의 요즈음은 어떻습니까? 예전과 달라진 여러분의 하루에 대해 이야기해 봅시다.

듣기

Track 06

다음을 듣고 물음에 답하십시오.

01 세 사람이 커피숍에서 만난 이유는 무엇입니까?

02 다음은 재원과 마이클에 대한 설명입니다. 들으면서 내용을 쓰십시오.

재원	마이클
휴대 전화 길 찾기 기능을 이용한다.	1)
2)	공부는 도서관에서 하는 게 낫다고 생각한다.
최신 전자 기기로 책을 읽고 싶어한다.	3)
4)	크리스마스에 손으로 쓴 카드를 전한다.

03 마이클은 왜 도서관에서 공부하는 게 낫다고 생각합니까?

04 다음 중 여자의 생각으로 맞는 것을 고르십시오.

① 일은 사무실에서 해야 시간 낭비를 막을 수 있다.

② 마이클과 재원이는 성격이 잘 맞아 친해질 수 있었다.

③ 이야기를 자유롭게 할 수 있어서 커피숍에서 공부를 한다.

④ 전자책은 읽고 싶은 책을 쉽게 바꿔 읽을 수 있어서 편리하다.

05 여러분은 누구의 성향과 비슷합니까? 이야기해 봅시다.

희진 : 마이클, 여기야, 여기. 어서 와. 찾아오느라 애먹었지?

마이클 : 요 앞에서 좀 헤매긴 했지만 괜찮아.

재원 : 휴대 전화에 길 찾기 기능이 있잖아.

마이클 : 사람들한테 물어보면 훨씬 간단한데 뭐. 그런데 여기서 공부가 될까? 좀 시끄럽지 않아?

재원 : 좀 씨끄러워도 난 그때그때 이야기를 나눌 수 있는 곳이 좋아. 도서관은 아무래도 이런저런 제약이 많으니까 좀 답답해.

마이클 : 하긴 공부를 하면서 샌드위치나 커피를 즐길 수 있다는 건 큰 장점이겠다. 뉴스를 보니까 요즘은 커피숍에서 일하는 회사원들도 많아지는 추세래.

마이클 : 그래도 난 아직은 공부는 도서관에서, 일은 사무실에서 하는 게 더 좋을 것 같아. 커피를 마시거나 이야기를 하다가 시간을 무의미하게 흘려보낼지도 모를 일이잖아. 적당한 통제는 필요하다고 봐.

재원 : 네 말에도 일리는 있어. 그런데 늘 같은 공간이 오히려 일의 능률을 방해한다면? 어디이건 간에 본인이 편안함을 느낄 수 있다면 괜찮지 않을까?

희진 : 자, 이제 그만. 주문부터 하자. 뭐 마실래?

희진 : 왜 혼자 커피를 들고 와? 재원이는 어디 가고?

마이클 : 어떤 사람이랑 이야기하고 있어. 한창 눈독 들였던 전자 기기를 가지고 있었나 봐. 사려던 차에 직접 눈으로 봤으니 궁금한 게 많았겠지.

희진 : 하하, 나 참, 이번에는 또 어떤 물건인데?

마이클 : 전자책을 볼 수 있는 기기라는데 알다시피 내가 그 방면엔 좀 약하잖아.

희진 : 편하긴 하겠다. 책을 들고 다닐 때보다 가벼울 테고 읽고 싶은 책을 쉽게 바꿔 읽을 수도 있고.

마이클 : 그래도 난 종이책을 포기 못할 것 같아. 책장 넘길 때의 손맛이 있잖아.

희진 : 정말 너답다. 생일이나 크리스마스에 손으로 쓴 카드를 전하는 너랑 인터넷으로 동영상 축하 메일을 보내는 재원이가 어떻게 친구가 될 수 있었지?

애먹다 아무래도 제약 추세 흘려보내다 통제 능률 본인 눈독 들이다 기기 차 전자책 손맛

더 생각해 봅시다

01 세대별 사고방식이 과거와 현재가 어떻게 달라졌는지 쓰고, 보기 와 같이 이야기해 봅시다.

	과거	현재
10대	• 공부를 최우선으로 생각한다. • 교복, 단발머리 등 엄격한 학교 규칙을 별 불만 없이 따른다. •	• 자신의 특기를 살리려고 노력한다. • •
20~30대	• 졸업하면 결혼하는 게 자연스럽다. • 여자는 일보다 가정이 중요하다. •	• • •
40~60대	• 자녀 교육에 온갖 정성을 기울인다. • 무조건 아껴야 한다고 생각한다. •	• 자녀 교육도 중요하지만 자신의 성공도 포기할 수 없다. • •
70~80대	• 바쁜 자녀를 대신해서 손자, 손녀를 돌봐주는 게 당연하다. •	• 배움에는 끝이 없다는 생각으로 노인 대학 등에 등록한다. •

보기 과거의 십대들은 공부 말고는 다른 곳으로 눈 돌릴 곳이 많지 않았는데 요즘 십대들은 자신이 하고 싶은 일을 찾는 데 적극적입니다. 예를 들어 노래나 춤을 좋아하는 아이들은 자신의 특기 개발에 더욱 힘을 쏟습니다. 그들에게 대학 진학은 이제 예전만큼 절대적이지 않습니다.

02 다음은 현재 한국 사회에서 발견할 수 있는 우리 전통 문화의 흔적들입니다. 다음 그림이 의미하는 바에 대해 이야기해 봅시다. 그리고 이러한 현상이 나타난 이유에 대해서도 생각해 봅시다.

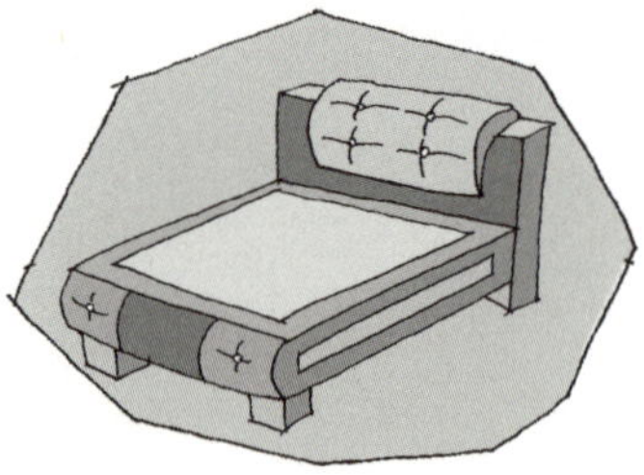

〈뚝배기〉

현대인들은 편리함을 추구한다. 그래서 전기밥솥이 나오면서 뚝배기에 밥을 하던 옛 방식이 거의 사라졌다. 그러나 요즘 다시 많은 가정집에서 뚝배기를 이용하여 밥을 하거나 국을 끓인다. 뚝배기에서만 맛볼 수 있는 밥맛을 전기밥솥으로는 흉내 낼 수 없기 때문이다.

어 휘

◎ 사고방식과 관련된 어휘에 대해 알아봅시다.

• **사고방식**
긍정적이고 적극적인 사고방식을 가진 사람들은 그렇지 못한 사람들에 비해 처음 만난 사람과 가까워지는 데 어려움을 덜 느낀다.

• **고정 관념**
남자 메이크업 아티스트나 여자 비행기 조종사만 보더라도 우리 사회에서 직업에 대한 고정 관념이 많이 사라졌다는 것을 알 수 있다.

• **세대 차이**
십대들이 사용하는 신조어나 줄임말을 알아듣지 못했을 때 나는 세대 차이를 실감하곤 한다.

• **선입견**
초등학교도 제대로 졸업하지 못한 그와 처음 같이 일하게 되었을 때 나는 그를 무시했는데 그의 업무 추진 능력을 보는 순간 선입견을 가지고 있었던 내 자신이 부끄러워졌다.

• **신념**
2002년 한일 월드컵에서 대한민국이 본선 4강 진출 신화를 이룰 수 있었던 데에는 승리에 대한 강한 신념이 있었기에 가능한 일이었다.

• **추구**
어떠한 상황에 처하더라도 사람은 저마다 자신의 행복을 추구한다.

1) ________________(이)라는 색안경을 끼고 사람을 대하면 그 사람의 참모습이 어떤지 알 기회를 놓치게 된다.

2) 많은 회사원들은 그들의 상사와 업무 방식이 다르거나 회식과 같은 친목 도모에 대한 의견에 차이가 있을 때 직장 내 ________________을/를 느낀다.

3) 모든 나라는 자국의 이익 ________________을/를 위해 불가피하게 서로 경쟁할 수밖에 없다.

4) 부모들이 자신들의 ________________을/를 그들의 자식들에게 강요한다면 서로 간에 갈등이 생기는 건 불 보듯 뻔한 일이다.

5) 남자는 가정 경제를 책임지고 여자는 집안일과 육아를 담당해야 한다는 성역할과 관련된 ________________이/가 지금은 많이 옅어졌다.

6) 나는 지금껏 어떤 어려운 일이 닥치더라도 '할 수 있다'는 ________________ 하나만으로 버텨 왔다고 해도 과언이 아니다.

문법

01 V-는 추세

- 올해 들어 수출이 계속 증가하는 추세를 보이고 있다.
- 최근의 스포츠 용품은 기능성과 세련미를 강조하는 추세이다.
- 사회가 다양화되고 전문화되면서 여성의 지위가 향상되는 추세에 있다.

◎ 다음 대화를 완성하십시오.

1) 가 : 요즘 이사철이라 그런지 아파트 전세 값이 계속 오르고 있네요.
   나 : 반면에 아파트 매매 가격은 ______________________.

2) 가 : 우리 애가 서른이 훨씬 넘었는데 결혼할 생각을 안 해서 걱정이에요.
   나 : 너무 걱정 마세요. 요즘 다들 결혼을 ______________________.

3) 가 : 담배 피울 곳 찾기도 힘들고 아무래도 담배를 끊어야겠어.
   나 : 잘 생각했어. 요즘 ______________(으)니까 너도 이번에 금연에 도전해 봐.

4) 가 : 내일부터 지하철로 출퇴근할까 봐. 기름 값이 너무 올랐어.
   나 : 요즘 교통비도 아끼고 건강도 챙기려는 이유로 대중교통을 이용하는 사람들이
   ______________________.

5) 가 : 요즘 소극장 연극이나 뮤지컬에 유명한 배우들이 자주 나오는 것 같더라.
   나 : 그 대신 공연 관람료가 ______________________.

6) 가 : 교수님, 요즘 대체 에너지로 연구되고 있는 것에는 어떤 것이 있습니까?
   나 : ______________________.

문법 설명

어떤 일이나 현상이 변화하는 과정에서 한 방향으로 나아가는 경향이 강할 때 사용한다. 주로 전문적인 자료를 근거로 삼아 설명이 이루어지게 된다.

02 A/V-건 (간에)

- 좋건 싫건 간에 네가 할 일이면 불평하지 않는 게 좋아.
- 무엇을 먹건 항상 감사하는 마음을 가지고 맛있게 먹자.
- 크리스마스에는 어른이건 아이이건 눈이 오기를 기대한다.

◎ '-건 간에'를 이용하여 다음 대화를 완성하십시오.

1) 가 : 전공 교재가 영어 원서인 데다가 여러 권을 사야 해서 책값이 너무 많이 들게 생겼어.
 나 : ______________________ 사야 할 책은 사야지 어쩌겠어.

2) 가 : 난 운동 시작 전에 준비 체조 하는 게 너무 귀찮아.
 나 : ______________________ 다치지 않으려면 준비운동은 꼭 해야 해.

3) 가 : 곧 할머니 생신인데 선물로 뭘 준비해야 할지 아무리 고민해 봐도 잘 모르겠어요.
 나 : ______________________ 좋아하실 테니 너무 걱정하지 말아요.

4) 가 : 고향에 돌아가서도 여기에서의 일들을 잊지 말았으면 좋겠어요.
 나 : ______________________________________.

◎ '-건 -건 간에'를 이용하여 다음 대화를 완성하십시오.

1) 가 : 비가 와도 내일 행사는 예정대로 진행되는 건가요?
 나 : ______________________ 행사는 일정대로 진행시켜야죠.

2) 가 : 요즘은 아이가 해야 할 일을 대신해 주는 엄마가 많대요.
 나 : ______________________ 스스로 하도록 내버려 둬야지요.

3) 가 : 어제도 늦게까지 야근하시더니 주말에도 회사에 출근하시는 거예요?
 나 : ______________________ 일이 있으면 어쩔 수 없지요.

문법 설명

'누구, 언제, 어디, 무엇, 어떻게' 등과 함께 쓰여 어떠한 경우도 상관없음을 나타낸다. 뒤에 '간에'가 나타나 뜻이 분명해지며, '상관없이'로 바꿔 쓸 수 있다. 대립되는 둘 이상의 경우를 모두 선택할 때에는 '-건 -건 간에'의 구성으로도 쓰인다. 세 가지 이상의 내용이 연결되어 사용될 수도 있다.

03 A/V-(으)ㄹ 테고

- 가 : 지금 약국 문은 닫혔을 테고 병원은 너무 먼데 어쩌지?
  나 : 우선 편의점이라도 가 볼게. 간단한 약은 팔 거야.
- 가 : 저기 계시는 두 분은 누구세요?
  나 : 한 분은 한국어 선생님이실 테고 그 옆에 계신 분은 나도 잘 모르겠어.
- 가 : 오늘 저녁 모임에는 다들 올 수 있는 거야?
  나 : 영미는 회식이 있다고 했으니 빠질 테고 나머지는 별다른 연락이 없었으니까 참석하겠지?

◎ 다음 대화를 완성하십시오.

1) 가 : 지영이한테 사실을 이야기해 줘야 하지 않을까?
   나 : 글쎄, ______________________ 어떻게 해야 할지 모르겠어.
2) 가 : 이 옷이 정말 네 마음에 드나 보네. 당장 사야겠다.
   나 : 오늘 안 살 거야. ______________________ 그러면 그때 싸게 사려고.
3) 가 : 고향에 계시는 부모님은 지금 뭐 하실까요?
   나 : ______________________________________.

문법 설명

어떤 상황이나 상태일 것을 추측하거나 확신하면서 말할 때 사용한다. 일반적으로 말하는 사람 자신이 주어로 쓰일 수 없다.

메 모

말하기

01 여러분이 지금 살고 있는 곳에 대해 이야기해 봅시다.

1) 여러분이 살고 있는 곳의 장점과 단점은 무엇입니까?

	장점	단점
보기	• 교통이 편리하다. • 범죄율이 낮아 안전하다. • 쇼핑하기가 편하다.	• 녹지가 부족하다. • 문화생활을 즐기기 힘들다. • 주차난이 심하다.
나	• • •	• • •

2) 장단점에 대해 이야기할 때 어떤 표현을 사용하면 좋을까요? 다음은 여러 가지 내용을 순서대로 설명할 때 사용하는 표현들입니다. 이 표현을 이용하여 보기 와 같이 이야기해 봅시다.

순서대로 말하기

- 먼저 ~, 다음으로 ~, 마지막으로/끝으로 ~
- 첫 번째 ~, 두 번째 ~, 세 번째 ~

보기 1 제가 살고 있는 곳의 장점은 먼저 교통이 편리하다는 점입니다. 특히 도로 정비가 잘 되어 있어 도심으로의 접근성이 좋습니다. 다음으로 다른 도시에 비해 범죄율이 낮아 불안해하지 않고 살 수 있습니다. 마지막으로 쇼핑 장소가 한 곳에 집중되어 있어서 쇼핑하기 편리합니다.

보기 2 제가 살고 있는 곳의 단점으로 첫 번째는 녹지가 부족하다는 점이고 두 번째는 문화생활을 즐기기가 힘들다는 점이며 세 번째로는 주차난을 들 수 있습니다.

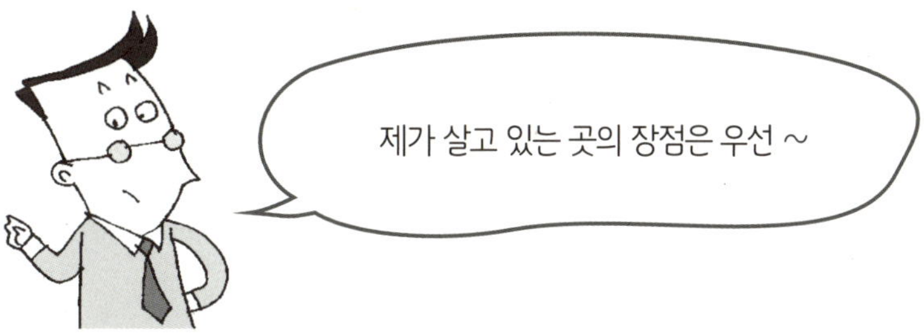

02 다음은 살고 싶은 도시의 조건들입니다.

1) 여러분이 중요하게 여기는 조건에는 어떠한 것이 있으며 그 이유에 대해 이야기해 봅시다.

□ 우수한 교육 시설	□ 편리한 대중교통
□ 경제 발전	□ 다양한 복지
□ 편의 시설	□ 쇼핑 시설
□ 자연환경	□ 공공요금
□ 첨단 의료 시설	□ 취업률
□ 치안	□ 컴퓨터 통신망
□ 주택 가격	□ 문화 및 예술 공연
□ 정치적 안정	□ 기타

도시라면 다양한 문화 시설이 갖추어져 있어야 한다고 생각해요.
음악, 미술, 공연과 같은 여가를 즐길 수 있는
시설이 가까이 있다는 것만으로도 스트레스가 풀릴 테니까요.

2) 위에서 익힌 표현을 이용하여 여러분이 살고 싶은 도시 환경에 대해 설명해 보십시오.

먼저 교육 여건이 좋아야 ________________

다음으로 ________________

마지막으로 ________________

03 다음의 여러 주제들에 대해 이야기해 봅시다.

주제	방법
성공적인 유학 생활	• 새로운 문화 적극적으로 받아들이기 • •
전자기기 중독 극복	• • •
여가 시간 활용	• • •
노후 준비	• • •

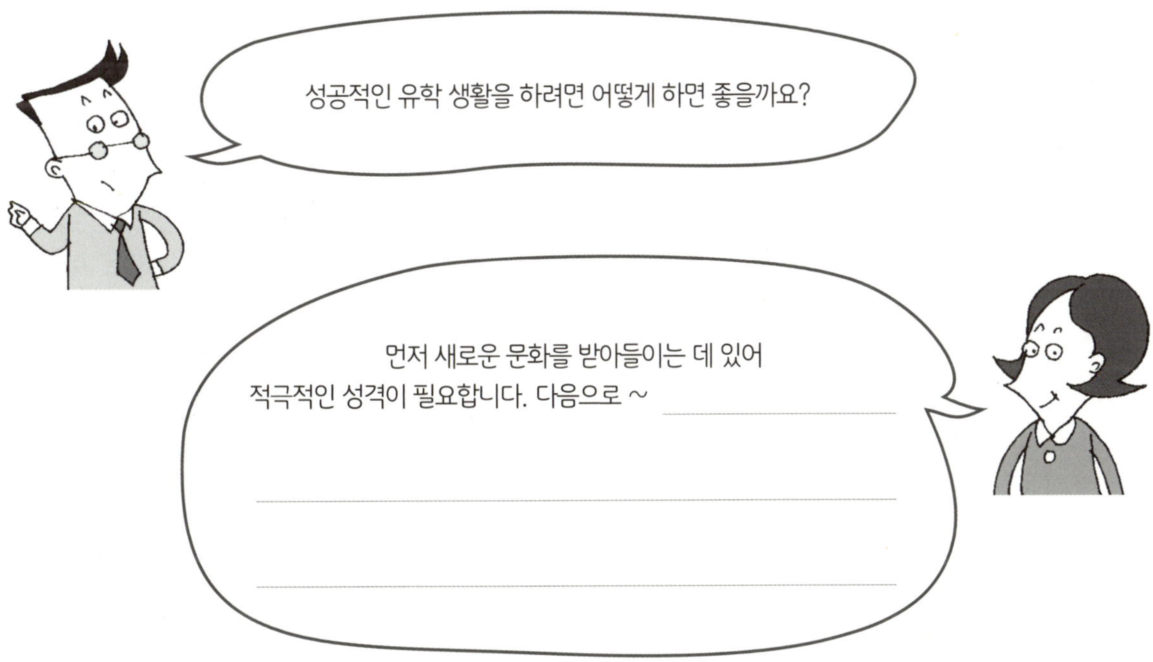

2 현대인의 시간 활용

01 만일 하루가 26시간으로 늘어난다면 여러분은 무엇을 하겠습니까?

1) 새로 생긴 2시간 동안 무엇을 하겠습니까? 그 이유는 무엇입니까?

2) 어느 시간대가 늘어나면 좋겠습니까? 그 이유는 무엇입니까?

☐ 아침 시간　　☐ 점심 시간　　☐ 저녁 시간　　☐ 밤 시간

02 현대인들의 여가 생활을 알 수 있는 그래프입니다. 함께 이야기해 봅시다.

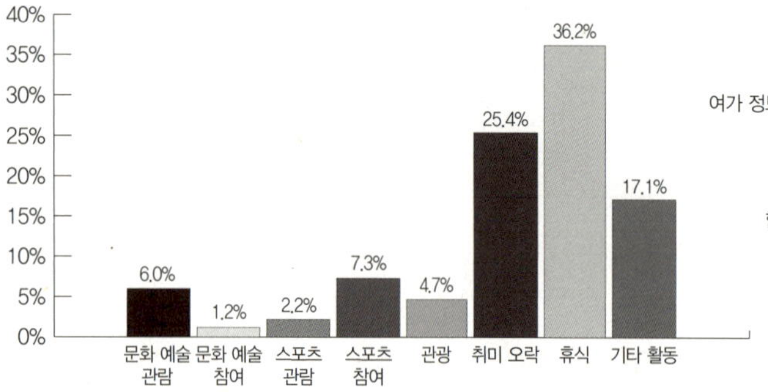

여가 활동 유형

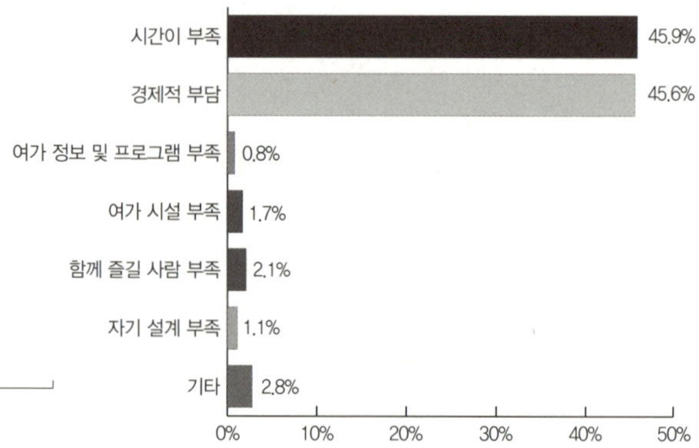

여가 생활 불만족 이유

03 다음은 점심 시간의 모습입니다. 함께 이야기해 봅시다.

읽기

다음은 런치투어족에 대한 글입니다. 잘 읽고 질문에 답하십시오.

직장인들의 여가 문화가 변하고 있다. 여가 활동 시간대가 바뀌면서 여가 문화에도 변화가 생긴 것이다. 하루 종일 회사에 발이 묶여 있는 직장인들에게 여가 시간은 주로 출근 전과 퇴근 후였지만 최근 점심시간을 이용해 여가를 즐기는 직장인들이 늘고 있다. 이들처럼 점심시간에 밥을 먹지 않고, 혹은 간단히 해결하고 개인적인 볼일을 보는 이들을 이른바 '런치투어(lunch tour)족'이라고 한다.

자신에게 시간을 투자하는 '런치투어족'에게 이 자투리 시간은 새로운 시간을 설계하기에 더할 나위 없이 좋은 시간이다. 관공서나 은행 등 평일 낮에만 볼 수 있는 간단한 업무를 보기도 하고 쇼핑을 하기도 한다. 운동과 요가, 마사지 등으로 건강을 지키는 것은 물론이고 동호회 활동이나 학원 수강 등으로 알찬 시간을 보낸다. 공부하는 직장인인 '샐러던트(saladent)'도 대개 런치투어족이다. 잠이 덜 깬 채 듣는 새벽반보다는 점심반 수업을 듣는 직장인이 많고 온라인 강의도 이 시간대에 많이 이용된다. 또한 가사에서 손을 놓을 수 없는 맞벌이 여성들에게는 귀중한 가사 시간이 되기도 한다. 퇴근하여 저녁식사를 준비하기까지의 시간을 최대한 단축하기 위해 점심시간에 미리 장을 봐 둔다.

이러한 추세에 따라 회사 측에서도 직원들이 점심 여가를 즐길 수 있도록 다양한 프로그램을 운영하고 있다. 한 회사에서는 점심시간을 활용해서 문화체험을 할 수 있는 런치문화 강좌를 운영해 직원들에게 큰 인기를 얻고 있다. 한 식품 업체에서는 직원들이 점심시간을 이용해 직접 요리한 음식을 먹으면서 아이디어 연구를 하기도 한다.

런치투어족들을 겨냥한 관련 업체들의 마케팅 또한 활발하게 이루어지고 있다. 상당수의 런치투어족들은 도시락을 싸오거나 김밥, 삼각 김밥, 샌드위치 등의 테이크 아웃 음식을 애용하는데 패스트푸드점들이 경쟁적으로 내놓고 있는 런치 메뉴는 아주 인기가 많다. 일부 스포츠센터, 피부 관리실, 은행 등에서는 런치투어족을 위해 간단한 간식거리를 준비해 두기도 한다. 한 기업에서는 직장인들이 점심 식사 후에 가볍게 공연 문화를 즐길 수 있게 하자는 취지에서 매주 목요일에 합창, 비보잉, 세계 민속 공연 등을 선보여 문화 마케팅으로 활용하고 있다.

이렇듯 아침과 저녁은 물론이거니와 과거 버려진다고 생각했던 점심 때의 짧은 시간까지도 활용하는 것이 최근 직장 여가 문화의 경향이다. 여러분의 점심시간은 어떤가. 런치투어족들처럼 우리도 자신만의 멋진 점심시간을 디자인해 볼까.

시간대 볼일 이른바 투자하다 런치투어족 자투리 설계하다 관공서
알차다 샐러던트 대개 단축하다 장을 보다 운영하다 강좌 업체
겨냥하다 또한 상당수 테이크 아웃 애용하다 간식거리 취지 이렇듯
경향 디자인하다

01 각 단락의 중심 내용을 요약해 봅시다.

1단락	
2단락	
3단락	
4단락	
5단락	

02 직장인들의 여가 활동 시간대가 어떻게 바뀌었는지 예전과 최근 경향을 비교해 이야기해 봅시다.

03 이 글의 내용과 같은 것을 고르십시오.

① 샐러던트는 점심시간에 운동과 요가를 한다.

② 직원들을 위해 회사 측에서는 점심 메뉴를 개발한다.

③ 런치투어족은 간단하게 해결할 수 있는 점심 메뉴를 즐겨 먹는다.

④ 런치 문화 강좌를 들으면서 직접 요리한 음식을 먹는 회사도 있다.

04 '런치투어족'에 대한 여러분의 생각은 어떻습니까? 런치투어족의 긍정적인 면과 부정적인 면에 대해 이야기해 봅시다.

긍정적인 면	부정적인 면
•	•
•	•

더 생각해 봅시다

01 여러분 나라의 점심 문화를 소개해 봅시다.

02 아래 어휘를 통해 현대인의 생활을 알 수 있습니다. 하나를 골라 소개해 봅시다.

• 그루밍족	• 피터팬 증후군
• 로하스족	• 스마일 마스크 증후군
• 키덜트족	• 파랑새 증후군
• 나홀로족	• 사춘기 증후군

그루밍족

패션과 미용에 아낌없이 투자하는 남자들을 일컫는 말이다. 이들은 자신을 돋보이도록 하기 위해서 피부와 두발, 치아 관리는 물론 성형 수술까지도 한다. 인터넷 사이트에도 남성 회원들이 패션과 미용에 관한 정보를 교환하는 동호회가 점차 늘어나고 있다.

03 다음 기사 제목 중 하나를 골라 기사를 써 봅시다.

광장의 변신 – 점심 휴식 필요한 직장인 모여라

점심시간, 우리 감성 충전해요!

당신은 점심시간에 뭐 하나요?

점심시간 사라진 김 대리 어디 갔나?…… 학원 갔지

점심시간, 커피 마시며 보는 '길거리 공연'

지금 유통업체는'점심형 인간' 잡기 마케팅 중

광장의 변신 – 점심 휴식 필요한 직장인 모여라

서울의 도심 휴식 문화가 달라지고 있다. 시청 광장, 청계 광장, 광화문 광장에서 직장인들이 광장을 휴식 공간으로 누리고 있는 것이다. 광장에서 점심을 먹거나 동료들과 산책을 하면서 자투리 시간을 활용하는 직장인들이 늘고 있다. 사막 속 오아시스를 보는 듯하다. 커피 전문점을 돌아다니거나 백화점 아이쇼핑, 대형 서점 들르기 등이 위주이던 도심 여가 문화가 달라지고 있는 것이다. 여의도에 직장이 있는 이모(30)씨는 "회사원들의 점심 여가가 커피 전문점에서 차 한 잔 하거나 회사 건물 앞에서 담배를 피우는 정도였는데 광장을 산책하면서 피로를 풀다 보면 기분이 상쾌해진다."고 말했다. 또 다른 직장인 김모(27)씨는 "최근 동료들과 함께 도시락을 싸 와서 나눠 먹은 뒤 광화문 이곳저곳을 걸으며 여유를 즐긴다."고 한다.
도심 직장인들의 점심 여가를 바꾼 광장, 앞으로도 더 많은 사람들의 사랑을 받기를 기대해 본다.

이경미 기자

어휘

◎ 여가 생활과 관련된 어휘에 대해 알아봅시다.

- **자기 계발**
  여성의 사회 활동이 낯설지 않은 요즘, 전업 주부들도 취업을 위한 자기 계발에 나선다.
- **스펙**
  언제부터인가 취업 준비생들은 출신 학교와 학점, 외국어 시험 점수와 자격증 소지 여부, 경험 유무 등을 종합해 '스펙'이란 두 글자로 줄여 부르고 있다.
- **대인 관계**
  그의 폭넓은 대인 관계는 활발하고 호탕한 성격에서 비롯된 것이다.
- **사교**
  사교 모임을 통해 취미 생활도 할 수 있고, 다양한 인간 관계도 맺을 수 있다.
- **재충전**
  그 가수는 잠시 방송 활동을 중단하고 재충전의 시간을 가진 후 음반을 낼 것이다.
- **삶의 질**
  현대인들은 자신의 품격을 유지하고 여가를 즐기며, 취미를 개발하는 등 삶의 질을 높이기 위한 활동에 투자를 아끼지 않는다.

1) 최근 주요 기업들은 구직자들의 외적 조건인 ________ 보다는 도전 정신, 전문성, 창의성 등을 채용의 중요한 요소로 반영하고 있다.

2) 신중히 행동하는 사람은 다른 사람에게 신뢰를 주어 원만한 ________ 을/를 맺는다.

3) 친구나 이성을 만나고 싶어 하는 직장인들에게 부족한 시간을 효율적으로 이용할 수 있도록 해 주는 ________ 파티가 인기를 끌고 있다.

4) 몸과 마음의 건강을 유지하고, 그것을 통해 행복감을 느끼는 웰빙족은 ________ 을/를 중요하게 생각한다.

5) 쉬는 시간은 버려지는 시간이 아니라 다음 활동을 위한 에너지를 만드는 ________ 의 시간이다.

6) 평소에 ________ 을/를 꾸준히 한 사람은 좋은 기회가 왔을 때 놓치지 않고 잡을 수 있다.

문법

01 발이 묶이다

- 비행기 결항으로 6천 명이 넘는 승객들이 공항에 발이 묶였다.
- 친구를 만나러 가던 나는 신상품이 쏟아진 백화점 의류 매장에 발이 묶여 버렸다.
- 상위 성적을 유지하던 그 선수는 올해 성적이 부진해 줄곧 하위권에 발이 묶여 있다.

◎ 아래에서 알맞은 표현을 골라 문장을 완성하십시오.

발이 묶이다　　발이 빠르다　　발이 닳다　　발이 길다

1) 문제가 생긴 즉시 그가 ________________ 움직여 손실을 줄일 수 있었다.

2) 뭘 먹을 때마다 부르지도 않았는데 오는 것을 보면 저 사람은 참 ________________.

3) 시내버스 운행이 중단되면서 시민들의 ________________ 긴급 대책이 필요하다.

4) 사고 현장에 있었던 사람을 ________________ 찾아보았으나 결국 찾지 못했다.

문법 설명

'몸을 움직일 수 없거나 활동할 수 없는 형편이 되다'라는 뜻이다.

02 V-(으)ㄹ 나위 없다

- 이 그림은 더할 나위 없이 좋은 작품이다.
- 그런 직장에서 일할 수만 있다면 더 바랄 나위 없겠다.
- 범죄자가 처벌을 받게 될 것은 두말할 나위 없는 일이다.

◎ 아래에서 알맞은 어휘를 골라 문장을 완성하십시오.

더하다　　두말하다　　의심하다　　비하다　　변명하다

1) 날씨가 맑고 바람이 선선한 가을은 책 읽기에 ________ 좋은 계절이다.

2) 해외 진출을 위해서 이번 계약이 반드시 성사되어야 함은 ________.

3) 이 제품은 일반 제품과는 ________ 품질이 우수해 경쟁력을 인정받은 제품이다.

4) 이제껏 그 사람을 지켜봐 온 바, 성실한 사람이라는 것은 ________.

5) 그의 잘못이 명명백백히 드러나 더 이상 그는 ________.

문법 설명

더할 수 있는 여유나 여지 또는 더 해야 할 필요성이 없음을 나타낸다. '-(으)ㄹ 나위 없다', '-(으)ㄹ 나위 없이'의 형태로 많이 쓰인다.

03 손을 놓다

- 며칠 동안 회사 일에서 손을 놓고 여유를 즐겼다.
- 경기가 악화되자 기업들이 신규 사업에서 손을 놓기 시작했다.
- 예전에는 꽤 그림 솜씨가 좋았는데 손을 놓은 지 오래 되어서 생각처럼 안 된다.

◎ 아래에서 알맞은 표현을 골라 문장을 완성하십시오.

손을 놓다　　손에 익다　　손을 거치다　　손을 벌리다

1) 버리려고 했던 낡은 가구가 아버지의 ________ 아주 말끔해졌다.

2) 나는 잠시 일손을 멈추었다. 심한 두통 때문에 ________ 수밖에 없었다.

3) 이제 일이 ________ 눈을 감고도 빠르고 정확하게 일을 처리할 수 있다.

4) 이제부터 내 일은 내가 알아서 해결할게. 더 이상 너에게 ________ 일은 없을 거야.

문법 설명

'하던 일을 그만두거나 잠시 멈추다'라는 뜻이다.

04 N 또한

- 신제품 개발은 성공적이었으며 성과 또한 컸다.
- 이 가방은 디자인만 우수한 것이 아니라 실용성 또한 뛰어나다.
- 수술 비용도 걱정이지만 수술 후 생길 부작용 또한 걱정스럽다.

◎ 다음 문장을 완성하십시오.

1) 대기 오염도 심각하지만 ________________ 시급히 해결되어야 할 문제이다.

2) 진급하기 위해서는 업무 능력 못지않게 ________________ 필요하다.

3) 기대가 크면 ________________ 크기 마련이니 너무 큰 기대는 하지 않는 것이 좋다.

4) 화초는 보는 재미와 함께 ________________ 크다.

문법 설명

'어떤 것을 전제로 하고 그것과 같게'라는 뜻으로 '도'를 부각시키고자 할 때 사용한다.

05 V-자는 취지에서

- 주민회에서는 힘든 이웃을 돕자는 취지에서 바자회를 열어 성금을 모으기로 했다.
- 나라를 위해 돌아가신 분을 잊지 말자는 취지에서 매년 6월 6일을 현충일로 정했다.
- 우리 아파트에서는 불필요한 소비를 줄이자는 취지에서 아나바다 운동을 전개하기로 했다.

◎ 보기 와 같이 다음 문장을 완성하십시오.

보기 교육부, 청소년 흡연 예방을 위해 캠페인 개최

→ 교육부는 청소년의 흡연을 예방하자는 취지에서 캠페인을 개최할 예정이다.

1) 두리은행, 서민들의 '내 집 마련' 지원을 위한 저금리 대출 상품 출시

→ ______________________________.

2) 문화 관광부, 한글의 과학성과 우수성을 널리 알리기 위해 한글 박물관 개관

→ ______________________________.

3) 대구시, 전통 시장 이용 확대를 위해 전통 시장용 상품권 도입

→ ______________________________.

4) 국제 교류 센터, 타문화에 대한 이해 증진을 위해 다음 한 주를 문화 교류 주간으로 지정

→ ______________________________.

문법 설명

어떤 일의 근본이 되는 목적이나 의미를 뜻한다. 즉 어떤 일이 당초 무슨 목적에서 비롯된 것인지를 나타낼 때 사용된다.

메 모

쓰 기

01 여러분은 사형 제도의 폐지에 대해 어떻게 생각합니까? 그 이유는 무엇입니까?

02 사형 제도 존폐에 대한 다음 글을 읽고 질문에 답해 봅시다.

사형 제도는 폐지되어야 한다. 사형제는 인간의 존엄성을 무시한 제도로, 국가가 국민의 생명을 빼앗을 권한은 없다. 특히 잘못된 판결로 죄 없는 사람이 억울한 희생을 당한 경우가 있으며 이런 경우 되돌릴 방법이 없다. 또한 사형제는 범죄를 줄이는 근본적인 해결책이 될 수 없다. 여러 조사 결과에서도 나타났듯이 존속되던 사형제를 없앤다고 해서 범죄율이 더 증가하는 것은 아니다.

1) 글쓴이가 주장하는 바는 무엇입니까?

2) 주장을 뒷받침하는 근거는 무엇입니까?

사형 제도는 존속되어야 한다. 형벌의 목적은 범죄자를 교화시켜 범죄로부터 사회를 보호하는 것이지만 극악한 범죄자라면 교화 가능성에 대해 장담할 수 없다. 실제로 전과자가 다시 범죄를 행하는 경우를 자주 볼 수 있다. 또한 피해자들의 보복을 대신해 줄 사형제가 없다면 피해자들이 또 다른 범죄를 일으킬 가능성이 크기 때문에 사형 제도는 계속 유지되어야 한다고 본다.

1) 글쓴이가 주장하는 바는 무엇입니까?

2) 주장을 뒷받침하는 근거는 무엇입니까?

찬성 또는 반대하는 글쓰기

- 찬성과 반대 의견이 존재하는 주제에 대해 자신의 입장을 표시한다.
- 논쟁이 되는 주제를 비판적이고 논리적으로 평가해야 한다.
- 자신의 의견을 명확하게 나타내야 하며, 의견을 뒷받침하는 근거를 분명히 제시해야 한다.
- 자신의 주장과 반대되는 의견에 대해 반박함으로써 자신의 주장을 더욱 강하게 굳힐 수 있다.

찬성 또는 반대하는 글의 구성

- 서론 : 현 상황 제시를 통한 문제 제기 (사전 조사 필요), 자신의 입장 제시
- 본론 : 주장 및 주장에 대한 근거 제시 (사전 조사 필요)
- 결론 : 종합 정리, 미래에 대한 전망

03 '낙태 합법화'라는 주제에 대한 자신의 생각을 메모하고 사전 조사를 한 후 주장하는 글을 써 봅시다.

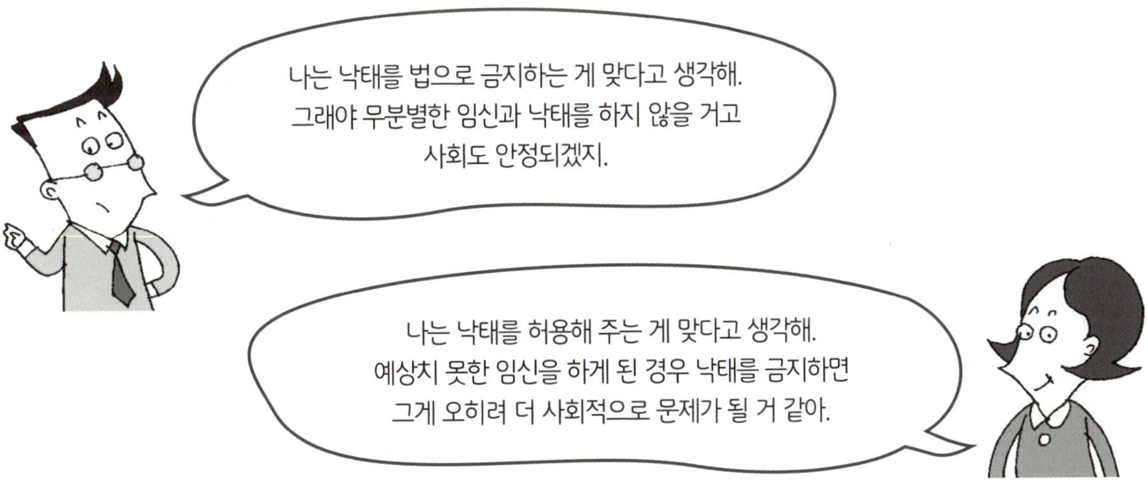

낙태 합법화란?

낙태를 불법이 아닌 합법으로 인정하자는 것이다. 즉, 낙태를 허용하자는 움직임이다.

1) '낙태 합법화'에 대해 조사해 봅시다.

알아보기

사전 조사

- 낙태 합법화란 : 낙태를 불법이 아닌 합법으로 인정하자는 것. 즉, 낙태를 허용하자는 움직임.
- 낙태가 합법인 국가 : 약 56개국
- 한국 : 예외적인 경우에만 낙태를 허용, 보통의 경우 낙태를 허용하지 않음.

낙태 합법화의 긍정적 측면	낙태 합법화의 부정적 측면
• 여성의 행복 추구권을 존중 • 불법 낙태 수술을 하지 않게 됨. → 여성의 건강을 지킬 수 있고, 관련 범죄 행위가 일어나지 않음.	• 태아의 생존권을 빼앗음 (살인 행위) • 무분별한 임신과 낙태를 할 가능성이 높음.

→ (뒷받침 근거) 관련 통계, 사례, 기사 등을 조사 · 수집

-
-

나의 입장 : (찬성) 낙태를 합법화해야 한다 / (반대) 합법화하면 안 된다

2) 조사한 내용을 아래 표에 간단히 정리한 후, 찬성 또는 반대의 글을 써 봅시다.

서론	• 낙태 합법화란 : • 현 상황 제시 : • 나의 입장 : (찬성) 낙태를 합법화해야 한다 / (반대) 합법화하면 안 된다
본론	• 나의 입장(찬성/반대)에 대한 근거 제시 1) 주제문 : 뒷받침 문장 : 2) 주제문 : 뒷받침 문장 :
결론	• 종합 정리 : • 미래에 대한 전망 :

낙태 합법화란 낙태를 불법이 아닌 합법으로 인정하는 것. 즉, 낙태를 허용하는 입장으로 현재 약 56개국의 나라가 ______________________ (으)며,

한국은 ______________________ 고 있다.

한국 사회의 ______________________ (으)ㄴ 현실을 고려해 볼 때,

낙태를 합법화해야 한다. / 낙태를 합법화해서는 안 된다.

______________________ 는 이유는 다음과 같다.

첫째, ______________________

____

______________________.

둘째, ______________________

____

______________________.

결론적으로 말하자면, ______________________

______________________.

03 아래 주제에 대해 찬성 또는 반대하는 입장에서 글을 써 봅시다.

1) 사형제 존폐　　2) 금연 구역 지정　　3) 동물 실험

제 7 과

발명과 과학

1. 발명 이야기

듣기 발명가와의 대담 듣기
어휘 발명 및 발견
문법 및 표현
- A/V-(으)나
- V-기란
- V-는 것도 모자라
- V-는 데(에) 힘을 쏟다
- V-아/어야겠다는 마음에(생각에)
- V-는 한이 있더라도
- A/V-(으)ㄴ/는 것이(게) 아닐까 하다

말하기 비교해서 말하기

2. 생활 속 과학

읽기 생활 속 과학 원리에 대한 글 읽기
어휘 과학 현상
문법 및 표현
- V-(으)ㄹ 무렵
- V-기 일쑤이다
- A/V-게끔
- V-기(가) 무섭게

쓰기 수필 쓰기

1 발명 이야기

01 다음은 에디슨의 3대 발명품입니다. 어디에 사용한 물건인지 이야기해 봅시다.

축음기	영사기	탄소 필라멘트 전구
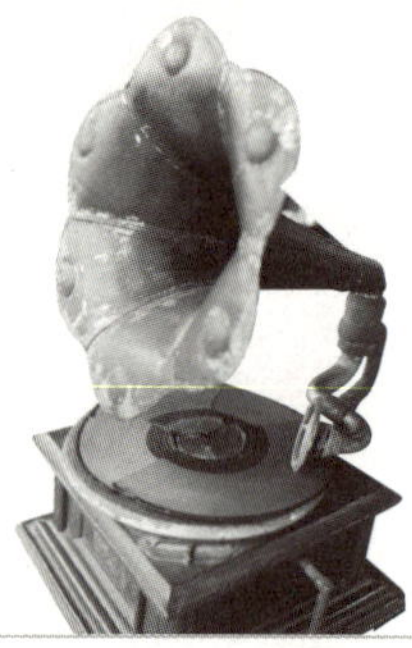		

02 다음은 여러 가지 발명품들입니다. 무엇에 사용하는 것인지 어떤 점이 편리한지에 대해 이야기해 봅시다.

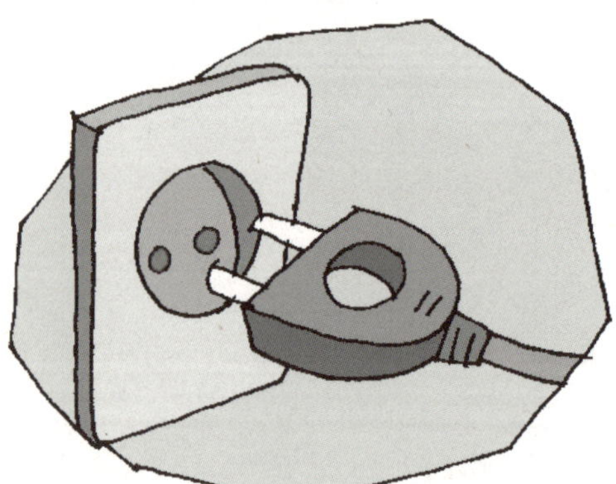

듣 기

Track 07

다음을 듣고 물음에 답하십시오.

01 발명에 대한 박사의 태도는 어떻습니까?

① 이기적이다
② 열정적이다
③ 객관적이다
④ 계산적이다

02 박사가 발명한 물건에는 어떠한 것이 있습니까?

03 박사가 위조지폐 만능 감식기를 만들게 된 계기는 무엇입니까?

04 박사는 발명가에게 가장 중요한 자질이 무엇이라고 했습니까?

05 다음 문장을 완성하십시오.

박사의 꿈은 ______________________________ 을/를 세상에 남기는 것이다.

여자 : 종이컵이나 연필, 자동판매기, 거울 등 우리가 늘 사용하는 이런 물건들은 누군가의 발명품입니다. 하지만 이미 만들어진 발명품을 사용하기는 쉬우나 그걸 만들어서 세상에 내 놓기란 여간 어려운 일이 아닐 텐데요. '한국의 에디슨' 신석균 박사님은 지난 60여 년간 수 천 건의 발명품을 세상에 내 놓으신 것도 모자라 고령의 연세에도 불구하고 지금까지 발명하는 데에 힘을 쏟고 계십니다. 오늘은 신석균 박사님을 모시고 발명에 관한 이야기를 들어 보도록 하겠습니다. 박사님, 안녕하세요? 먼저 그동안 만드신 발명품 중에서 대표적인 몇 가지를 좀 소개해 주시지요.

남자 : 제가 본격적으로 발명을 시작할 무렵, 우리나라의 도량형 '되', '말' 같은 것을 서양식 도량형으로 환산해 주는 표를 만들었고요. 그 후에 전화를 이용해 멀리 떨어져 있는 사람을 진료할 수 있는 청진기, 현재 쓰이는 우유 팩의 시초가 된 접는 종이컵, 전화 자동 응답기에 사용되었던 무한 자동 반복 테이프, 위조지폐 감식기 같은 것들이 있습니다.

여자 : 하나만 발명해도 대단하다고 할 것들인데 어떻게 이 많은 걸 발명하셨는지 정말 대단하시네요. 그 중에서 가장 애착이 가는 게 있다면 뭘까요?

남자 : 지난 1990년 제네바 국제 발명품 전시회에서 금상을 받은 위조지폐 만능 감식기입니다. 스위스에 갔을 때 은행 직원이 일일이 위조지폐 여부를 대조하고 나서야 돈을 주더군요. 그런데 그들이 바꿔 준 돈이 진짜가 맞는지 나도 알아야겠다는 생각에 그때부터 감식기에 매달리기 시작했습니다. 그래서 기존의 감식기를 모두 수집해서 뜯어보고 성능을 분석했죠. 그러면서 화폐도 모으기 시작해서 세계 60개국의 화폐를 수집했어요. 그러다보니 처음 위조지폐 감식기에 관심을 가진 지 11년 만에 만능 감식기가 탄생했어요.

여자 : 11년 간 한 가지에 매달리셨다는 말씀이시네요. 어떤 생각을 하시면서 발명에 임하시는지, 다시 말하면 특별히 중요하게 생각하는 발명가의 자질이 있다면 말씀 좀 해 주십시오.

남자 : 저는 밥을 굶는 한이 있더라도 발명을 하지 않고서는 하루도 살 수가 없습니다. 그리고 마음먹은 일이 있으면 도전해서 성취할 때까지 노력합니다. 그러니까 발명가에게 가장 필요한 건 바로 도전 정신 즉, 어떤 일이 있어도 포기하지 않는 것이 아닐까 합니다.

여자 : 네, 정말 마음에 와 닿는 말씀을 해 주셨습니다. 그럼 이런 질문 드리는 게 실례인 줄은 알지만 갑자기 궁금한 게 생겼습니다. 이렇게 많은 발명을 해 오셨는데 대가도 충분히 있었나요? 저 정도면 부자가 되고도 남으실 만한 위대한 발명인 것 같아서요.

남자 : 하하하. 저는 발명가이지 기업가는 아니지 않습니까? 그걸 가지고 사업을 했으면 돈은 좀 벌었겠지만 연구할 시간은 없었겠지요. 저는 일찌감치 돈 버는 것은 포기했습니다. 발명가라는 이름만으로 충분합니다.

여자 : 네, 끝으로 앞으로의 계획을 말씀해 주십시오.

남자 : 앞으로도 저는 지금까지 해 왔던 것처럼 발명을 게을리 하지 않을 것이고요. 바람이 있다면 한 100년 이상 사용될 만한 발명품을 세상에 남기는 것입니다.

발명품 본격적 무렵 도량형 되 말 환산하다 청진기 우유 팩
시초 응답기 무한 위조지폐 감식기 애착 제네바 금상 만능
대조하다 매달리다 뜯어보다 성능 임하다 자질 성취하다 실례이다
대가 발명가 기업가 일찌감치

더 생각해 봅시다

01 다음 글을 읽고 정리해 봅시다.

발명은 생활 속 불편함에서 시작된다고 할 수 있다. 불편함을 그냥 넘기지 않고, 그것을 없애려고 노력하다 보면 멋진 발명품을 만들어낼 수 있기 때문이다. 다음은 생활 속 불편함에서 아이디어를 얻어 만들어낸 기발한 발명품의 예이다.

지퍼 달린 운동화

한 주부는 운동화를 안쪽까지 깨끗하게 빨 수 없다는 것이 늘 불만이었다. 그래서 어떻게 하면 운동화 구석구석을 쉽게 빨 수 있을까 생각하다가 운동화 윗부분과 밑창 부분을 지퍼로 연결한 운동화를 발명하게 되었다. 평소에는 연결해서 신다가 세탁할 때에는 지퍼를 열고 운동화를 분리하면 된다. 여기서 더 나아가 운동화 윗부분을 원하는 색깔과 디자인으로 쉽게 바꿀 수도 있어서 한 켤레의 운동화로 다양한 분위기를 연출할 수도 있다.

불편함을 느낀 물건	
불편함을 느낀 이유	
새롭게 고안한 방법	
장점 및 특징	

02 다음을 읽고 생각해 봅시다.

기발한 아이디어를 내는 방법

1. 더해 보자!	지우개 달린 연필, 시계 겸용 라디오 등 – 물건과 물건을 더해 보는 아주 간단한 방법이다. 얼마든지 더해 보자.
2. 빼 보자!	설탕을 뺀 무가당 주스, 선을 없앤 무선 다리미 등 – 모양이 안 좋아지거나 성능이 떨어지지 않고 편리하다면 빼 보자.
3. 빌려 보자!	미끄러지지 않는 아기 양말을 응용하여 만든 지압 양말 등 – 남의 아이디어를 빌리는 것도 훌륭한 발명이다.
4. 크기를 바꿔 보자!	반지 시계, 접는 우산, 노트북, 초대형 텔레비전 등 – 작은 것을 더 작게, 큰 것을 더 크게 하다 보면 뜻밖의 물건이 나온다.
5. 모양을 바꿔 보자!	속이 다 보이는 투명 전화기, 숟가락이 달린 빨대 등 – 모양을 바꾸는 것도 충분히 발명이 될 수 있다.
6. 용도를 바꿔 보자!	천막 천을 이용해 만든 청바지, 주전자를 이용해 만든 물뿌리개 등 – 기존의 물건을 다른 용도로 더 편리하게 사용할 수 있는지 생각해 보는 것도 훌륭한 발명 아이디어이다.
7. 재료를 바꿔 보자!	종이컵, 나무젓가락, 플라스틱 그릇 등 – 재료를 바꿔 더 편리하고 유용한 것을 만들어 보자.
8. 반대로 해 보자!	양말에 착안하여 만든 벙어리장갑, 장갑에 착안하여 만든 다섯 발가락 양말 등 – 모양, 크기, 방향 등 모든 것을 반대로 생각해 보는 것도 좋다.
9. 폐품을 활용해 보자!	사용한 식용유로 만든 친환경 세제 등 – 폐품은 형태와 기능을 유지하고 있어 조금만 개선시키면 훌륭한 발명품이 될 수 있다.
10. 불가능한 발명은 피하라!	– 발명은 꿈이 아니다. 쇠로 금을 만들겠다던가 설탕으로 다이아몬드를 만들겠다는 황당한 생각은 피하는 것이 좋다. 발명의 목적은 사람들이 편리하게 사용할 수 있도록 하는 데에 있으므로 생산이 가능하고 활용도가 높은 것을 찾아보자. 가장 실용적인 것이 가장 훌륭한 발명품이다.

1) 위에서 제시한 열 가지 방법 중에서 몇 가지를 선택하여 여러분만의 아이디어 상품을 만들어 봅시다.

사용 중 불편함을 느끼는 물건	
불편한 점	
열 가지 방법 중 사용하고자 하는 방법	
구체적인 내용	

2) 다른 사람들의 아이디어를 듣고 다음 항목을 평가해 봅시다.

① 창의적인 생각인가?

② 실용적인가?

③ 생산이 가능한가?

메 모

어 휘

◎ 발명 및 발견과 관련된 어휘에 대해 알아봅시다.

- 시행착오
  여러 차례의 시행착오를 거친 끝에 드디어 에너지 효율이 높은 신제품을 개발했다.
- 획기적
  안전벨트는 운전자의 안전성을 높여 준 획기적인 발명품이다.
- 전무후무하다
  인류 역사상 지구 온난화처럼 모든 인간과 생물에게 큰 영향을 미친 사건은 전무후무할 것이다.
- 위대하다
  세상에서 가장 위대한 사랑은 바로 자식을 위해 희생하는 부모님의 사랑일 것이다.
- 몰두하다
  그는 가족을 돌볼 생각은 하지 않고 그저 책 읽기에만 몰두했다.
- 착안하다
  눈의 구조에 착안하여 만든 발명품이 바로 사진기이다.
- 고안하다
  장시간 앉아서 근무해야 하는 직장인들을 위해 허리에 무리가 가지 않고 편안한 의자를 고안했다.

1) ________________ 을/를 반복하면서도 실패를 두려워하지 않으면 언젠가 성공의 길이 보일 것이다.

2) 몇 해 전 한반도를 강타한 태풍은 ________________ 파괴력으로 도시 전체를 쑥대밭으로 만들었다.

3) 학문적 업적에서 본다면 20세기의 가장 ________________ 과학자는 아인슈타인이라고 할 수 있을 것이다.

4) 캔 맥주의 뚜껑 전체가 활짝 열리는 ________________ 아이디어에 네티즌들의 관심이 집중되고 있다.

5) 세계 1차 대전 당시 간호사였던 그는 환자와 병사들을 위해 손쉽게 따라 할 수 있는 운동 방법들을 ________________.

6) 그는 최근 인터넷 가입자가 급증하고 있음에 ________________ 인터넷 공간에서 돈을 벌 수 있는 방법을 궁리했다.

7) 한동안 방송에 모습을 보이지 않던 가수 이정미는 방송 활동을 일체 중단하고 새로운 곡 작업에만 ________________ 고 한다.

문법

01 A/V-(으)나

- 물가는 해마다 인상되고 있으나 회사원들의 월급은 몇 년째 그대로이다.
- 사소한 오해로 소원해진 친구와 오해를 풀고 다시 가까워지려고 노력했으나 친구가 마음을 열어 주지 않았다.

◎ 다음 문장을 완성하십시오.

1) 노사 간에 임금 인상을 놓고 오랜 시간 ______________ 아무 결론도 얻지 못하고 서로의 입장 차이만 확인했을 뿐이다.

2) 얼마 전에 구입한 청소기에 하자가 있어 두 번이나 ______________ 또 고장이 나서 결국 환불하기로 했다.

3) 연장전까지 가는 치열한 경기를 했으나 결국 ______________________.

문법 설명

앞 문장의 내용과 뒤 문장의 내용이 서로 상반됨을 나타낸다.

02 V-기란

- 남의 잘못을 용서하기란 그리 쉬운 일이 아니다.
- 많은 이들이 지켜보는 가운데 자신의 주장을 펼치기란 여간 긴장되는 일이 아니다.

◎ 다음 대화를 완성하십시오.

1) 가 : 상우 씨가 몇 년 동안 이 악물고 열심히 공부하더니 드디어 원하던 판사가 되었대요.
   나 : 저도 들었어요. ______________________ 쉽지 않은 일일 텐데 정말 대단해요.

2) 가 : 공모전에 내려고 몇 달을 밤낮없이 준비했는데 떨어졌어요.
   나 : 그 공모전은 실력이 쟁쟁한 사람들이 응모한대요. 그 공모전에 단번에 ______________.
   준비를 좀 더 철저히 해서 다음에 응모해 보세요.

3) 가 : 정말 속상해요. 발표 준비를 많이 했는데도 너무 떨려서 실수를 여러 번 했거든요.
   나 : ______________________ 쉬운 일이 아니죠. 그래도 그 정도면 잘한 거예요.

문법 설명

앞 문장의 행동을 화제로 삼아 말할 때 사용하는 표현이다. '-는 것은'과 바꿔 쓸 수 있다.

03 V-는 것도 모자라

- 갑자기 큰돈이 필요해서 적금을 해약하는 것도 모자라 집까지 팔아야 할 지경이다.
- 내 친구 커플은 매일 만나는 것도 모자라 수시로 문자를 주고받고 집에 가서는 잠이 들 때까지 통화를 한다고 한다.

◎ 다음 대화를 완성하십시오.

1) 가 : 집이 조용하네. 남편이랑 애들은 어디 갔어?
   나 : 삼부자가 야구를 하도 좋아해서 집에서 ______________________.

2) 가 : 상우가 요즘 식욕이 별로 없나 봐. 그렇게 잘 먹던 애가……. 어디 아픈가?
   나 : 말도 마. 근육 있는 몸매를 만들겠다며 매일 ______________________.

3) 가 : 소영씨는 수업만 끝나면 어디를 그렇게 가는 거예요?
   나 : 아직 몰라요? 주말에만 아르바이트를 하는 것도 모자라 이젠 ______________________.

문법 설명

앞 문장의 행동만으로는 부족해서 뒤 문장의 행동도 하게 될 때 사용한다.

04 V-는 데(에) 힘을 쏟다

- 정부와 국민들이 태풍 피해 지역을 복구하는 데에 힘을 쏟고 있다.
- 이번에 출시되는 카메라는 디자인보다 성능을 향상시키는 데 힘을 쏟았다.

◎ 다음 대화를 완성하십시오.

1) 가 : 이강희 선수, 내일 있을 경기가 선수 생활 마지막 경기가 될 텐데요. 각오 한 마디 부탁드립니다.
   나 : 네, 이번 경기가 제 마지막 경기이니만큼 ______________________.

2) 가 : 귀농에 성공하셔서 억대 부농이 되셨는데 비결이 무엇입니까?
   나 : 뭐, 비결이라기보다는 ______________________ 덕분이라고 생각합니다.

3) 가 : 소영씨, 요즘 회사 사정이 좀 나아졌어요? 얼마 전까지만 해도 월급을 제때 못 받는다고 했잖아요.
   나 : 걱정해줘서 고마워요. 전 직원이 회사를 ______________________ 곧 나아질 거예요.

문법 설명

'가지고 있는 능력을 다해 노력한다'는 뜻이다.

05 V-아/어야겠다는 마음에[생각에]

- 더위를 이기고 무사히 여름을 나야겠다는 마음에 장어나 삼계탕을 자주 먹고 있다.
- 버스에서 내 앞에 서 있는 사람의 가방이 무거워 보여 들어 줘야겠다는 생각에 가방을 달라고 했더니 그 사람이 나를 이상한 사람 보듯 하며 괜찮다고 했다.

◎ 다음 대화를 완성하십시오.

1) 가 : 어, 그 많던 일을 하룻밤 사이에 다했어요?
   나 : 네, 빨리 ______________________ 잠 한 숨 안 자고 다 했어요.

2) 가 : 조금이라도 더 ______________________ 집값을 안 내렸더니 집이 좀처럼 안 팔려요. 곧 이사도 가야 하는데.
   나 : 요즘 경기도 안 좋은데 그 비싼 가격에 집이 팔리겠어요? 집값을 내리는 게 어때요?

3) 가 : 수업 시간에 보니까 계속 졸던데, 무슨 일 있어요?
   나 : 학교를 졸업하기 전에 ______________ 잠도 제대로 못자고 열심히 취직 준비를 하고 있어요.

문법 설명

'어떤 행동을 할 의도로'의 의미이다. '-(으)려는 마음에'와 바꿔쓸 수 있다.

06 V-는 한이 있더라도

- 회사에 사표를 제출하는 한이 있더라도 이 일만큼은 절대로 포기 할 수가 없다.
- 다른 예산을 줄이는 한이 있더라도 무상급식 관련 예산을 삭감해서는 안 된다.

◎ 다음 대화를 완성하십시오.

1) 가 : 민우 씨, 어머니께서 ______________ 등록금을 마련할 테니 걱정하지 말라고 하셨다면서요?
   나 : 네, 의대에만 들어가면 다 괜찮을 줄 알았는데 어머니께 큰 부담을 드린 것 같아 정말 죄송해요.

2) 가 : 농약을 좀 사용하는 게 어때요? 이러다가 농사를 다 망치겠어요.
   나 : 아니요, ______________________________________.
   사람들이 안심하고 먹을 수 있는 먹거리를 제공하는 게 바로 제가 농사를 시작한 이유거든요.

3) 가 : 또 시험에 떨어져서 실망이 크죠? 이제 그만 포기하고 싶지 않아요?
   나 : 포기라니요. 열 번 ______________________ 합격할 때까지 계속 도전할거예요.

문법 설명

어떤 일을 위해 희생하거나 견디고 해야 하는 극단적인 상황을 나타낸다.

07 A/V-(으)ㄴ/는 것이[게] 아닐까 하다

• 아무리 아이의 장래를 위해서라고는 하지만 어린 아이에게 많은 교육을 시키는 것은 다소 무리가 있는 게 아닐까 한다.

• 사람들이 많이 모이는 바다나 산으로 피서를 가기 보다는 집에서 시원한 수박을 먹으며 느긋하게 피서를 즐기는 것이 최고가 아닐까 한다.

◎ 다음 대화를 완성하십시오.

1) 가 : 어떻게 하면 옷을 예쁘게 잘 입을 수 있을까? 나는 옷을 고르는 일이 너무 어려워.

나 : 무조건 유행을 좇기 보다는 ______________________________.

2) 진정한 행복이란 ______________________________.

3) 가 : 요즘 회사 생활에 회의가 들어. 적성에 맞지 않더라도 월급을 많이 주는 곳으로 가는 게 맞지 않을까 싶어서 말이야.

나 : 월급도 중요하지만 내 생각에 더 중요한 것은 ______________________________.

문법 설명

자신의 생각이나 의사를 조심스럽게 나타내는 표현이다.

말하기

01 다음을 보고 말해 봅시다.

장마철에는 날씨도 덥고 습도도 높다. 이 기간에는 빨래도 잘 마르지 않을뿐더러 빨래에서 냄새도 심하게 나며 높은 불쾌지수로 인해 사람들은 잘 참지 못하고 사소한 일에도 쉽게 화를 내게 된다. 또한 세균과 곰팡이의 번식이 쉬우므로 주의해야 한다. 이 때문에 집안의 습기를 잡아 주는 제습기가 각 가정의 필수품이 되었다. 그렇지만 만만치 않은 가격 때문에 소비자들이 선뜻 지갑을 열기가 어렵다. 비싼 만큼 제 기능을 충실히 해내는지도 의문이다. 이에 한 TV 프로그램에서 에어컨도 충분히 제습 기능을 하므로 에어컨이 있는 가정에서는 굳이 제습기를 사지 않아도 된다며 에어컨과 제습기의 기능을 실험을 통해 보여 주었다. 다음 표는 에어컨과 제습기의 특징과 실험 결과이다.

	에어컨	제습기
주된 기능	냉방	습기 제거
특징	• 실내를 시원하고 쾌적하게 한다.	• 빨래를 잘 마르게 한다. • 이동이 편해 원하는 장소에서 사용할 수 있다. • 낮은 소비 전력으로 전기 요금 걱정이 없다.
단점	• 고정형이라서 이동이 불가능하다. • 소비 전력이 높아 전기 요금이 많이 나온다.	• 소음이 심하다. • 사용 시 주위 온도가 올라간다.
실험 결과	한 시간 동안 실험을 한 결과 에어컨과 제습기의 제습 효율은 동일한 것으로 나타났다. 에어컨이 소비 전력이 높은 만큼 동일 시간에 냉방을 하면서도 제습기와 비슷한 정도의 습기를 제거할 수 있다. 그러므로 짧은 시간 동안 제습을 해야 될 필요가 있다면 에어컨이 상대적으로 효율적이다.	

실험 결과만 본다면 제습기는 굳이 사지 않아도 될 물건이다. 그러나 간과하지 말아야 할 것은 단 시간 사용할 경우에 한해서라는 것이다. 만약 한 장소만이 아니라 집 안의 모든 곳을 제습할 필요가 있다면 에어컨은 전기 요금도 많이 나오고 이동도 불가능해 오히려 불편하다.

1) 두 제품의 공통점은 무엇입니까? 다음 표현을 이용해 말해 봅시다.

비교하기 Ⅰ

- 와/과 마찬가지로
- -(으)ㄴ/는 것과 마찬가지로
- -다는 면/점에서 공통점을 갖다

• ______________________________

2) 두 제품의 차이점은 무엇입니까? 다음 표현을 이용해서 말해 봅시다.

비교하기 Ⅱ

- 와/과 달리
- -(으)ㄴ/는 것과 달리
- -다는 면/점에서 차이를 보이다

• ______________________________

• ______________________________

3) 두 제품의 소비 전력에 대해 다음 표현을 이용해 말해 봅시다.

비교하기 Ⅲ

- 에 비해서
- -(으)ㄴ/는 것에 비해서
- 에 비해서 -(으)ㄴ/는 편이다

• ______________________________

4) 한국에서 생활하면서 제습기의 필요성을 느낀 적이 있습니까?

5) 현재 여러분의 상황을 고려해 보고 에어컨만 있어도 되는지 따로 제습기가 필요한지에 대해 말해 봅시다.

02 여러분이 두 제품을 정해서 특징 및 장단점을 살펴본 후 위의 표현들을 이용해서 말해 봅시다.

제품명		
특징	• • •	• • •
장단점	• • •	• • •

03 다음을 보고 말해 봅시다.

과학의 눈부신 발전에 힘입어 공상 과학 영화나 만화 영화 속에서만 볼 수 있었던 로봇이 이제는 더 이상 상상 속의 존재가 아니다. 장난감 로봇, 산업용 로봇, 농업용 로봇, 의료용 로봇에 이어 지금은 인간처럼 행동하는 지능형 로봇까지 로봇은 이미 인간 생활에 친숙한 존재가 되어 가고 있다.

그동안 우리가 공상 과학 영화에서 접할 수 있었던 로봇의 이미지나 일반적으로 사람들이 갖고 있는 로봇의 이미지는 철로 이루어진 겉모습과 기계적인 태도, 감정이 없는 모습일 것이다. 두 발로 서 있는 겉모습은 비록 인간을 흉내내고 있긴 하지만 한눈에 봐도 로봇임을 알 수가 있다. 그런데 발전을 거듭해 온 결과 현재는 인간과 유사한 모습을 지닌 휴머노이드(humanoid)라는 로봇이 등장하기에 이르렀다. 휴머노이드는 사람만큼 자연스러운 몸동작이 가능한 것은 물론이고 웃고 울고 찡그리는 표정을 지을 수도 있으며 인간과 간단한 감정도 교류할 수 있다. 앞으로 과학 기술이 더 발전한다면 어쩌면 인간의 복잡하고 추상적인 감정도 가질 수 있는 휴머노이드가 탄생할지도 모른다.

그런데 갑자기 여기서 한 가지 의문이 생긴다. 로봇이 인간에 가까워지면 가까워질수록 인간은 과연 그만큼 더 행복해 질 것인가의 문제이다.

1) 인간과 로봇의 공통점과 차이점에 대해 생각해 봅시다.

	인간	로봇
공통점		
차이점		

인간과 로봇은 ______________________________

____

____

2) 로봇이 점점 더 발전하게 된다면 인간 생활에 어떤 영향을 미치게 되는지 이야기해 봅시다.

긍정적 영향	
부정적 영향	

2 생활 속 과학

01 다음은 주변에서 쉽게 볼 수 있는 것들입니다. 그림을 보고 다음 질문에 대답해 봅시다.

1) 시곗바늘은 왜 오른쪽으로 돌까요?

2) 축구공의 표면은 왜 매끄럽지 않고 굴곡이 있을까요?

3) 우유는 왜 캔이 아닌 종이나 플라스틱에 담겨 있을까요?

4) 풍선은 왜 공중에 뜰까요?

02 그림을 보고 이야기해 봅시다.

〈김장독〉

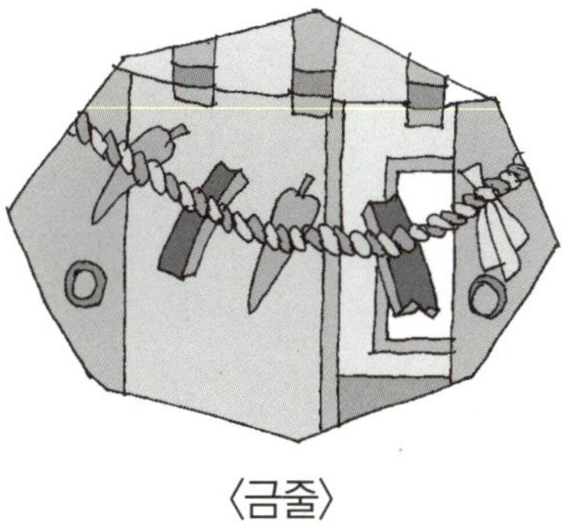
〈금줄〉

〈온돌방〉

1) 위에 제시된 것들의 용도는 무엇일까요?

2) 왜 이런 방법으로 사용했을지 생각해 봅시다.

읽기

다음은 생활 속에서 쉽게 찾아볼 수 있는 과학 원리에 대해 설명한 글입니다. 잘 읽고 질문에 답하십시오.

우리 생활 속에는 우리도 잘 모르는 과학의 원리가 숨어 있다. 이러한 생활 속 과학은 이미 오래 전 삶의 방식에서부터 유래된 경우가 많다. 온돌방에 앉아 가마솥으로 지은 밥을 먹고 김칫독을 땅에 묻었으며, 아이를 낳으면 금줄을 쳤던 한국의 풍습. 그 속에 담긴 삶의 지혜를 알아보자.

겨울이 시작될 무렵 선조들은 김장 김치를 옹기에 담아 땅에 묻었다. 김치는 시간이 지나면 발효 과정을 거치면서 성분의 변화가 일어나 맛이 변하기 일쑤이다. 그러므로 가능한 한 오래 저장하면서 신선한 맛을 유지하려면 영상 5도에서 10도 사이에서 보관하는 것이 중요한데 선조들은 그 방법을 알고 있었다. 여름에는 김칫독을 우물이나 냇물에 담가두어 시원하게 하였고 겨울에는 땅에 묻어 김치가 얼지 않게끔 한 것이다. 이러한 저장 방식을 적용하여 일 년 내내 김치 맛을 일정하게 유지시킨 것이 바로 김치 냉장고이다.

전통 사회에서는 아기를 낳기가 무섭게 대문에 금줄을 쳤다. 금줄은 아기가 태어난 것을 알리고 외부 사람이나 나쁜 귀신이 들어오지 못하도록 하기 위한 금기였다. 아들이 태어나면 새끼줄에 고추, 숯 등을 달고 딸이 태어나면 숯, 솔가지, 흰 종이 등을 달아두어 아기의 성별을 알렸다. 숯은 나쁜 기운을 흡수하고 흰 종이는 부자가 되기를 바라는 마음이 담겨 있으며, 빨간 고추는 귀신을 쫓는다고 생각하였다. 솔가지를 끼우는 것은 아기가 커서 바느질을 잘하라는 의미이다. 금줄을 치는 기간이 삼칠일, 즉 21일인 것은 아기와 산모의 면역력이 어느 정도 회복될 수 있는 기간이라고 생각했기 때문이다. 지금도 아기를 낳은 산모들은 산후조리원에서 삼칠일 동안 산후 조리를 한다. 그리고 숯은 공기 정화, 해독 작용, 탈취 효과 등의 효능이 입증되어 가습기나 탈취제, 전자파 차단제 등 다양한 용도로 사용된다.

온돌도 과학의 원리를 이용한 대표적인 것이다. '따끈한 아랫목에 지져야 몸이 개운하다'는 말이 있을 정도로 한국인들은 온돌을 사랑한다. 온돌은 아궁이에 불을 때면 그 열기가 바닥에 깔린 구들을 지나면서 방 전체가 따뜻해지는 한국 고유의 난방법이다. 온돌을 만들 때 보통 아랫목에는 두꺼운 돌을 놓고 윗목에는 그보다 얇은 돌을 놓는데 이것은 아랫목에 열기를 많이 저장할 수 있도록 하고 열이 덜 가는 윗목은 빨리 달구려는 목적이 있다. 온돌의 과학적 원리는 고층 아파트, 침대 문화가 자리 잡은 오늘날까지도 보일러식 난방, 돌침대, 돌소파, 온돌 매트, 찜질방의 형태로 이어져 오고 있다.

이렇듯 우리가 습관적으로 하는 행동이나 무심코 사용하는 물건들 속에도 과학의 원리가 숨어 있다는 것을 알 수 있다. 누구에 의해 언제부터 시작되었는지는 모르지만 아주 과학적인 선조들의 삶의 방식, 그것이 오늘날의 편리한 생활을 가능하게 했을 것이다. 그렇다면 어디에 어떤 원리가 숨어있는지 지금부터라도 주변에 관심을 가지고 살펴보는 것은 어떨까.

원리	온돌방	가마솥	김칫독	금줄	치다	지혜	옹기	발효	성분
저장하다	영상	선조	우물	냇물	적용하다	대문	귀신	금기	새끼줄
숯	달다	솔가지	성별	기운	흡수하다	쫓다	끼우다	바느질	
면역력	산후조리원	정화	해독 작용	탈취	효능	입증되다	가습기	전자파	
차단제	따끈하다	아랫목	지지다	아궁이	깔리다	윗목	달구다		

01 각 단락의 중심 내용을 요약해 봅시다.

1단락	우리 생활 속에는 과학의 원리가 숨어 있다.
2단락	
3단락	
4단락	
5단락	생활 속에 숨어있는 과학 원리를 찾아보자.

02 글의 내용과 같은 것을 모두 고르십시오.

① 현재 아파트와 침대 문화로 인해 온돌은 거의 사라졌다.

② 김치를 옹기에 담아 땅에 묻는 이유는 시원하게 먹기 위해서이다.

③ 한국 전통 사회에서 아기를 낳으면 21일 동안 대문에 금줄을 걸어 두었다.

④ 나쁜 기운을 흡수하는 숯의 효능이 입증되어 오늘날까지 다양하게 활용되고 있다.

03 다음 중 과학 원리를 이용한 것이 아닌 것을 고르십시오.

① 밥맛을 좋게 하려고 가마솥에 밥을 지었다.

② 냉장고 안의 음식 냄새를 없애려고 숯을 넣어 두었다.

③ 김치가 신맛으로 변하는 것을 막기 위해 냇물에 담가두었다.

④ 아이가 부자가 되기를 바라는 마음으로 금줄에 흰 종이를 걸었다.

04 가마솥으로 밥을 지으면 밥맛이 좋은 것은 어떤 과학 원리일지 생각해 봅시다.

더 생각해 봅시다

01 다음은 과학적 원리를 포함하고 있는 속설과 속담입니다. 읽고 질문에 대답해 봅시다.

(가) 거미가 줄을 치면 날씨가 좋다.

(나) 웃음이 명약이다.

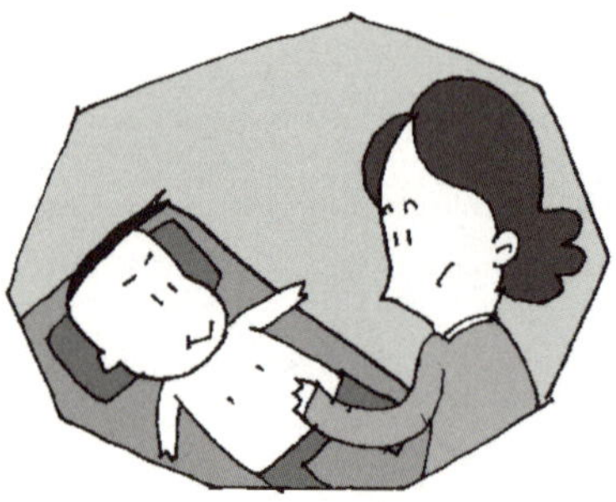

(다) 엄마 손이 약손이다.

(라) 돼지고기와 새우를 같이 먹으면 몸에 좋지만
오이와 무는 같이 먹으면 몸에 좋지 않다.

1) 위 표현의 과학적 근거를 생각해 봅시다.

	표현	과학적 근거
(가)	거미가 줄을 치면 날씨가 좋다.	
(나)	웃음이 명약이다.	
(다)	엄마 손이 약손이다.	
(라)	돼지고기와 새우를 같이 먹으면 몸에 좋지만 오이와 무는 같이 먹으면 몸에 좋지 않다.	

2) '거미가 줄을 치면 날씨가 좋다'의 경우처럼 날씨를 예상하는 여러분 나라의 속설 또는 속담을 반 친구들에게 소개해 봅시다. 그리고 친구들 나라의 표현도 잘 듣고 써 봅시다.

나라	속설 또는 속담	과학적 근거
한국	비 올 무렵엔 신경통이 심해진다.	비가 온다는 것은 공기의 상태가 저기압임을 뜻한다. 기압의 변화는 몸이 먼저 느끼게 되므로 비가 오기 전 할머니들이 팔다리가 쑤신다고 하는 것이다.

3) 음식 궁합이 맞는 음식과 안 맞는 음식을 더 찾아봅시다.

궁합이 맞는 음식	궁합이 안 맞는 음식
감자와 치즈	토마토와 설탕

02 여러분 나라의 물건이나 풍습 중에서 과학적 원리를 가진 것이 있는지 찾아봅시다.

어 휘

◎ 과학 현상과 관련된 어휘에 대해 알아봅시다.

- **현상**

  발효란 미생물이 어떤 유기물에 작용하여 인간에게 이로운 물질이 만들어지는 현상이다.

- **원리**

  에디슨은 전기의 원리를 발견하여 실생활에 이용했다.

- **대류**

  대류란 열을 전달하는 과정의 하나로 기체나 액체가 열 때문에 위치가 위아래로 바뀌면서 움직이는 현상을 말한다.

- **유전**

  대머리를 생기게 하는 비(B) 유전자는 남성에게는 우성이 되고 여성에게는 열성이 된다. 그러므로 대머리는 남자에게만 유전되는 것이다.

- **압력**

  가마솥에 지은 밥이 맛있는 이유는 솥뚜껑이 솥 안의 수증기가 밖으로 빠져나가는 것을 막아 내부의 압력을 높이기 때문이다.

- **중력**

  달은 초진공이며 중력은 지구의 6분의 1이다.

1) 이 병은 ________________ 되므로 부모가 환자인 경우 자녀는 이 병에 걸릴 확률이 높다.

2) 최근 이상 고온 ________________ 이/가 계속되면서 동해의 바닷물 온도가 평년에 비해 상승했다는 보도가 나왔다.

3) 물건이 위에서 아래로 떨어지는 것은 ________________ 이/가 작용하기 때문이다.

4) 장작, 석유, 석탄, 가스 등의 연료를 태워 열을 내면 공기의 ________________ 현상에 의하여 실내가 따뜻해진다.

5) 공기 청정기는 실내의 공기를 흡입해서 필터를 통해 먼지를 걸러내는 ________________ 을/를 이용한 것이다.

6) 가마솥으로 밥을 짓는 원리를 이용해 만든 것이 바로 ________________ 밥솥이다.

문법

01 V-(으)ㄹ 무렵

- 한국에는 비 올 무렵엔 신경통이 심해진다는 속설이 있다.
- 내가 대학을 졸업할 무렵에 아버지께서 암으로 돌아가셨다.
- 이곳은 해가 질 무렵에 석양이 비치는 바다가 참으로 아름다운 것 같아요.

◎ 다음 문장을 완성하십시오.

1) 가 : 조 선생님은 첫사랑이 언제였어요?
   나 : 아마 대학교에 입학할 무렵이었을 거예요.

2) 가 : 언제 처음 한국어를 배우기 시작했어요?
   나 : ____________________.

3) 가 : 언제쯤 전화하면 김 과장님과 통화할 수 있을까요?
   나 : ____________________.

4) 가 : 제주도는 언제쯤 가면 가장 좋을까요?
   나 : ____________________.

문법 설명

일부 명사나 관형사, 어미 '-은', '-는', '-을', '-던' 뒤에 쓰여서 대략 어떤 시기와 일치하는 즈음을 뜻한다.

02 V-기 일쑤이다

- 도현 씨는 요즘 회사일이 많아서 끼니를 거르기 일쑤이다.
- 요즘 건망증이 심해져서 메모를 해 두지 않으면 깜빡하기 일쑤이다.
- 가 : 엘레나 씨가 이번 직장은 오래 다니네요?
  나 : 조금만 힘들면 그만두기 일쑤였는데 이번 직장에서 하는 일은 적성에 맞나 봐요.

◎ 같은 의미를 가진 문장으로 바꾸십시오.

1) 바쁜 아침 시간에는 밥을 안 먹거나 간단하게 때우는 경우가 많다.

→ 바쁜 아침 시간에는 밥을 안 먹거나 간단하게 때우기 일쑤이다.

2) 내가 초등학교 다닐 때는 지각해서 선생님께 혼나는 일이 자주 있었다.

→ ______________________________.

3) 외국어는 반복해서 외우지 않으면 금방 잊어버리게 마련이다.

→ ______________________________.

4) 다섯 살짜리 조카는 아직 젓가락질이 서툴러서 밥 먹을 때마다 흘린다.

→ ______________________________.

문법 설명

'자신의 의지와 관계없는 일이 자주 일어난다'는 뜻이다. 주로 부정적인 의미의 동사와 어울린다.

메 모

03 A/V-게끔

- 비행기 출발 시간에 늦지 않게끔 서둘러라.
- 사람들은 각자 자기 분수에 맞게끔 생활해야 한다.
- 요즘 마트에 가면 채소를 씻지 않고 바로 먹을 수 있게끔 깨끗하게 포장되어서 나온다.

◎ 다음 표를 채운 후 문장을 완성하십시오.

	문제	목적	행동
1)	눈이 나빠서 칠판 글씨가 잘 보이지 않다	잘 보이다	안경을 쓰다
2)	친구들이 내가 하는 말을 믿지 않다	믿음을 주다	평소에 거짓말을 하지 않다
3)	학생들이 수업 시간에 지루해하다	흥미를 가지다	선생님이 재미있는 수업 방법을 연구하다
4)	한국어 작문 실력이 늘지 않다	한국어 작문 실력이 좋아지다	
5)			

1) 가 : 눈이 나빠서 칠판 글씨가 잘 안 보여요.
   나 : 칠판 글씨가 잘 보이게끔 안경을 쓰세요.

2) 가 : 친구들이 내가 하는 말을 믿지 않아서 고민이에요. 어떻게 하면 좋을까요?
   나 : ______________________________.

3) 가 : 학생들이 수업 시간에 지루해해요. 좋은 방법이 없을까요?
   나 : ______________________________.

4) 가 : 한국어 작문 실력이 늘지 않아서 고민이에요.
   나 : ______________________________.

5) 가 : ______________________________.

나 : ______________________________.

문법 설명

앞의 내용이 뒤 문장의 목적, 결과, 정도, 방식을 나타내는 표현으로 '-게'의 강조형이다. '-도록', '-(으)ㄹ 수 있도록'의 뜻이다.

04 V-기(가) 무섭게

- 신호가 바뀌기가 무섭게 차들이 속력을 내기 시작했다.
- 한국의 아줌마들은 지하철에 자리가 생기기 무섭게 냉큼 달려가서 앉아요.
- 싸이의 새 앨범이 나오기가 무섭게 날개 돋친 듯 팔리고 있대. 나도 하나 사 볼까?

◎ 다음 질문에 대답해 봅시다.

1) 여러분은 수업이 끝나기가 무섭게 무엇을 합니까?

2) 여러분은 시험이 끝나기가 무섭게 무엇을 합니까?

3) 여러분은 방학이 되기가 무섭게 무엇을 합니까?

4) 여러분은 부모님께 용돈을 받기가 무섭게 그 돈으로 무엇을 합니까?

5) 여러분은 아침에 일어나기가 무섭게 하는 일이 있습니까?

문법 설명

'어떤 일이 끝나고 나서 곧바로 다음 일이 일어난다'는 뜻이다. '-자마자' 보다 과장해서 말할 때 사용한다.

쓰기

01 다음 글을 읽고 질문에 대답해 봅시다.

간만에 느껴보는 새벽 공기는 찼지만 그래도 기분은 최고였다. 이게 얼마만의 여행이란 말인가! 공부에 치여서 일에 치여서 선뜻 나서지 못했는데, 오늘만은 그러한 것들을 잠시 내려두기로 한 것이다. 나를 돌아보는 시간, 그 첫 번째 목적지는 경주였다. 역사가 도시 곳곳에 살아 숨쉬는 곳, 산 자와 죽은 자가 공존하는 이 멋진 도시를 찾아 나는 버스에 몸을 실었다. 버스 차창 밖으로 보이는 가을 풍경들도 나의 들뜬 심정을 더욱 돋우었다. 그렇게 한 시간 남짓을 달려 경주에 도착했다.

1) 이 글을 쓴 목적은 무엇이라고 생각합니까?

2) 이러한 글의 특징은 무엇이라고 생각합니까?

수필 쓰기

수필의 특징

- 수필은 일상에서 경험한 것을 자유롭게 쓴 글이다.
- 형식이 자유롭다.
- 전문가가 아니어도 쓸 수 있다.
- 생활과 관련된 모든 것이 소재가 될 수 있다.

구성

- 처음 : 경험 소개하기
- 가운데 : 경험에 대해 자세하게 이야기하기
그 경험에 대한 자신의 생각을 이야기하기
- 끝 : 경험을 통해 깨달은 점을 이야기하기

유의할 점

- 처음 시작할 때는 독자의 관심을 끌 수 있도록 하는 것이 좋다.
- 각 문단에서는 말하고자 하는 내용이 잘 드러나도록 쓴다.
- 글의 마지막 부분은 의미 있는 내용으로 마무리하는 것이 좋다.

02 글쓰기

1) 보기 와 같이 자신이 쓰고 싶은 경험의 내용을 간단하게 적어 봅시다.

보기	제목 : 다 같이 한국 노래를 부릅시다
처음	한국어학당에서 개최하는 한국어 노래 부르기 대회에 참가했던 일
가운데	처음에는 부끄러워서 참가하지 않으려고 함. 우리 반 학생들이 모두 다 같이 참여해야 한다고 해서 매일 오후에 연습함. 대회에서 1등 상을 받게 되어 그 돈으로 수박 파티를 함.
끝	한국어 실력도 늘고, 반 친구들과도 친해지는 좋은 기회가 되었음.

연습	제목 :
처음	
가운데	
끝	

2) 위에서 작성한 것을 참고하여 글의 처음 부분을 자세하게 써 봅시다.

보기

어느 날 한국어 수업 시간이었다. 선생님께서는 2주 후에 한국어 노래 부르기 대회가 있다고 하시면서 노래에 자신이 있는 사람은 손을 들어 보라고 하셨다. 그 말이 끝나기가 무섭게 소비 씨가 손을 번쩍 들었다. 선생님께서는 한 명으로는 부족하다며 신청자가 더 없는지 여러 번 물으셨다.

3) 글의 가운데 부분을 자세하게 써 봅시다.

보기

나는 평소에 한국 노래를 좋아해서 즐겨 듣는 편이었지만 소심한 성격 탓에 선뜻 나서지를 못했다. 수업이 끝날 때까지 다른 신청자가 더 나오지 않자 선생님은 이렇게 말씀하셨다.

"그러면 이렇게 하는 것은 어떨까요? 소비 씨가 대표로 노래를 하고, 우리 반은 뒤에서 도와주는 걸로. 춤을 추든 연극을 하든 다 괜찮아요. 그냥 한 사람만 노래하는 것 보다는 다 같이 준비해서 참가하는 것이 훨씬 재미있고 의미가 있을 거예요."

그렇게 해서 우리의 노래 대회 준비는 시작되었다. 매일 오후 2시에 교실에 모여서 연극을 연습했다. 소비 씨가 부를 노래의 내용에 맞게 줄거리를 짜서 뮤직 드라마처럼 연기하는 것이 우리의 계획이었다. 날씨도 덥고 피곤해서 하기 싫을 때도 있었지만 평소 서먹하던 학생들과 친해진다는 생각에 열심히 참여했다.

그렇게 2주간의 연습이 끝나고 대회 당일이 되었을 때, 무척 긴장 되었지만 우리는 연습한 대로 최선을 다해 결국 1등 상을 받았다. 같이 고생한 끝에 얻은 결과라고 생각하니 눈물이 날 정도로 기뻤다. 그리고 함께 해 준 우리 반 학생들이 그렇게 든든할 수가 없었다. 상금으로 우리는 교실에서 거창한 수박 파티를 열었다. 다른 반 친구들이 모두 우리를 부러워했다. 지난 여름 우리의 노래 대회 추억은 수박 파티와 함께 영원히 간직될 것이다.

4) 글의 끝 부분을 자세하게 써 봅시다.

보기

어떤 일을 다 같이 한다는 것은 어렵고도 보람 있는 일이다. 친구들과 함께 노래 대회 준비를 하면서 힘들 때도 있었지만, 서로 친해지고 이해할 수 있는 계기가 되었다는 점에서 의미가 깊은 시간이었다. 만약 다음에 또 이런 대회가 생긴다면 나는 아마 제일 먼저 손을 번쩍 들고 다음과 같이 말할 것이다.

"우리 다 같이 노래 대회 참가하자. 이번엔 어떤 노래가 좋을까?"

03 2번에서 쓴 내용을 자연스럽게 연결하고 부족한 부분을 첨가하여 한 편의 수필로 만들어 봅시다.

제목 :

제 8 과

함께하는 사회

1. 비빔밥 사회를 꿈꾸며

듣기 다문화 사회의 여러 정책에 대한 발표 듣기
어휘 다문화 사회
문법 및 표현
- A-(으)나마
- 즉
- A/V-기에
- A/V-다 보니 (그로 인해)

말하기 발표하기

2. 나눔 활동

읽기 젊은이들의 기부에 대한 기사문 읽기
어휘 나눔이 필요한 사람들
문법 및 표현
- N만으로(는)
- A/V-(으)려니와
- N에 그치다
- N(으)로 이어지다

쓰기 요약하기

1 비빔밥 사회를 꿈꾸며

01 다음 그래프가 의미하는 것이 무엇인지 이야기해 봅시다.

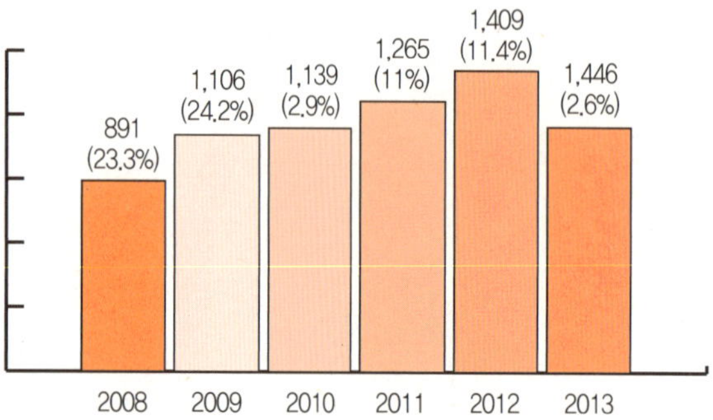

외국인 주민 변동 추이

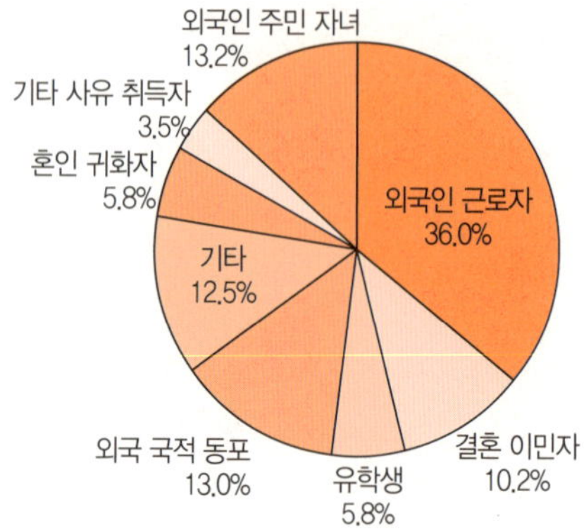

유형별 외국인 주민 현황

02 다음은 다문화 사회의 특징을 설명하는 이론들입니다. 다음 그림을 보고 무엇을 가리키는지 생각해 봅시다.

용광로 이론

샐러드 볼 이론

듣 기

Track 08

다음을 듣고 물음에 답하십시오.

01 여자가 지금 하고 있는 발표의 주제는 무엇입니까?

02 다음 중 여자가 발표 중에 언급하지 않은 것을 고르십시오.

① 비빔밥 이론의 문제점

② 샐러드 볼 이론의 특징

③ 외국의 대표적인 다문화 정책

④ 한국에 거주하는 외국인 현황

03 다음은 '용광로 이론'과 '샐러드 볼 이론'의 장점과 단점입니다. 들으면서 내용을 쓰십시오.

	용광로 이론	샐러드 볼 이론
정책	동화주의 정책	1)
시행한 나라	2)	유럽
특징	거주하는 나라의 문화에 이민자의 문화를 녹아들게 만든다.	3)
약점	4)	개인이 강조되면서 조화를 이루기 힘들다.

04 '비빔밥 이론'이 대두된 배경과 특징에 대해 이야기해 봅시다.

- 배경 : ______________________________
- 특징 : 용광로 이론과 샐러드 볼 이론의 장점에 주목하여 __________ 처럼 여러 문화를 섞이게 만들고, 샐러드처럼 ______________________________.

안녕하세요? 오늘 발표를 맡은 사회학과 1학년 백영희라고 합니다. 이번이 제 첫 발표라서 많이 떨리는데요. 혹여 실수가 있더라도 예쁘게 봐 주세요. 저희 조의 발표 주제는 '다문화 사회, 우리의 선택'입니다. 그러면 부족하나마 발표를 시작해 보도록 하겠습니다.

여러분도 아시다시피 최근 한국에 거주하는 외국인이 늘고 있습니다. 지금 이 강의실만 해도 다양한 국적의 학생들이 우리와 함께 공부하고 있다는 것을 알 수 있습니다. 유학생뿐만 아니라 근로자 그리고 국제결혼까지, 한국 사회는 그야말로 빠른 속도로 다문화 사회로 진입하고 있는 중입니다. 동시에 여러 문제점들도 나타나기 시작했습니다. 서로 다른 '너'와 '나'가 어떻게 하면 '우리'가 될 수 있을지는 많은 나라에서 오랫동안 고민해 온 문제이기도 합니다.

대표적으로 미국은 동화주의 정책을, 유럽은 다문화 주의 정책을 펼쳐왔습니다. 동화주의는 다른 말로 '용광로 이론'이라고도 합니다. 이는 뜨거운 용광로처럼 이민자들의 문화를 자신이 거주하는 나라의 문화에 녹아들게끔 하는 것입니다. 서로 다른 문화가 섞여 하나의 문화가 되면 문제점을 해결할 수 있으리라고 본 거죠.

유럽의 경우에는 각자의 고유문화를 잃어버리지 않도록 다문화 주의, 즉 '샐러드 볼 이론'을 선택합니다. 샐러드 속에 있는 감자, 사과, 양상추 등이 각자 제 형태와 맛을 가진 채로 버무려지는 것처럼 이민자들 역시 자기 문화의 고유한 특성을 잃어버리지 않도록 하는 것이죠.

그러나 이 두 이론에도 각각 약점이 있었습니다. '용광로 이론'은 다양한 문화를 한 데 녹였기에 하나의 문화가 가지고 있는 고유성을 찾기 힘들었고, '샐러드 볼 이론'은 지나치게 개인이 강조되다 보니 그로 인해 화합에 어려움이 있었습니다. 그래서 한국에서는 '비빔밥 이론'에 주목하게 되었습니다. 비빔밥은 용광로처럼 여러 문화를 섞이게 만들지만 재료 고유의 맛은 샐러드처럼 유지하게 만들 수 있으니까요. 즉 두 이론의 장점에 주목을 한 거죠. 서로의 차이를 인정하면서 그들의 문화를 우리의 문화 속에서 뿌리내리게 한다면 맛있는 비빔밥이 되지 않을까요?

지금까지 다문화 사회의 여러 정책들과 우리의 선택에 대해 알아보았습니다. 많이 부족한데도 발표를 끝까지 들어주셔서 감사합니다. 혹시 질문이 있으신가요?

사회학과	혹여	다문화	국적	근로자	국제결혼	진입하다	동화주의
다문화 주의	펼치다	용광로	이론	이민자	고유문화	양상추	버무리다
고유성	화합	인정하다	뿌리내리다				

더 생각해 봅시다

01 여러분이 한국에서 생활하면서 발견한 다문화적인 특징에 대해 이야기해 봅시다.

한국의 다문화적인 특징	설명
기도실	공항은 물론이고 학교에도 타 종교를 배려하기 위한 기도실이 마련되었다.
세계 각국 식당	베트남 음식 전문점, 터키 음식 전문점과 같이 세계 여러 나라의 음식을 먹을 수 있는 식당을 어렵지 않게 찾을 수 있게 되었다.
다양한 언어 번역 서비스	박물관이나 안내소에 가면 영어뿐만 아니라 중국어나 아랍어로 된 안내 책자도 비치되어 있다.

02 여러분은 한국에 거주하는 외국인에게 필요한 제도나 정책이 무엇이라고 생각합니까? 이야기해 봅시다.

제도나 정책	이유
외국인 전용 직업 학교	다양한 직업을 선택할 수 있는 기회를 가지게 하기 위해서라도 외국인들에게 직업 교육은 꼭 필요하다.
한국어 교육	
이중 언어 구사 가능한 교사 양성	
국제결혼 자녀들의 엄마 나라 문화 알기	

03 주말에 다문화 축제가 열릴 예정입니다. 여러분 나라의 물건 5개를 선택하여 축제에서 소개해 봅시다.

소개하고 싶은 한국의 물건	소개하고 싶은 ______________ 의 물건

예 : 수저는 한국 문화에서 없어서는 안 될 중요한 물건이에요. 아이들은 어릴 때부터 부모님에게 수저 사용법을 배우면서 식사 예절과 동시에 한국의 음식 문화도 자연스럽게 익힐 수가 있어요.

04 다른 사람이 이해해 주기를 바라는 여러분 나라의 문화에는 어떤 게 있는지 이야기해 봅시다.

나라	이해해 주기를 바라는 문화
한국	개인적인 질문 – 몇 살이에요? 결혼했어요?
	인사 표현 – 밥 먹었어요? 나중에 연락할게요.

예 : 한국에서 생활하다 보면 몇 살이냐는 둥 결혼은 했느냐는 둥의 개인적인 질문을 받을 때가 많을 거예요. 그럴 때마다 당황하는 외국인들이 많은데 너무 불쾌하게 생각하지 않아도 돼요. 여러분의 사생활을 간섭하고 싶어서가 아니라 관심의 표현이기 때문이에요. 그리고 대답하기 곤란할 때에는 그냥 웃으면서 "비밀이에요."라고 하면 돼요.

어 휘

◎ 다문화 사회와 관련된 어휘에 대해 알아봅시다.

- 국제결혼

  우리 엄마가 결혼할 당시만 해도 국제결혼이 일반적인 일이 아니라서 미국인인 아빠와의 결혼이 쉽지 않았다고 한다.

- 이질적

  다문화 사회에서 서로 어울려 살아가려면 서로의 이질적인 문화에 대한 이해가 필요하다.

- 고유문화

  다문화 가정 자녀들에게 아버지 나라뿐만 아니라 어머니 나라의 고유문화까지도 교육해야 한다는 주장이 몇 해 전부터 제기되어 왔다.

- 이주

  수십 년간 살아온 고향을 떠나 새로운 땅으로 이주하기란 결코 쉬운 일이 아니다.

- 인정

  나와 다르다고 하여 틀렸다고 여기지 않고 다름을 인정하는 태도가 어느 때보다 절실히 요구된다.

- 화합

  국적이나 종교, 생김새가 달라도 서로의 마음을 하나로 모아 화합해서 살면 어떤 어려움도 극복해 나갈 수 있을 것이다.

1) 지금까지 잘못한 일이 아무리 많아도 잘 한 일은 잘 했다고 ________ 해 줘야지 무조건 비난하는 건 옳지 않다고 봐.

2) 가 : 도대체 몇 개 국어를 할 수 있는 거예요?

   나 : 사실은 러시아에서 태어나서 초등학교 때 가족 모두 독일로 ________ 했거든요. 프랑스에서 미술을 전공했고요. 그래서 자연스럽게 여러 나라의 언어를 접할 수 있었어요.

3) 서구화 과정을 겪는 중에 우리의 많은 ________ 이/가 소홀히 여겨져 사라질 위기에 처하기도 했다.

4) 그 신입사원은 직장 동료들과 잘 ________ 하지 못하고 물에 뜬 기름처럼 지내더니 결국 회사를 그만두고 말았다.

5) 서로 다른 국적과 문화를 가진 남녀가 ________ (이)라고 불리는 혼인 관계를 통해 이룬 가족을 다문화 가정이라고 한다.

6) 우리는 여행을 통해 낯선 나라의 ________ 인 문화를 경험하는 기회를 가질 수 있다.

문법

01 A-(으)나마

- 부족하나마 도시락을 준비하였으니 맛있게 드세요.
- 이 돈이 비록 적으나마 불우 이웃을 위해 쓰였으면 합니다.
- 우리의 노력이 부족하나마 환경 보호에 도움이 된다고 생각하면 힘이 난다.

◎ 맞는 문장을 고르십시오.

1) 피곤하나마 공연을 보기 힘들었다. (　　)
   피곤하나마 공연을 볼 수 있어서 기분이 좋았다. (　　)

2) 그는 낮으나마 확신에 찬 목소리로 상대방을 설득하고 있었다. (　　)
   그는 낮으나마 확신이 없는 목소리로 상대방을 설득하고 있었다. (　　)

3) 늦었으나마 인사드립니다. (　　)
   늦었으나마 인사를 못 드려서 죄송합니다. (　　)

4) 부족하나마 이번 태풍 피해 지역에 도움이 되면 좋겠습니다. (　　)
   부족하나마 이번 태풍 피해 지역에 도움이 되기 어려울 것 같습니다. (　　)

문법 설명

썩 마음에 들지는 않으나 다른 선택의 여지가 없어서 아쉬운 대로 받아들여야 함을 나타낸다.

02 즉

- 설날과 추석날 아침에 제사, 즉 차례를 지내는 게 한국 풍습이다.
- 과학 기술은 인간의 보다 나은 삶, 즉 행복을 위해서 발전해 왔다.
- 토끼는 초식 동물이다. 즉, 나무의 열매나 풀, 껍질 등을 먹고 산다.

◎ 다음 문장을 완성하십시오.

1) 24시간은 짧은 시간이 아니다.

즉, ______________________________.

2) 이 책은 일반인들을 대상으로 쓰여진 과학 서적이다.

즉, ______________________________.

3) 이번 달에는 카드로 구매하면 혜택이 많다.

즉, ______________________________.

4) 한국에서는 식사 시간에 어른이 먼저 수저를 들어야 아이들도 식사를 시작할 수 있다.

즉, ______________________________.

5) 백화점에서는 ______________________________.

즉, 14일 안에 영수증과 물건을 가지고 오면 교환이나 환불을 할 수 있다.

문법 설명

앞의 내용을 다른 말로 바꾸어 말할 때 사용한다. '바꾸어 말하자면', '자세히 말하자면', '다시 말하면' 등의 뜻으로 쓰인다. 격식적인 느낌이 있어 글을 쓰거나 발표를 할 때 사용한다.

03 A/V-기에

- 서로 아는 사이였기에 어렵지 않게 부탁할 수 있었다.
- 돈이 대체 무엇이기에 사람들이 그렇게 집착하는 것일까?
- 사람들이 무분별하게 환경을 파괴했기에 지구의 온도가 계속 올라가는 것이다.

◎ 다음을 한 문장으로 만드십시오.

1) 방이 환기가 안 되어 덥고 답답하다 / 창문을 열다

→ ______________________________.

2) 장미가 예뻐 보이다 / 너 주려고 사오다

→ ______________________________.

3) 어제 어떤 일이 있었다 / 말도 안 하고 울기만 하다

→ ______________________________?

4) 아침에는 늘 시간이 없다 / 빵이나 우유로 끼니를 때우기 일쑤이다

→ ______________________________.

문법 설명

앞 문장은 뒤에 오는 문장의 원인이나 이유, 근거를 나타낸다. 의문사가 쓰여 어떤 사실의 원인이나 이유를 묻기도 한다. 다소 문어적인 표현으로 주로 글에서 쓰이며, 말할 때에는 '-길래'로 쓰기도 한다.

04 A/V-다 보니 (그로 인해)

- 한국은 교육열이 높다 보니 그로 인해 부작용도 많이 생겨났다.
- 요즘 많은 젊은이들의 결혼 시기가 늦어지다 보니 그로 인해 출산율도 낮아졌다.
- 낮에는 일하랴 밤에는 공부하랴 시간에 쫓겨 밥도 제대로 못 먹다 보니 체력이 떨어져 쓰러지고 말았다.

◎ 다음 문장을 완성하십시오.

보기 데이트 하랴 아르바이트 하랴 바빠서 공부를 제대로 못하다 보니 그로 인해 학점이 나빠졌다.

1) ______________________________ 결혼을 망설이는 게 아닐까요?

2) ______________________________ 노인 문제가 새로운 사회 문제로 떠올랐다.

3) ______________________________ 시력이 나빠져 안경을 쓴 아이들이 많아졌다.

문법 설명

앞 문장의 내용이 여러 번 반복되면 어떤 일이 일어나게 되는지 표현하고 싶을 때 사용한다. 주로 부정적인 상황에서 쓰인다.

말하기

01 다음의 주제들에 대해 여러분이 알고 있는 바에 대해 이야기해 봅시다.

□ 신화	□ 한국의 새마을 운동	□ 세계 스포츠 대회	□ 세계의 기상 이변
□ 한국의 대통령	□ 멸종 위기 동물	□ 한반도 분단 역사	□ 인간의 한계

예 : 저는 여러 나라의 건국 신화에 대해 관심이 많아요. 특히 건국 신화에 등장하는 동물들이 흥미로워요. 한국의 건국 신화에는 호랑이와 곰이 나오잖아요. 호랑이와 곰이 동굴에서 100일 동안 쑥과 마늘을 먹고 견디면 사람이 될 수 있다는 설정이 재미있어요. 그리고 한국 문화에서 중요한 의미를 가진 숫자 '백'을 옛 신화에서도 찾아볼 수 있다니 놀라워요.

02 다음은 발표 내용의 구조 및 순서입니다.

1) 발표 주제 말하기

- 저희는 오늘 ~에 대해 말씀드리고자 합니다.
- 오늘 저는 ~에 대해 발표하도록 하겠습니다.

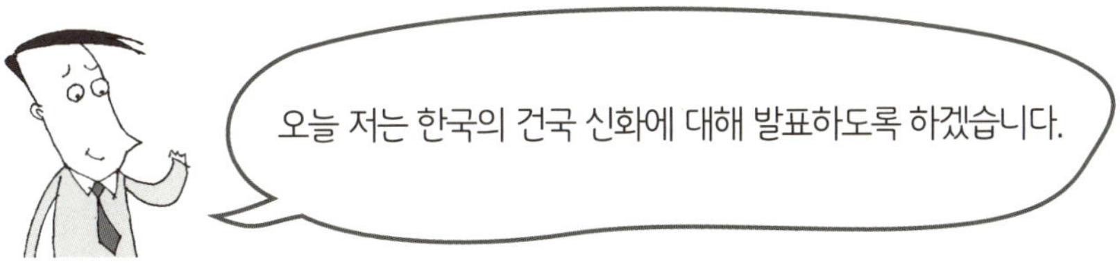

2) 주제 선정 이유 밝히기

- 제가 ~에 대해 발표하려는 데에는 ~ 이유가 있습니다.

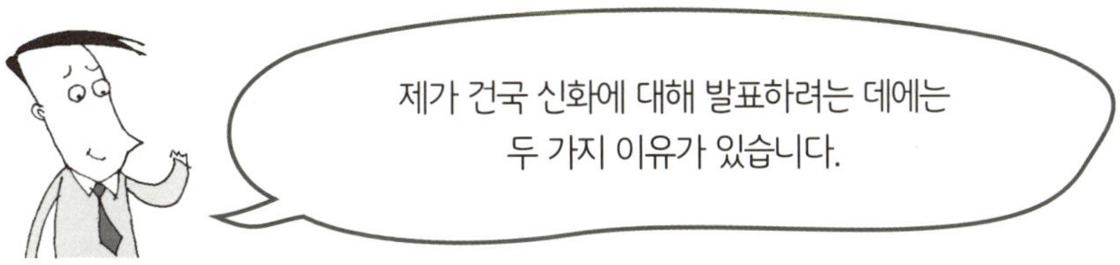

3) 이유 나열하기

- 첫 번째는 ~, 두 번째는 ~
- 하나는 ~, 다른 하나는 ~

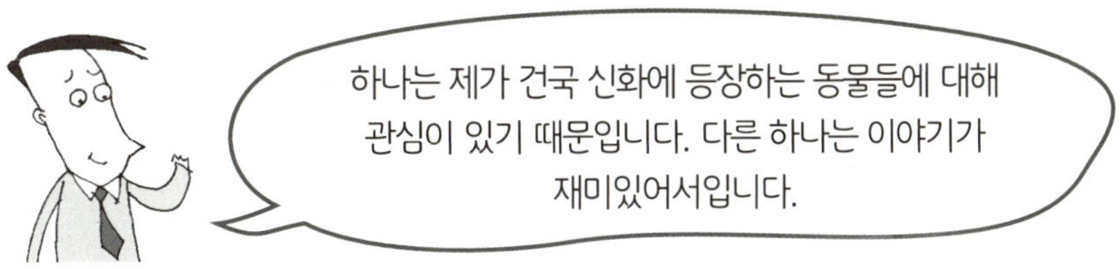

4) 발표 주제 다시 언급하기

- 여기까지가 ~에 대한 내용이었습니다.
- 저는 오늘 ~에 대해 발표하였습니다.

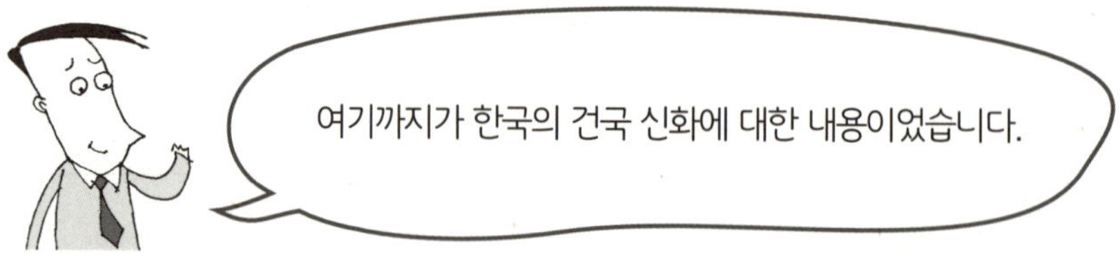

5) 다음 발표 소개하기

- 다음은 ○○ 씨가 ~에 대해서 발표하도록 하겠습니다.
- 이어서 ○○ 씨가 ~에 대해서 말씀드리겠습니다.

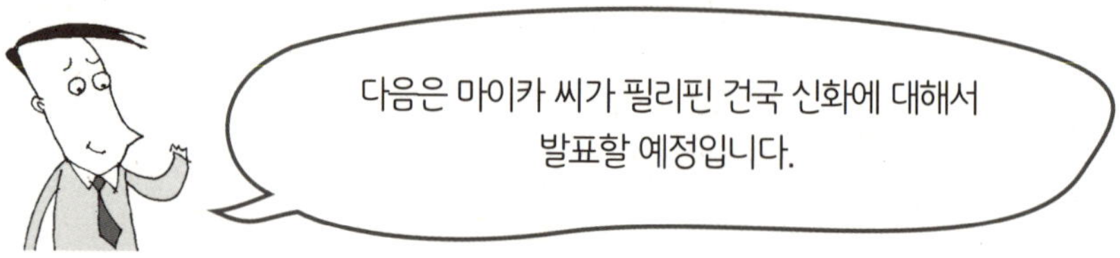

6) 발표 마무리 인사하기

- 이것으로 ~에 대한 발표를 마치도록 하겠습니다. 경청해 주셔서 감사합니다.
- 제 발표는 여기까지입니다. 끝까지 들어주셔서 감사합니다.

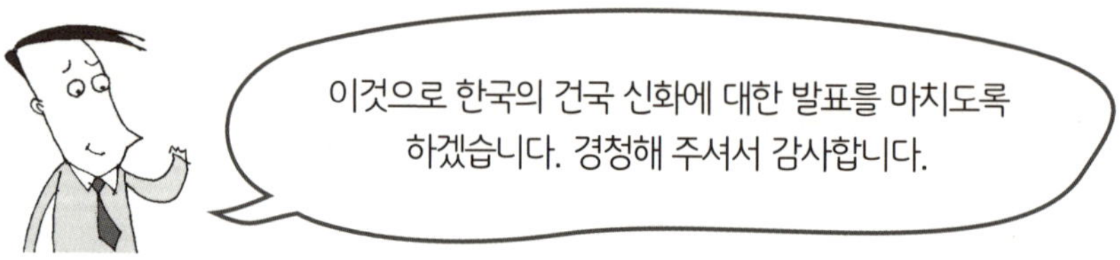

03 1번에 제시된 주제들에 대해 조사해서 발표해 봅시다.

1) 여러분은 위의 주제들 중 어떤 분야에 관심이 있습니까? 그 이유는 무엇입니까?

2) 위의 주제들 중 하나를 조사하여 발표해 봅시다.

발표 주제	
주제 선정 이유	
발표 내용	

2 나눔 활동

01 이웃을 위한 나눔 활동에 대해 이야기해 봅시다.

02 아래 그림을 보고 기부의 유형 및 방법에 대해 이야기해 봅시다.

- 현금 기부
- 물품 기부
- 정기 기부
- 일시 기부
- 거액 기부
- 소액 기부

- 모금 단체
- 구호봉사 단체
- 전화모금 (ARS)
- 종교 단체

03 아래 인물에 대해 들어본 적이 있습니까? 함께 이야기해 봅시다.

오드리 햅번	빌 게이츠	워렌 버핏	김장훈

읽기

다음은 젊은이들의 기부에 대한 글입니다. 잘 읽고 질문에 답하십시오.

독특한 방법으로 기부에 참여하는 젊은이들이 늘고 있다. 소비를 통한 기부, 재능 기부 등 생활 속에서 다양한 방법으로 기부를 실천하는 젊은이들의 기부 문화를 살펴보자.

요즘 젊은 사람들은 자신이 필요한 물건을 구입하면서 다른 사람을 도울 수 있는 '착한 소비'를 통해 생활 속에서 기부를 실천하고 있다. 직장인 김 모(25) 씨는 도시락을 먹을 때도 일부 금액이 국내 결식 아동에게 기부되는 제품을 고르고, 마트에서 물건을 살 때도 기부와 연결되는 제품을 골라 장바구니에 담는다. 김 씨처럼 물건을 사는 것만으로도 좋은 일을 할 수 있는 '착한 상품'을 고르는 젊은 소비자들이 늘고 있다. 자신의 소비 욕망을 충족시키는 것은 물론이려니와 선행까지도 더불어 실천하는 '새로운 소비 문화'를 형성하고 있는 것이다. 이에 발맞춰 각 기업에서는 '착한 상품'을 속속 내놓고 있다.

대학생들은 그들의 재능을 어려운 이웃에게 나누는 재능 기부도 활발하게 진행하고 있다. 경제적인 여유가 없어 기부를 못한다는 것은 이들에게는 남의 이야기일 뿐이다. 개인이 가진 지식과 기술, 나아가 목소리 같은 자원까지도 모두 기부의 대상이 될 수 있다. 최근에는 각기 다른 능력을 가진 대학생들이 직접 자신들의 뜻을 모아 단체를 만들어 활동하기도 한다.

요즘 새로운 팬클럽 문화 중 눈에 띄는 것은 바로 자신이 좋아하는 스타의 이름으로 특정 단체에 기부를 하는 문화이다. 단순히 스타를 응원하는 데 그치지 않고 스타의 이름으로 좋은 일을 하는 팬들이 늘면서 팬클럽 간의 경쟁으로 이어지기도 한다. 한 걸그룹의 팬클럽은 각 멤버의 생일마다 기부금을 모아 사회단체에 전달하는 것으로 유명하다. 그리고 한 배우의 팬클럽도 그의 생일에 소아암 환자 돕기 기부를 선물해 화제가 되었다. 이처럼 팬들이 자신의 스타 사랑을 이웃 사랑 실천으로 보여줘 더 많은 사람들에게 훈훈함을 주고 있다.

SNS 기부 또한 젊은 층들이 주로 이용하는 기부 방식이다. 네티즌들이 SNS를 통해 어려운 이웃의 사연에 댓글을 달면 기업은 댓글의 수에 따라 사연의 주인공에게 기부를 한다. 한 자동차 회사의 '기프트 카' 캠페인에서는 한 달간 매일 백 개 이상의 응원 댓글이 달리는 사연의 주인공들에게 자동차를 선물해 주는 기부 활동을 벌였었다. 이러한 SNS 기부는 기업의 기부 활동에 개개인의 참여를 이끌어 내고 있다.

자신이 해야 할 일, 자신이 잘할 수 있는 일, 자신이 좋아하는 일을 하면서도 다른 사람을 도울 수 있다면 그로 인한 가치와 보람이 더 크다는 것을 젊은이들은 이미 알고 있다. 통장 잔고를 보며 망설이는 마음들을 부끄럽게 만드는 이들의 기부 방식은 나눔도 '즐기는 것'임을 보여 주며 새로운 기부 문화를 이끌어 가고 있다.

독특하다　재능　결식 아동　욕망　충족시키다　더불어　형성하다　발맞추다
속속　팬클럽　걸그룹　멤버　소아암　훈훈하다　잔고　망설이다

01 이 글의 중심 생각은 무엇입니까?

① 독특한 방법의 기부를 해야 한다.

② 젊은이들의 기부 활동이 증가하고 있다.

③ 기성세대들은 젊은이들의 기부 문화를 배워야 한다.

④ 기부를 즐기는 젊은이들이 기부 문화를 바꾸고 있다.

02 젊은이들의 기부 문화에는 어떤 것들이 있습니까? 내용을 정리해 봅시다.

기부	내용
'착한 소비'를 통한 기부	
재능 기부	자신의 재능을 이용해 어려운 이웃과 사랑을 나눈다
'팬클럽 활동'을 통한 기부	
SNS 기부	

03 내용과 같은 것을 고르십시오.

① 네티즌들은 SNS를 이용해 자신의 돈을 기부한다.

② 스타들은 좋은 일을 하는 팬들을 모으기 위해 경쟁한다.

③ 대학생들의 기부 활동은 그들의 경제 사정과 관계없이 행해진다.

④ 젊은이들은 자신에게 필요하지 않은 물건조차 기부를 위해 구입한다.

04 여러분이 할 수 있는 재능 기부에는 어떤 것이 있습니까? 함께 이야기해 봅시다.

더 생각해 봅시다

01 아래의 사람들은 어떤 방식의 기부를 하면 좋겠습니까? 그 이유를 말해 보십시오.

□ '착한 소비'를 통한 기부 – '소'　　□ 재능 기부 – '재'

□ 팬클럽 활동을 통한 기부 – '팬'　　□ SNS 기부 – 'S'　　□ 기타 – '기'

직업 : 전업 주부 나이 : 40세(여) 대학교 전공: 영어학 취미 : K-POP 듣기, 요가	재	대학교 전공이 영어였으므로 아이들을 대상으로 한 무료 영어 공부방에서 영어를 가르칠 수 있다.
직업 : 아파트 경비원 나이 : 65세(남) 전직 : 대기업 직원 취미 : 바둑, 등산		
직업 : 대학생 나이 : 21세(남) 전공 : 체육학 취미 : 사진 촬영, 홈페이지 만들기		

02 세계적인 기부 단체와 봉사 단체에 대해 알아본 후 소개해 봅시다.

unicef	MEDECINS SANS FRONTIERES 국경없는 의사회	World Vision 월드비전	굿네이버스

03 여러분은 공개 기부를 어떻게 생각합니까? 아래 질문에 대해 이야기해 봅시다.

1) 아래 주장에 대한 여러분의 의견을 이야기해 봅시다.

기부한 사실, 주위에 알릴까? 말까?

기부 문화가 널리 퍼지기 위해서는 기부한 사실을 주위에 알려야 한다. 기부를 하지 않는 사람은 많은 사람들이 기부를 하고 있다는 것을 알면 선행을 베풀 가능성이 높아지기 때문이다.

우리는 나 자신이 속해 있다고 인식하는 집단에서 다른 사람들이 하는 행동을 따라 하는 경향이 있다. 한 연구 결과에 따르면 전화 모금을 할 때 다른 사람의 기부 액수를 들려주었을 경우 대다수의 사람들이 보통보다 많은 액수를 기부했다고 한다. 자신이 벌어들인 것에 비해 상당한 액수를 기부했음을 공개하는 것은 다른 이들로 하여금 그렇게 하도록 유도할 수 있다. 그 다른 사람들 역시 자신의 기부액을 공개하면 효과는 더 커진다.

순수한 마음에서 기부를 한 것인데 기부 사실을 주변에 알리면 그 뜻이 퇴색될까 봐 망설여지는가? 남들이 괜히 오해할까 싶어 드러내지 않았는가? 이제는 숨기지 말자. 나눔 문화는 왼손이 하는 일을 오른손이 알게 해야 더 퍼질 수 있다.

2) 유명인의 공개적인 거액 기부에 대해서는 어떻게 생각하십니까? 자신의 의견을 써 봅시다.

찬성 진정한 '노블레스 오블리주' 이다	반대 지극히 기부자 자신을 위한 행위이다

어 휘

◎ 나눔이 필요한 사람들과 관련된 어휘에 대해 알아봅시다.

- **독거노인**
  이번 사업은 자녀들의 보살핌을 받지 못하는 독거노인들의 고독감 해소를 목적으로 한다.
- **미혼모**
  요즘 혼전 동거가 증가함으로 인해 미혼모가 늘고 있다.
- **노숙자**
  추운 날씨에 노숙자들이 길에서 잠을 자다가 사망하는 경우가 있어 대책이 필요하다.
- **소년 소녀 가정**
  부모의 사망과 이혼이 소년 소녀 가정을 만드는 가장 큰 원인이다.
- **결식 아동**
  가정 형편이 어려워서 제때에 식사를 제공받지 못하는 결식 아동에게는 즐거워야 할 방학이 오히려 서럽다.
- **소외계층**
  '사랑의 PC 나누기' 사업은 2006년부터 현재까지 1000대가 넘는 PC를 지역 내 소외 계층에 전달해 따뜻한 이웃 사랑을 실천했다.

1) 추석을 맞아 사회복지관에서는 독거노인, 결식 아동 등 ______________ 250여 명을 대상으로 무료 급식 봉사를 한다.

2) 혼자 살면서 외로움을 겪는 노인이 늘고 있다. 그들의 우울감을 해소하기 위해 ______________ 들이 함께 모여 사는 그룹홈이 대안으로 주목받고 있다.

3) 이번 봉사 활동은 봉사자가 직접 출산 용품을 만들어 ______________ 에게 전달하는 참여형 기부이다.

4) 한 기업에서 ______________ 지원 사업을 벌였다. 이번 사업은 직원들이 자발적으로 참여해 굶주리는 아이들에게 음식뿐만 아니라 정성과 관심도 함께 전달했다.

5) 불우한 가정환경으로 인해 집 없이 ______________ 생활을 했던 젊은 남성이 우연한 기회에 운동을 시작하게 되었고 결국에는 올림픽 국가 대표라는 꿈을 이루었다.

6) 한 부부는 주말마다 ______________ 을/를 방문해 아이들에게 부모의 역할을 대신해 준다.

문법

01 N만으로도[는]

- 우유 한 잔만으로는 한 끼 식사가 되지 않는다.
- 옷차림만으로도 그 사람의 직업을 짐작할 수 있다.
- 힘들 때는 누군가 내 옆에 있어 주는 것만으로도 큰 힘이 된다.

◎ 다음 문장을 완성하십시오.

1) ______________________ 맛있는 음식을 만들 수 없다.

2) ______________________ 위로가 될 때가 있다.

3) ______________________ 사람을 평가할 수 없다.

4) ______________________ 쓰레기를 줄일 수 있다.

문법 설명

'만으로도'는 앞의 대상만 가지고도 가능하거나 충분함을 나타내며, 뒤에는 긍정적인 내용이 온다. '만으로는'은 앞의 대상이 유일해서 그 대상만 가지고는 불가능하거나 역부족임을 나타날 때 사용하며, 뒤에는 부정적인 내용이 온다.

02 A/V-(으)려니와

- 음식은 맛이 좋아야 하려니와 보기에도 좋아야 한다.
- 이번에 나온 신제품은 품질도 좋으려니와 가격도 싸다.
- 사고 현장에는 사람도 사람이려니와 기계와 장비도 부족해서 구조 작업에 어려움이 많다.

◎ 다음 문장을 완성하십시오.

1) 김 과장은 ______________ 성실해서 이번 진급 대상자 명단에 포함되었다.

2) 이번 여행은 ______________ 시간도 여의치 않아 못 갈 것 같다.

3) 식당은 ______________ 서비스가 좋아야 다시 찾게 된다.

4) 대학 생활을 통해 _______________.

문법 설명

앞의 사실을 인정하면서 뒤의 사실을 첨가함을 나타내는 표현이다. 후행절에서는 선행절보다 더한 사실이 있음을 나타낸다. '~도 ~(이)려니와'의 형태로 자주 쓰이며 '(이)거니와'와 유사한 표현이다.

03 N에 그치다

- 우승을 목표로 했으나 준우승에 그쳤다.
- 예감이 예감에 그치지 않고 현실이 되는 경우가 있다.
- 진실이 밝혀질 것으로 예상했으나 형식적인 조사에 그치고 말았다.

◎ 보기 와 같이 문장을 완성하십시오.

상태1	상태2
인재를 발굴하다	더 큰 인재로 육성하다
계획을 세우다	반드시 실행하다
새로운 사업을 소개하다	사업의 문제점과 대안을 제시하다
과학 동화는 단순한 재미를 주다	지식과 교훈을 주다

보기 그 기업은 인재를 발굴하는 데에 그치지 않고 더 큰 인재로 육성하고 있다

1) _______________.

2) _______________.

3) _______________.

문법 설명

'더 이상의 진전이 없이 어떤 상태, 수준, 범위에 있게 되다'라는 뜻이다.

04 N(으)로 이어지다

- 예상치 않은 실수가 발명으로 이어지는 사례가 있다.
- 졸음운전은 큰 사로로 이어질 수 있으니 주의해야 한다.
- 사소한 오해가 폭행으로 이어지는 사건이 발생했습니다.

◎ 보기 와 같이 문장을 완성하십시오.

원인	결과
만화가 인기를 끌다	영화 제작을 하게 되다
한 시민이 제보를 하다	경찰이 수사에 착수하다
한국 드라마에 관심을 가지다	한국 문화에 대해 관심을 가지다
국가 경제에 위기가 오다	국민들이 에너지 절약 운동을 하다

보기 만화의 인기가 영화 제작으로 이어지게 되었다.

1) ______________________________.

2) ______________________________.

3) ______________________________.

문법 설명

앞 내용이 원인이 되어 뒤 내용의 결과(새로운 상황)를 가져오게 했을 때 사용한다.

메 모

쓰기

01 다음 글을 가장 잘 요약한 것은 무엇입니까?

최근 여성의 경제 활동이 늘어나고 있다. 남편이 혼자 벌어 생활비와 교육비를 감당하기 힘들어 전업 주부로 지내던 여성들이 맞벌이에 나서고 있는 것이다. 주부들의 이러한 경제 활동은 식생활의 변화, 여가문화의 변화 등 사회 전반에 걸쳐 적지 않은 변화를 가져오고 있다.

① 남성 가장 혼자 가정 경제를 책임지기 어려워 많은 여성들이 맞벌이에 나서고 있다.

② 최근 늘어난 여성의 경제 활동은 사회 전반에 큰 변화를 가져오고 있다.

③ 최근 여성의 경제 활동이 늘어나고 있으며 여성의 경제활동은 식생활, 여가 문화에 많은 변화를 가져오고 있다.

요약하기

- 요약하기란 글의 중심 내용을 골라 간략하게 정리하는 것을 말한다.
- 메모하기, 밑줄 긋기 등은 요약의 가장 쉬운 방법이다.
- 먼저 글을 중요한 내용과 그렇지 않은 내용으로 나누거나, 중심 내용과 세부 내용으로 나눈 후 중심이 되는 내용을 정리하여 요약한다.

요약하기의 방법

- 내용 삭제하기 : 덜 중요하거나 반복되는 내용을 지운다.
- 주제문 찾기 : 여러 문장 중에서 중심 내용이 나타나는 문장을 찾는다.
- 주제문 바꾸기 : 하위 개념의 단어들이 여러 개 나올 경우 그 단어들을 포괄하는 상위 개념의 단어로 바꾼다.
- 주제문 재구성하기 : 중심 문장이 없을 경우, 내용을 다시 구성하여 주제문을 만들어 낸다.

  → 문단의 중심 내용을 요약한 다음 문단 사이의 관계를 파악하고 전체 구조를 이해하여 재배열하면 전체 글이 요약된다.

02 다음의 글을 요약해 봅시다.

1) 내용 삭제하기

> **보기** 아이들이 장난감을 선물 받았다. 그 선물을 받고는 펄쩍펄쩍 뛰며 좋아했다.
> → 아이들이 장남감을 선물 받고는 아주 좋아했다.

친구가 새 옷을 입고 나왔다. 그런데 그 옷은 내가 월급을 받으면 사려고 했던 옷이었다. 월급날만 손꼽아 기다리던 나는 실망스러움을 감출 수 없었다.

→ ______________________________.

2) 주제문 찾기

> **보기** 세상의 모든 것이 다 변하듯이 언어도 변한다. 언어의 소리가 변하기도 하고 뜻이 변하기도 한다. 또 있던 말이 없어지기도 하고 새 말이 생기기도 한다.
> → 세상의 모든 것이 다 변하듯이 언어도 변한다.

사람은 누구나 성공을 갈망한다. 성공하는 것이 대다수 사람들의 인생 목표이다. 그래서 인터넷에도, 서점가에도 성공한 사람들의 이야기로 가득하다.

→ ______________________________.

3) 주제문 바꾸기

> **보기** 무리한 다이어트는 신체 건강에 좋지 않을 뿐만 아니라 정신 건강에도 해가 된다.
> → 무리한 다이어트는 건강을 해친다.

육류를 즐겨 먹는 사람보다 과일과 채소 위주의 식생활을 하는 사람이 성격이 부드럽다는 말이 있다.

→ ______________________________.

4) 주제문 재구성하기

> **보기** 이 가방은 가볍고 수납 공간도 많으며 질기다. 게다가 어떤 옷에나 잘 어울린다.
> → 이 가방은 실용적이다.

리키는 상대방이 실수나 잘못을 하더라도 늘 상대방의 입장에서 너그럽게 이해해 주려고 애쓴다. 그러한 과정에서 자신이 혹 손해를 보게 되더라도 크게 신경 쓰지 않는다.

→ ______________________________.

03 다양한 방법을 이용하여 아래 글을 요약해 봅시다.

1) 먹고 살기 힘들었던 과거, 여성의 통통한 몸과 얼굴은 부유함을 상징하면서 그러한 신체 조건을 가진 여성이 미인으로 여겨졌다. 그러나 경제적으로 풍요로운 현대에 접어들면서 풍만한 몸은 그 가치를 잃어버렸고 날씬한 몸과 갸름한 얼굴이 세련된 아름다움으로 인식되기 시작했다. 아름다운 여성의 조건은 가는 허리와 작은 얼굴이 되었다.

→ ______________________________

______________________________.

2) 정부에 대한 국민들의 불신이 걷잡을 수 없이 커지자 정부는 대책을 마련하기 위해 애를 썼다. 며칠에 걸쳐 토론과 회의를 반복한 결과, 정부는 국민을 위한 정부로 새로 태어나겠다는 의지로 정부 조직을 대폭 개편했다. 국민들은 이러한 정부의 적극적인 태도에 이번 사태가 원만하게 해결될 것이라는 기대를 하게 되었다.

→ ______________________________

______________________________.

04 아래의 글을 단락별로 요약한 후 하나의 짧은 글로 구성해 봅시다.

노블레스 오블리주(noblesse oblige)는 높은 사회적 신분에 어울리는 도덕적 의무를 뜻하는 말로 보통 부와 권력, 명성은 사회에 대한 책임과 함께 해야 한다는 의미로 쓰인다. 즉, 노블레스 오블리주는 사회 지도층에게 사회에 대한 책임이나 국민의 의무를 모범적으로 실천하는 높은 도덕성을 요구하는 단어이다.

노블레스 오블리주는 초기 로마시대에 왕과 귀족들이 보여 준 투철한 도덕의식과 솔선수범하는 공공 정신에서 비롯되었다. 초기 로마 사회에서는 사회 고위층의 공공 봉사와 기부 등의 전통이 강하였고 이러한 행위는 의무인 동시에 명예로 인식되면서 자발적이고 경쟁적으로 이루어졌다. 특히 고위층이 전쟁에 출전하는 전통은 확고했다. 로마 건국 이후 500년 동안 지속되었던 귀족의 비중이 급격히 줄어든 것도 계속되는 전투 속에서 귀족들이 많이 희생되었기 때문인 것으로 알려져 있다. 이러한 귀족층의 솔선수범과 희생으로 인해 로마는 고대 세계에서 큰 힘을 가질 수 있었다.

근대와 현대에 이르러서도 이러한 도덕의식은 계층 간 대립을 해결할 수 있는 최고의 수단으로 여겨져 왔다. 특히 국가의 위기 상황에서 국민을 통합하고 힘을 극대화하기 위해서는 무엇보다 권력층의 솔선하는 자세가 필요하다.

제 9 과

한국의 예술

1. 공연

듣기 '비보이를 사랑한 발레리나'에 대한 인터뷰 듣기
어휘 공연
문법 및 표현
- 실랑이를 벌이다
- 걸림돌이 되다
- 꿈을 접다
- A/V-다지(요)?
- A/V-으/느니만큼
- A/V-(으)리라고 보다(생각하다)

말하기 근거 들기

2. 풍속화

읽기 풍속화에 대한 설명문 읽기
어휘 풍속화
문법 및 표현
- A/V-다는 점에서
- A/V-(으)ㄴ/는 것으로 미루어 (보아)
- A-기(가) 이를 데 없다
- V-(으)ㄹ 듯 말 듯하다

쓰기 글감 모으기

1 공연

01 다음 글을 읽고 대학로와 공연에 대해 이야기해 봅시다.

공연을 즐기려면 대학로로

한국 공연 문화의 중심이자 젊음의 상징인 대학로! 대학로는 꿈과 열정을 가진 젊은이들이 모여 대한민국 공연 문화를 이끌어 나가고 있는 곳이다. 백여 곳 이상의 극장이 모여 있으며 관객들은 비교적 저렴한 가격으로 다양한 연극과 뮤지컬 등의 공연을 즐길 수 있다. 대학로를 걷다 보면 각종 길거리 공연도 접할 수 있고 대학로 문예회관 앞에서는 댄서를 꿈꾸는 청소년들이 힙합 춤을 추고 있는 모습도 볼 수 있다. 공연도 즐기고 꿈을 가진 사람들의 에너지와 열정도 느끼고 싶다면 대학로로 가 보자!

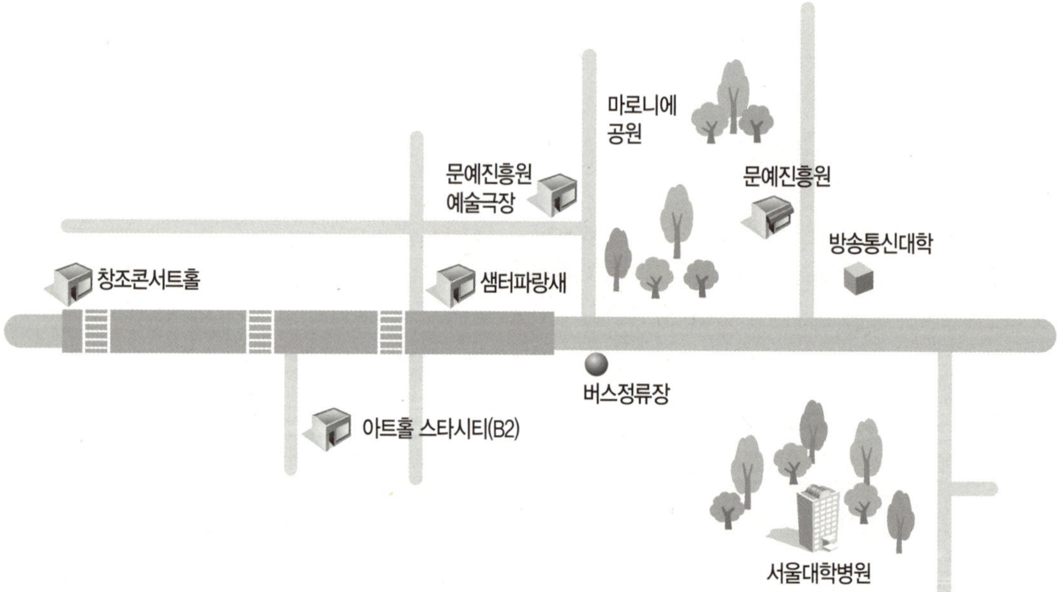

02 여러분이 본 공연 중에 기억에 남는 것이 있다면 이야기해 봅시다.

듣 기

Track 09

다음을 듣고 물음에 답하십시오.

01 이 공연의 줄거리에 대해 알아봅시다.

인물	이름	직업
여자 주인공	소연	
남자 주인공	석윤	

1) 소연이 석윤을 알게 된 계기는 무엇입니까?

2) 석윤과의 사랑을 이루기 위해 소연이 택한 길은 무엇입니까?

02 이 공연에 대한 내용으로 들은 것과 다른 것을 고르십시오.

① 쉬운 대사와 춤으로 이루어져 있다.

② 외국인 관객들도 쉽게 이해할 수 있다.

③ 발레나 힙합과 같은 다양한 볼거리를 제공한다.

④ 첫 공연 이후 현재까지 꾸준히 인기를 얻고 있다.

03 이 공연이 이루어 낸 업적은 무엇입니까?

04 이 공연이 지닌 한계점과 그 해결 방안은 무엇입니까?

여 : 2005년 12월 초연 이래 '비보이를 사랑한 발레리나'의 열기가 한층 더 고조되고 있어 화제인데요. 이번 시간에는 뮤지컬 평론가이신 김민수 교수님을 모시고 이 공연에 대해 이야기를 나눠 보도록 하겠습니다. 안녕하십니까? 교수님. 아직 공연을 접해 보지 못한 분들을 위해 먼저 어떤 공연인지 말씀 좀 해 주십시오.

남 : 이 공연은 무언극입니다. 오로지 춤을 통해서만 극을 이끌어 나가고 있지요. 극의 줄거리도 아주 간단합니다. 여자 주인공인 소연이 발레 연습을 하고 있을 때 연습실 옆 거리에서 춤꾼들이 모여 힙합 춤을 추게 됩니다. 시끄러운 음악 소리 때문에 연습에 방해를 받게 된 소연은 거리로 나가 춤꾼들과 실랑이를 벌입니다. 그때 소연은 춤꾼들 사이에 있던 비보이 석윤에게 마음을 빼앗기고 자신의 간절한 사랑을 이루는 데에 발레가 걸림돌이 된다고 생각하게 되죠. 결국 소연은 사랑을 위해 자신의 꿈을 접고 길거리 댄서가 되어 석윤과의 사랑을 이루게 된다는 내용입니다.

여 : 네, 그럼 이 공연이 오랫동안 사랑을 받아 온 비결이 어디에 있다고 보십니까?

남 : 한마디로 화려한 볼거리가 아닐까 합니다. 이 작품의 가장 큰 특징은 발레와 힙합의 만남입니다. 우아한 발레에서부터 역동적인 힙합 댄스, 브레이크 댄스, 비보잉까지 다양한 볼거리를 제공하고 있습니다.

여 : 그렇군요. 외국인 관광객들의 반응도 대단하다지요?

남 : 네, 대사가 없고 화려하고 다양한 볼거리를 제공하느니만큼 외국인들의 반응도 아주 뜨겁습니다.

여 : 다소 생소한 소재인데도 대중적인 관심을 이끌어 내어 상업화에 성공했다는 점이 이 공연의 업적이 아닐까 싶습니다. 그러나 한편에서는 이 작품이 점점 형식화 되어서 작품의 질이 떨어지고 있는 게 아니냐는 우려의 목소리도 나오고 있습니다. 이런 지적에 대해 교수님은 어떻게 생각하십니까?

남 : 그런 지적이 나오는 것도 무리는 아니라고 봅니다. 현재 한국의 비보이들은 세계 최고의 수준을 자랑하고 있습니다. 그런데 공연과 비보이 양쪽 모두를 아우르는 전문가가 아직 없는 것이 큰 한계점이지요.

여 : 전문가의 양성이 시급하게 이루어져야 한다는 말씀이군요.

남 : 그렇죠. 그리고 비보이의 독자성을 살리면서 기존의 공연과는 차별을 둘 수 있는 작품이 창작되어야 합니다. 그렇게 되면 세계 속에서 한국만의 비보이 문화를 만들어 나갈 수 있을 것이며 그에 따른 인기도 계속 유지되리라고 봅니다.

초연	비보이	발레리나	열기	한층	고조되다	화제	평론가	무언극
오로지	이끌다	춤꾼	실랑이	걸림돌	접다	비결	볼거리	우아하다
역동적	생소하다	소재	상업화	업적	질	우려	아우르다	양성
시급하다	독자성	기존	창작					

더 생각해 봅시다

01 다음 질문에 대답해 봅시다.

1) 다음에서 공연 예술에 해당하는 것과 그렇지 않은 것을 구분하고 그 차이에 대해 이야기해 봅시다.

뮤지컬 무용 영화 오페라

소설 그림 연극

	공연 예술	공연 예술이 아닌 것
특징		
차이점		

2) 이 밖에 공연 예술에 해당하는 것에는 어떤 것들이 있는지 생각해 봅시다.

02 다음을 읽고 생각해 봅시다.

한국 전통 뮤지컬 '미소(춘향연가)'를 만나다!

따스한 봄날 오후, 제목처럼 입가에 절로 미소가 지어지는 아름다운 공연 한 편을 보고 왔다. '미소'는 한국 대표 고전 소설 중의 하나인 '춘향전'을 뮤지컬로 만든 작품이다. 그동안 영화, 오페라, 드라마로 재탄생된 '춘향전'을 많이 보아왔지만 뮤지컬로 만든 춘향전은 이번이 처음이었다. 오랜 시간 한국인들에게 사랑받아 온 춘향과 몽룡의 신분을 초월한 사랑은 극의 전개에 따라 순간순간 변하는 배우들의 완벽한 표정 연기와 손끝부터 발끝까지 섬세하게 이루어지는 춤동작으로 아름답게 재탄생되어 있었다. 북춤, 칼춤, 부채춤 등의 다양한 전통 무용과 신명나는 사물놀이, 감탄이 절로 나올 만큼의 화려한 전통 의상, 무대 위에서 직접 이루어지는 국악 연주는 단 1초도 눈을 뗄 수 없게 만들었다. 이 공연은 한마디로 '한국 전통 예술 종합 선물 세트'라고 할 수 있지 않을까?

1) 글쓴이가 이 공연을 '한국 전통 예술 종합 선물 세트'라고 말한 이유는 무엇입니까?

2) '춘향전'에 대한 내용을 인터넷에서 찾아보고 조사한 내용을 각자 이야기해 봅시다.

3) 여러분 나라에서는 어떠한 고전 소설이 사랑을 받고 있습니까? 이야기해 봅시다.

제목	
줄거리	
사람들에게 사랑받는 이유	

어 휘

◎ 공연과 관련된 어휘에 대해 알아봅시다.

- **탄탄하다**
  보험에 가입할 때에는 먼저 보험금을 제때에 지급할 수 있을 만큼 재무 구조가 탄탄한 회사인지 알아봐야 한다.
- **어우러지다**
  북, 장구, 꽹과리, 징이 어우러져 신나는 소리를 내자 관객들이 하나, 둘 일어나 어깨춤을 추기 시작했다.
- **기립하다**
  세계적인 피겨 선수의 연기가 끝나자 관중들은 감동을 이기지 못하고 모두 기립해서 박수를 쳤다.
- **열렬하다**
  부모님의 반대에도 불구하고 두 사람의 사랑은 열렬했다.
- **맛깔나다**
  진지한 연기만 해 오던 그 배우의 맛깔나는 코믹 연기에 시청자들의 반응이 뜨겁다.
- **환호하다**
  해외 경기에서 훌륭한 성적을 거둔 농구 선수들이 입국할 때 팬들은 뜨겁게 환호했다.
- **다채롭다**
  세계 최대 규모로 조성된 장미공원의 개장식에서 가수들의 축하 공연이나 마술쇼, 불꽃놀이 등의 다채로운 행사가 열릴 예정이다.

1) 콘서트가 끝나고 막이 내리자 관객들은 일제히 ________ 앵콜을 외쳤다.

2) 벤치에 앉아 있는 연인의 모습이 부드러운 햇살과 잔잔한 호수와 잘 ________ 마치 영화 속의 한 장면처럼 아름다웠다.

3) 유명한 배우 한 명 없이 신인들만 나오는 영화인데도 인기가 많은 이유는 재미있고 구성이 ________ 시나리오 덕분이다.

4) 내가 가수가 되겠다고 했을 때 완강하게 반대하시던 아버지가 지금은 가장 ________ 팬이 되어 응원해 주신다.

5) 설날을 맞이하여 외국인 학생들을 위해 윷놀이, 연날리기, 제기차기 등 ________ 민속놀이를 마련했다.

6) 가슴 졸이며 선거 결과를 기다리고 있던 사람들이 자신이 지지하던 후보의 당선 소식에 큰 소리로 ________.

7) 어머니께서 막 담그신 김치가 아주 ________ 보여서 군침이 절로 흐른다.

문법 및 표현

01 실랑이를 벌이다

- 손님은 돈을 줬다고 하고 가게 주인은 돈을 못 받았다고 하면서 실랑이를 벌이고 있다.
- 딸은 분홍색 치마만 입겠다고 고집하고 아내는 딸에게 다른 옷들도 입혀 보려고 해서 아침마다 모녀지간에 실랑이가 벌어진다.

문법 설명

서로 자신의 주장을 강하게 고집하며 말다툼할 때 사용한다. '승강이 하다'와 비슷한 표현이다.

02 걸림돌이 되다

- 배움에 있어 나이는 절대 걸림돌이 되지 않는다.
- 발달 단계에 맞지 않는 조기 외국어 교육은 학습 능력을 저하시키고 창의성 발달에도 걸림돌이 된다고 전문가들은 말한다.

문법 설명

어떤 일을 하는 데 방해가 된다는 뜻이다. '디딤돌이 되다'와 반대되는 표현이다.

03 꿈을 접다

- 그는 어려운 가정 형편으로 인해 영화감독이 되겠다는 꿈을 접을 수밖에 없었다.
- 부모님의 강력한 반대에도 불구하고 만화가의 꿈을 접을 수가 없어서 혼자 방에서 몰래 그림을 그리곤 했다.

문법 설명

'자신의 꿈을 포기하다'는 뜻이다.

◎ 보기 에서 알맞은 표현을 골라 문장을 완성하십시오.

보기	실랑이를 벌이다	걸림돌이 되다	꿈을 접다

1) 가족을 부양하기 위해 자신의 ______________ 현실에 맞춰 살아가는 사람들이 많다.

2) 외국어를 공부하는 데 있어 가장 큰 ______________ 것은 바로 자신감 부족이다.

3) 건설 업체와 설비 업체가 시공 방법에 대한 책임 소재를 놓고 ______________ 완공 날짜가 늦어지고 있다.

04 A/V-다지(요)?

- 가 : 이번에 들어온 신입 사원들이 유머 감각도 있고 실력도 좋다지?
  나 : 그렇대. 앞으로 신입 사원들 덕분에 사무실 분위기가 더 좋아지겠어.
- 가 : 한국에서는 식사할 때 웃어른이 식사를 시작할 때까지 기다려야 한다지요?
  나 : 네, 그렇지만 웃어른께서 먼저 식사하라고 하면 그때는 먼저 먹어도 돼요.

◎ 다음 상황을 보고 대화를 완성하십시오.

1) 상황 : 전기 요금, 가스 요금 등 공공요금 인상에 대한 뉴스를 들었다.
   가 : 다음 달부터 ______________________________?
   나 : 정말? 난 그 소식 못 들었는데. 오른 지 얼마나 됐다고 또 오르는 거야?

2) 상황 : 양손을 사용하면 좌뇌와 우뇌 발달에 좋다는 말을 들었다.
   가 : 양손을 사용하는 것이 ______________________________?
   나 : 네, 그렇다고 하네요. 그래서 저도 우리 아이들에게 ______________.

3) 상황 : 요즘 유행하고 있는 색상이 보라색이라는 것을 패션 잡지에서 읽었다.
   가 : 요즘 ______________________? 나도 보라색 옷 한 벌 사야 할까 봐요.
   나 : 저도 듣긴 들었는데 ______________________________.

문법 설명

말하는 사람이 들어서 알고 있거나 이미 알려진 어떤 사실에 대해 확인하거나 물어볼 때 사용한다.

05 A/V-으/느니만큼

- 열심히 일하느니만큼 틀림없이 좋은 성과가 있을 테니까 포기하지 말고 끝까지 해 봐.
- 김 부장은 시간 관리가 철저하니만큼 갑자기 서두르거나 약속 시간에 늦는 법이 없다.
- 이 식품 회사는 화학조미료를 첨가하지 않고 식품을 만드느니만큼 소비자들의 반응이 아주 좋다.

◎ 다음 대화를 완성하십시오.

1) 가 : 계약 기간이 다 돼서 새 집을 구해야 된다고 하더니 구했어요?

나 : 네, 마침 학교 근처에 적당한 집이 있더라고요. 학교가 ____________ 아침에 좀 늦게 나가도 되고 근처에 식당이나 슈퍼도 많아서 편리해요.

2) 가 : 신제품 회의를 8시간이나 했더니 손가락 하나 까딱할 힘이 없어요.

나 : 내일도 ____________ 오늘 밤은 푹 쉬는게 좋을 거예요.

3) 가 : 이번 프로젝트가 끝나면 일주일 동안 쉴 수 있잖아요. 뭐 하고 싶어요?

나 : ____________ 해외여행이나 다녀올까 해요.

문법 설명

앞의 내용이 뒤 내용의 원인이나 근거가 됨을 나타낸다.

06 A/V-(으)리라고 보다[생각하다]

- 그는 가창력도 뛰어나고 감정도 풍부해서 뮤지컬 배우로서 대성하리라고 생각한다.
- 가 : 올 한 해 국민들은 어려운 경제사정으로 힘든 시기를 보냈는데 내년에는 어떨까요?

  나 : 내년에는 경기가 회복되리라고 봅니다.

◎ 다음 문장을 완성하십시오.

1) 가 : 이번 선거에 국민들이 많이 참여할까요?

나 : 그동안 정치에 관심 없던 젊은 층도 이번 선거에 대단히 관심이 많은 것으로 알고 있습니다. 따라서 지난번보다 ________________________.

2) 가 : 아이가 집에서 공부를 전혀 안 하는데 걱정 안 되세요?

나 : 네, 아직 초등학생이잖아요. 나중에 하고 싶은 일이 생기면 ______________________.

3) 가 : 이번에 새롭게 출시된 보온 물병이 상당히 비싸던데 과연 잘 팔릴까요?

나 : 가격은 비싸지만 디자인이 특이해서 ______________________.

문법 설명

상황에 대한 말하는 사람의 추측을 나타낸다.

메 모

말하기

01 주장이나 의견이 설득력을 가지려면 타당한 근거가 반드시 필요합니다. 다음 주장을 뒷받침하기 위해 여러분은 어떤 근거를 제시하겠습니까?

주장 밤 11시인 기숙사 폐문 시간을 새벽 1시로 늦춰야 한다.

근거

- 두 명이나 네 명이 사용하는 기숙사 방에서는 집중해서 공부하기 힘들다. 그래서 도서관에서 늦은 시간까지 공부하고 싶어도 기숙사 폐문 시간 때문에 일찍 기숙사로 돌아가야 한다.
- ______________________________.

주장 전통문화를 계승하고 발전시켜야 한다.

근거

- 우리 조상들이 만들고 지켜 온 소중한 유산이다.
- ______________________________.

02 다음 표현을 이용하여 아래와 같이 주장해 봅시다.

- 그러므로, -(으)므로
- 그렇기 때문에, -기 때문에

- 두 명이나 네 명이 사용하는 기숙사 방에서는 집중해서 공부하기가 여간 힘든 게 아닙니다. 그래서 도서관에서 늦은 시간까지 공부하고 싶어도 기숙사 폐문 시간 때문에 충분히 공부할 수가 없습니다. 그러므로 기숙사 폐문 시간을 새벽 1시로 늦춰야 합니다.
- 전통문화는 조상이 만들고 지켜 온 소중한 유산이기 때문에 이를 계승하고 더욱 발전시켜야 합니다.
- ______________________________.
- ______________________________.

03 다음 표현을 이용하여 근거를 제시해서 말해 봅시다.

근거 들기 I

- 에 의하면, 에 따르면
- 을/를 보면
- -(으)ㄴ 바로는
- -(으)ㄴ 바에 의하면[따르면]

의견	근거
보기 유아기에 있는 아이들이 컴퓨터를 가까이 하도록 내버려 둬서는 안 된다.	컴퓨터를 많이 접한 유아들은 그렇지 않은 유아들에 비해 언어 능력, 운동 능력, 사회성이 떨어진다. (대한병원 소아 정신과 과장)
피로를 푸는 데에는 푹 잘 자는 것이 가장 좋다.	수면 중에는 모든 기관이 휴식 상태에 들어가며, 낮 시간에 축적된 각종 피로 물질이 분해되어 피곤이 풀리게 된다. (수면 전문의)
인생에서 성공하려면 평소에 인문 고전을 열심히 읽고 사색해야 한다.	__________ (작가)
TV가 인터넷 매체나 신문보다 여론에 미치는 영향력이 더 크다.	성인 남녀 5000명을 대상으로 여론 집중도에 대해 조사했다. (조사 위원회)
성공과 실패를 좌우하는 데 목표만큼 중요한 것은 없다.	비슷한 환경이나 교육 수준의 사람들을 대상으로 조사했다. (전문가)

보기 대한병원 소아 정신과 과장의 말에 따르면 컴퓨터를 많이 접한 유아들이 그렇지 않은 유아들에 비해 언어 능력 및 운동 능력, 사회성이 떨어진다고 합니다. 그러므로 유아기에 있는 아이들이 컴퓨터를 가까이 하도록 내버려 두면 안 됩니다.

04 다음 각 상황에서 근거를 들어 말해 봅시다.

근거 들기 Ⅱ

- 에 비추어 보면
- 에서도 나타나듯이
- 의 경우에서도 알 수 있듯이/볼 수 있듯이
- –(으)ㄴ/는 사실은 ~을/를 보여주는 예라고 할 수 있다
- –다는 점에서 –다고 생각하다

◎ 다음은 한 연극인과의 인터뷰입니다. 위의 표현을 이용하여 질문에 대답해 봅시다.

기　자 : 연극을 하게 된 계기는 무엇입니까?

연극인 : 어렸을 때 아주 내성적이었는데 성격을 좀 바꿔 보려고 시작하게 됐어요. 그런데 무대에 오르니까 기분이 너무 좋아서 그때부터 연극에 푹 빠지게 되었어요.

기　자 : 아직 대중에게 얼굴이 많이 알려지지 않았는데 무명 생활이 힘들지는 않으신가요?

연극인 : 사실 저처럼 소극장에 소속된 연극인들은 연극만으로는 생활이 해결되지 않아서 다른 일들을 병행하는 사람들이 많아요. 비록 몸은 힘들고 생활은 고달프지만 연극 무대에 설 수 있다는 기쁨으로 행복하게 하루하루를 보내고 있어요. 아직은 사람들이 잘 알아주지 않는 무명이지만 언젠가 큰 무대에 서서 관객들의 박수를 받을 날을 꿈 꿀 수 있다는 것만으로도 지금은 충분해요.

기　자 : 대학로가 정부로부터 문화 지구로 지정된 이후 연극인들이 더 힘들어졌다고 들었는데 그 이유는 무엇인가요? 관객들이 극장을 더 많이 찾을 것 같은데요.

연극인 : 문화 지구로 지정되고 대학로가 유명세를 타니까 곳곳에 유명한 커피숍이나 음식점, 술집 등이 많이 생기기 시작했어요. 대학로가 이렇게 상업화가 되니까 건물 값이 오르게 되고, 극장 대관료도 덩달아 올라서 대관료를 내지 못해 연극을 무대에 올리지 못하는 사태가 줄줄이 이어지고 있어요. 게다가 막대한 자본을 바탕으로 한 대형 기획사에 소극장은 버텨낼 수가 없는 거지요. 이제는 작품의 질보다는 돈이 되는 작품이 무대를 차지하고 있어 순수 연극은 점점 설 자리를 잃어가고 있는 실정이에요.

기　자 : 말씀을 듣고 보니 문화 지구로 지정된 게 오히려 독이 된 게 아닌가 하는 생각이 드는데요. 정말 안타까운 현실입니다.

1) 이 연극인의 경제적인 사정은 어떤 것 같습니까?

2) 현재의 무명 생활에 대해 이 연극인은 어떻게 생각하고 있는 것 같습니까?

3) 위의 인터뷰 내용은 결국 상업화의 어떤 면을 보여 주고 있다고 생각합니까?

2 풍속화

◎ 다음 그림을 보고 이야기해 봅시다.

(가)

(나)

01 그림 속의 인물들은 지금 무엇을 하고 있습니까?

02 그림의 배경이 되는 시간과 장소는 무엇입니까?

03 재미있게 표현된 부분은 어디라고 생각합니까?

읽기

다음은 풍속화에 대해 설명한 글입니다. 잘 읽고 질문에 답하십시오.

18세기 이전까지 한국 화단의 주류를 이루었던 그림은 산수화였다. 자연의 아름다움과 계절의 변화를 그린 산수화는 독자적인 화풍을 구축하면서 많은 사랑을 받고 있었다. 이러한 때에 자연이 아닌 사람을 그린 풍속화가 등장한 것은 매우 파격적인 일이었다. 김홍도와 신윤복은 그 변화를 주도했던 화가들이다.

김홍도와 신윤복은 사람들의 실제 생활 모습을 그렸다는 점에서 비슷하지만 살아온 인생이 다를 뿐더러 그림의 소재나 구성, 표현 방법 등에서 차이가 있다. 김홍도는 중인 집안에서 태어나 어릴 때부터 글과 그림을 배웠다. 어린 나이에 궁에 들어가서 왕의 사랑을 받으며 그림을 그리고 정치 생활을 했다. 한편 신윤복은 화가 집안에서 태어나 자연스럽게 화가가 되었다. 그러나 그가 어떻게 살았는지를 알 수 있는 기록이 거의 없으며 왕명에 의한 그림도 전혀 없는 것으로 미루어 보아 평범하게 살았을 것으로 짐작된다.

두 화가는 화풍에서도 차이를 보인다. 김홍도는 서민들의 생활 모습과 일하는 모습을 사실적이면서도 재미있게 그리고 있다. 배경 없이 인물을 중심으로 소박하게 표현하였으며, 특히 인물은 웃음 띤 둥근 얼굴을 많이 그려 재미를 더하였다. 이와 다르게 신윤복은 그림에서 남녀 간의 애정과 낭만을 주로 다루었다. 그의 섬세한 필선과 아름다운 채색은 우아하기 이를 데 없으며 그림 안에 곁들인 짧은 시도 이러한 분위기에 한몫하고 있다. 두 화가의 대표 작품인 〈벼타작〉과 〈월화정인〉만 보아도 화풍이 확연히 다름을 알 수 있다.

김홍도의 〈벼타작〉은 쌀을 수확하는 농부들의 바쁜 움직임이 그대로 표현된 작품이다. 힘 있고 간결한 필선으로 인물들의 동작을 생동감 있게 그리고 있으며, 인물의 움직임이나 표정을 각각 다르게 표현한 것에서 화가의 세심한 관찰력을 엿볼 수 있다. 화려한 색을 사용하지 않아서 소박한 느낌이 드는 것도 특징이다.

한편 신윤복의 〈월하정인〉은 늦은 밤, 두 남녀의 은밀한 만남을 그리고 있는 작품이다. 김홍도와는 달리 인물과 배경을 아주 자세하게 묘사하였기 때문에 그의 작품은 당시 사람들이 어떤 옷을 입고 어떤 집에서 살았는지를 알 수 있는 중요한 자료가 된다. "달은 깊어 삼경인데 두 사람 마음은 둘 말고 누가 알겠는가"라고 그림 한켠에 적힌 시처럼 알 듯 말 듯한 두 남녀의 표정에서 김홍도의 그림에서와는 다른 섬세함과 부드러움을 느낄 수 있다.

풍속화는 이전까지 그림의 소재로 다루어지지 않았던 것들을 다룸으로써 소재의 폭을 넓혔다. 또 전문적인 화가나 사대부에 의해서만 그려지던 그림이 서민의 손으로 옮겨지게 되는 계기가 되었다. 이러한 풍속화의 새로운 경지는 김홍도와 신윤복에 의해 세워졌다고 해도 지나치지 않다. 이 두 화가 덕분에 우리는 200여 년이 흐른 지금에도 조상들의 생활 모습을 알 수 있거니와 그들이 느꼈을 감정까지도 간접적으로 느낄 수 있게 된 것이다.

독자적 화풍 구축하다 파격적 구성 차이 중인 한편 왕명
사실적 소박하다 띠다 다루다 섬세하다 필선 채색 곁들이다 확연히
움직임 간결하다 세심하다 관찰력 은밀하다 묘사하다 부드러움 경지

01 이 글의 내용이 아닌 것을 고르십시오.

① 김홍도와 신윤복은 삶과 화풍에서 차이를 보인다.
② 김홍도의 그림은 화려하지 않고 소박한 느낌이 든다.
③ 풍속화는 주로 전문적인 화가나 사대부에 의해 그려졌다.
④ 풍속화를 통해서 우리는 조상들의 삶의 모습을 짐작할 수 있다.

02 18세기에 풍속화가 등장하면서 화단에는 어떤 변화가 일었습니까?

03 다음 문장을 읽고 김홍도에 대한 설명이면 '김', 신윤복에 대한 설명이면 '신'으로 쓰십시오.

1) 서민들이 생활하거나 일하는 모습을 주로 그렸다. (　　　　)
2) 남녀 간의 애정과 낭만을 그림의 소재로 다루었다. (　　　　)
3) 배경과 인물을 자세하게 묘사하고 있다. (　　　　)
4) 배경을 생략하고 인물의 행동과 표정을 중심으로 표현했다. (　　　　)
5) 필선이 가늘고 부드러워 섬세한 느낌이 든다. (　　　　)

04 각 단락의 제목을 써 봅시다.

	제 목		제 목
1단락	풍속화의 등장	4단락	
2단락		5단락	
3단락		6단락	풍속화의 의의

더 생각해 봅시다

01 제시된 그림을 보고 작가의 입장이 되어 설명해 봅시다.

김홍도 '무동'	작가의 설명
	저는 악사들의 연주에 맞춰 춤을 추는 아이를 그려 봤습니다. 인물들을 둥글게 배치해서 그림에 안정감을 주고 무동의 시선은 원 바깥으로 향하게 해서 감상자의 시선이 그림 바깥으로까지 확대될 수 있게 했습니다. 뭐니 뭐니 해도 가장 중요한 것은 무동이 실제로 춤을 추는 듯한 느낌이 들도록 하는 것이겠지요. 그래서 저는 무동의 옷 주름 굵기를 모두 다르게 표현하여 생동감이 들도록 했어요. 참, 악사들의 표정도 자세히 보세요. 볼에 바람이 잔뜩 들어가 있죠? 실제로 악기를 부는 것처럼 표현하기 위해서 그렇게 한 것입니다.

신윤복 '쌍검대무'	작가의 설명

02 김홍도와 신윤복의 다른 작품들도 찾아 비교해 봅시다.

김홍도		신윤복	
 벼타작	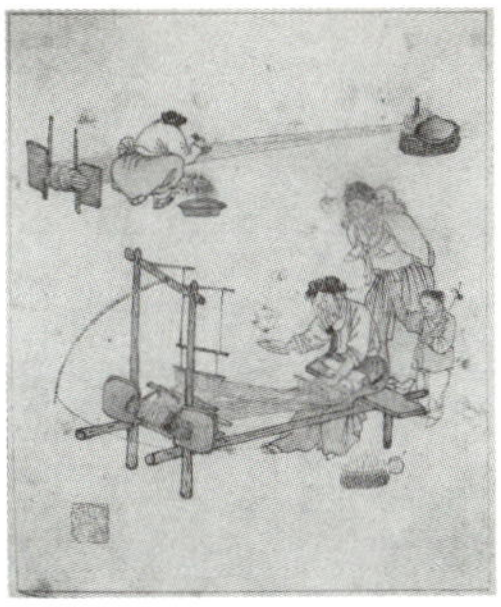 길쌈	 미인도	 단오풍정
 씨름	?	 연소답청	?

03 여러분 나라의 풍속화에 대해 이야기해 봅시다.

1) 고향의 풍속화에 자주 등장하는 소재는 무엇입니까?

2) 고향의 풍속화와 한국의 풍속화를 비교해 봅시다.

3) 여러분 나라에서 유명한 그림을 반 친구들에게 소개해 봅시다.

4) 여러분이 만약 풍속화를 그린다면 어떤 상황을 그리겠습니까?

어 휘

◎ 작품 감상과 풍속화와 관련된 어휘에 대해 알아봅시다.

- 익살스럽다

  김홍도의 작품 속에는 둥근 얼굴에 익살스러운 표정을 하고 있는 인물들이 등장한다.

- 친근하다

  민요는 화려하지는 않지만 일반 백성들의 삶의 모습이 담겨 있는 친근한 노래이다.

- 역동적

  김홍도의 '무동'을 보면 소년이 실제로 춤을 추고 있는 것처럼 역동적인 느낌이 든다.

- 정적

  산수화는 자연을 소재로 그린 그림이기 때문에 풍속화에 비해 정적이라고 할 수 있다.

- 풍자적

  비유를 통해서 사회의 문제를 폭로하거나 비판하는 풍자적인 기법은 문학 작품에 대한 검열을 피하는 방법 중의 하나였다.

- 해학적

  신윤복은 '단오풍정'에서 목욕하는 여인들을 몰래 훔쳐보는 동자승들의 모습을 해학적으로 묘사하고 있다.

1) 야구장은 귀를 울리는 음악 소리와 치어리더들의 ________________ 춤, 관중들의 함성으로 분위기가 한층 고조되었다.

2) 한국의 전통 탈춤은 우스꽝스러운 춤사위를 통해 타락한 양반 계층을 비판하고 있어 ________________ 성격이 강하다.

3) 내 친구는 배꼽이 빠질 정도로 이야기를 ________________ 잘한다.

4) 이번에 들어온 신입 사원이 나와 성이 같고 고향까지 같다고 하니 ________________ 느껴졌다.

5) 블랙 코미디란 아이러니한 상황이나 사건을 ________________ 으로 묘사하여 웃음을 유발하는 드라마의 한 형식이다.

6) 그 흑백 영화는 마치 동양화를 보는 것처럼 ________________ 고요한 느낌을 준다.

문 법

01 A/V-다는 점에서

- 한국어와 일본어는 조사가 발달했다는 점에서 비슷하다.
- 이 논문은 암의 발생 원인을 최초로 밝혔다는 점에서 높이 평가되고 있다.
- 그 영화는 실제의 사건을 바탕으로 만들었다는 점에서 많은 사람들에게 관심을 받고 있다.

◎ 보기 와 같이 이야기해 보십시오.

대상	공통점	차이점
보기 김홍도와 신윤복	사람들이 실제로 생활하는 모습을 그림.	그림의 소재, 구성, 표현 방법 등이 다름.
1) 한국과 고향의 전통 옷		
2) 한국어와 모국어		
3)		

보기 김홍도와 신윤복은 사람들이 실제로 생활하는 모습을 그렸다는 점에서 비슷하지만 그림의 소재나 구성, 표현 방법 등에서 차이가 난다.

문법 설명

어떤 사실이나 특성을 바탕으로 평가를 하거나 결론을 내릴 때 사용하는 표현이다.

02 A/V-(으)ㄴ/는 것으로 미루어 (보아)

- 강아지가 밥을 저렇게 허겁지겁 먹는 것으로 미루어 보아 배가 고팠음이 분명하다.
- 이 그림은 필선이 가늘고 우아하며 색채가 화려한 것으로 미루어 신윤복의 작품이 틀림없다.
- 일주일 동안이나 연락이 안 되는 것으로 미루어 보아 친구에게 무슨 일이 생긴 것이 확실하다.

◎ 다음 대화를 완성하십시오.

1) 가 : 조 선생님은 고향이 어디일까요?
   나 : 사투리를 사용하시는 것으로 미루어 보아 경상도인 것 같아요.

2) 가 : 이번 드라마의 결말은 어떻게 될 것 같습니까?
   나 : ______________________ 두 사람이 결혼할 것 같습니다.

3) 가 : 이 집 주인은 어떤 성격일까요?
   나 : ______________________ 성격이 깔끔할 것 같아요.

4) 가 : ______________________________________?
   나 : ____.

문법 설명

이미 알고 있는 사실을 바탕으로 뒤의 내용을 짐작하여 판단할 때 사용한다. '(으)로 미루어 보면', '(으)로 미루어 볼 때'와 바꿔 쓸 수 있다.

03 A-기(가) 이를 데 없다

- 그 여배우의 옷이 화려하기가 이를 데 없다.
- 보석을 세공하는 것은 정교하기 이를 데 없는 작업이다.
- 마치 자신의 일인 것처럼 적극적으로 나서 주니 고맙기 이를 데 없었다.

◎ 다음 문장을 완성하십시오.

1) 작년 가을에 보았던 제주도의 경치는 아름답기 이를 데 없었다.

2) 3:2로 진 이번 축구 경기는 ____________________.

3) 한자어가 섞인 한국 신문은 ____________________.

4) 습도가 높은 한국의 여름 날씨는 ____________________.

5) ____________________.

문법 설명

상태가 매우 그러하다는 것을 강조하여 말할 때 사용한다. '대단히 어떠하다'는 뜻이다.

04 V-(으)ㄹ 듯 말 듯하다

- 비가 올 듯 말 듯한 종잡을 수 없는 날씨이다.
- 친구는 입술을 달싹이면서 무슨 말을 할 듯 말 듯하였다.
- 면접을 볼 때 목소리가 들릴 듯 말 듯하면 자신감이 없어 보인다.

◎ 다음 문장을 완성하십시오.

1) 한국에 정이 들다

→ 한국에 정이 들 듯 말 듯한데 다음 달이면 고향으로 돌아가야 한다.

2) 손이 닿다

→ 손이 닿을 듯 말 듯한 곳에 ____________________.

3) 가수의 얼굴이 보이다

→ 콘서트 장이 너무 커서 ____________________.

4) 생각이 나다

→ ____________________.

문법 설명

'그런 것 같기도 하고 그렇지 않은 것 같기도 하다'는 뜻이다. 어떤 일이 거의 일어나려고 하다가 일어나지 않거나 그런 정도에 가까워진 것을 나타낸다.

쓰 기

01 '한국에서의 유학 생활'이라는 주제로 글을 쓰려고 합니다. 여러분은 어떤 소재를 가지고 글을 쓸 것인지 아래에서 골라 봅시다.

가족 돈 여행 결혼 믿음 취직 꿈 공부 사랑 취미 실망 음식 장학금 아르바이트 친구

선택한 글의 소재 : ______________________

글감 모으기

좋은 글을 쓰기 위해서는 먼저 주제를 정해야 한다. 주제를 정한 다음에는 그 주제에 맞는 소재를 찾아야 하는데 이것을 글감 모으기라고 한다.

글감 모으기를 할 때는 우선 주제와 관계있는 것들을 모두 떠올리면서 생각나는 대로 메모를 한다. 그리고 메모한 것들을 비슷한 내용끼리 묶어가면서 정리를 하면, 다음 단계인 개요 작성하기에 도움이 된다.

02 제시된 단어를 보고 생각나는 단어를 쓴 다음, 다시 그 단어를 보고 떠오르는 단어를 써 봅시다.

1)	고향				
2)	한국				

03 보기 에서 알맞은 것을 골라 그림 안에 써 넣어 봅시다.

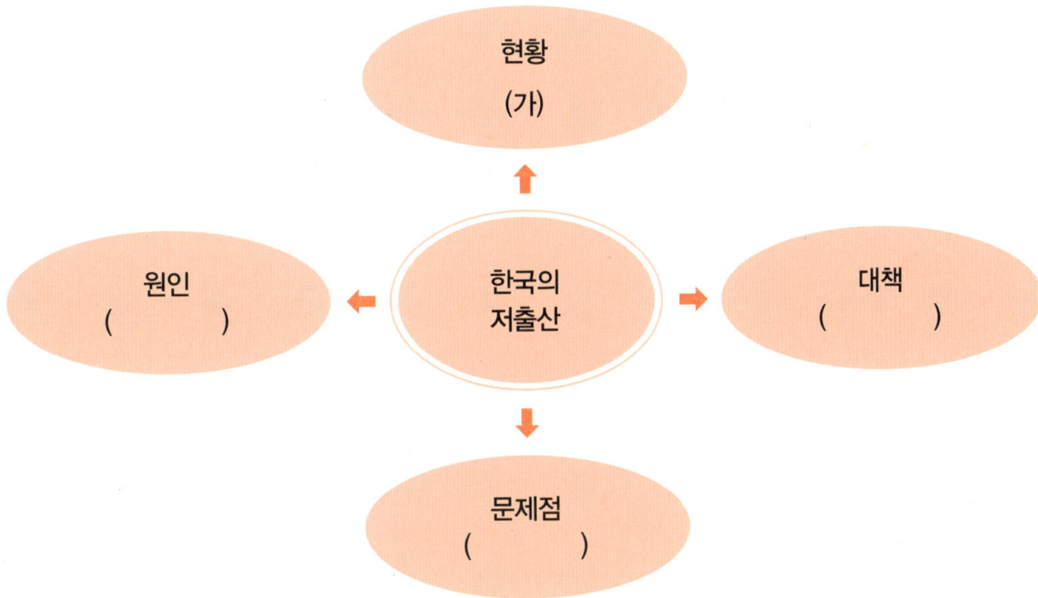

보기

(가) OECD 국가 중 최저 수준이다.

(나) 여성의 사회진출이 늘었다.

(다) 노동력 감소로 경제 발전 속도가 저하된다.

(라) 출산 장려 정책을 시행해야 한다.

04 주제를 정해서 떠오르는 생각을 그림으로 이어 봅시다.

1) 주제를 보고 연상되는 단어를 빈 칸에 써 봅시다. 그리고 가지를 연결하여 더 적어 봅시다.

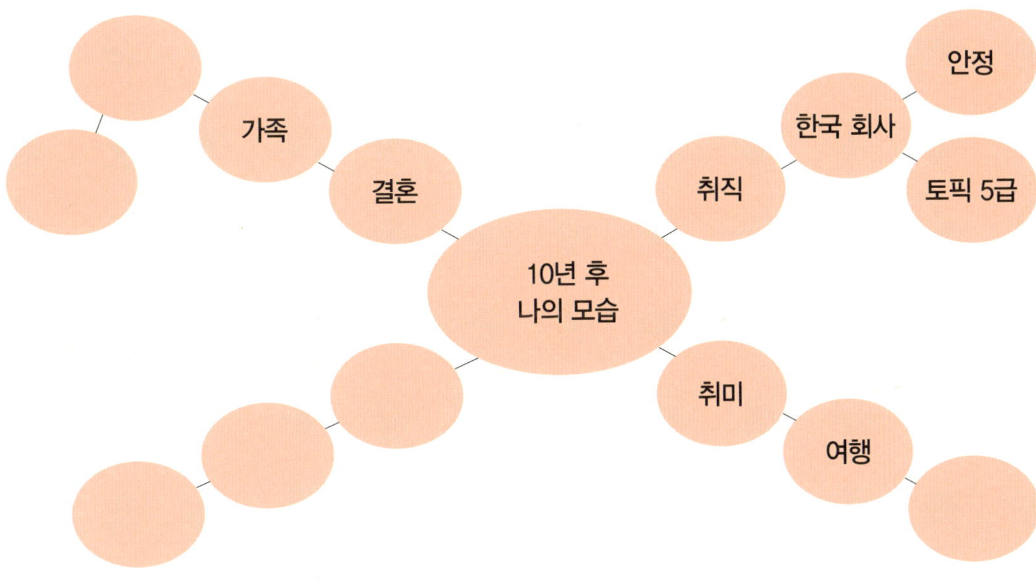

2) 구체적인 주제를 정하여 연상되는 단어를 쓰고 선으로 연결해 봅시다.

3) 친구와 같이 그림을 보면서 이야기해 봅시다. 중복되는 것을 버리거나 더 생각나는 것이 있으면 그려 넣으면서 그림을 수정해 봅시다.

05 4-(2)에서 나온 단어들을 같은 종류끼리 묶어서 정리해 봅시다.

제 10 과

철학과 삶

1. 바람직한 가치관

듣기 가치관에 대한 특강 듣기

어휘 가치관

문법 및 표현
- A/V-(으)면[다면] 몰라도[모를까]
- A/V-지
- V-(으)ㄴ 끝에
- V-다시피

말하기 항의하기

2. 철학과 삶

읽기 삶의 태도에 대한 생활문 읽기

어휘 전쟁

문법 및 표현
- V-던[는] 찰나에
- A/V-거늘
- A/V-(으)오/소
- V-기 나름이다

쓰기 자기소개서

1 바람직한 가치관

01 여러분은 인생에서 가장 중요한 것이 무엇이라고 생각합니까?

□ 건강	□ 돈	□ 권력	□ 명예	□ 가족	□ 국가 · 사회
□ 친구	□ 직업	□ 결혼	□ 종교	□ 봉사	□ 기타(　　)

02 아래의 사람들이 추구하는 것은 무엇일지 생각해 봅시다.

안정된 생활　　아름다움 추구　　성취감　　타인을 위한 삶　　보람된 생활　　자기 만족
가정의 행복　　건강한 삶　　보람된 삶　　정의로운 사회 건설　　즐거운 생활

듣 기

Track 10 **다음을 듣고 물음에 답하십시오.**

01 청년기에 가져야 할 태도로는 어떤 것들이 있습니까? 들으면서 쓰십시오.

1) 바른 ________________ 을/를 정립해야 한다.

2) 가치관에 따라 ________________ 을/를 찾아야 한다.

끝까지 ________________ 의지가 필요하다.

3) 끊임없이 ________________ 답을 찾아야 한다.

02 강연자는 '가치관'을 어떻게 정의했습니까?

________________ 이 바로 가치관이다.

03 강연자는 청년기에 해야 할 가장 중요한 일이 무엇이라고 했습니까?

04 이 강연을 통해 강연자가 말하고자 하는 것은 무엇입니까?

안녕하세요? 여러분. 저는 오늘 여러분과 청년기에 가져야 할 태도에 대해 이야기해 볼까 하는데요. 지금 여기에 계신 청년 여러분은 인생에서 가장 가치가 있다고 생각하는 것이 무엇입니까? 여러 가지가 있겠죠. 사랑, 권력, 돈……. 뭐, 무수히 많죠. 그런데 특히 청년 시절을 잘 보내기 위해서는 어느 때보다 자신만의 삶의 철학을 가져야 하는데요. 이 '삶의 철학'이 바로 '가치관'이라는 것입니다.

여러분, 영국의 윈저공 아시죠? 세기의 로맨스의 주인공 말이에요. 그는 사랑하는 여인과 왕위, 둘 중에서 사랑을 선택했죠. 윈저공은 "나는 사랑하는 여인의 도움과 지지가 있다면 몰라도 그렇지 않고서는 왕으로서 의무를 다할 수 없고 그 무거운 책임을 짊어질 수도 없다."라며 왕의 자리에서 물러났습니다. 그의 인생에서는 심프슨이라는 여인과의 사랑을 지키는 것, 바로 사랑이 가장 가치 있는 일이었던 것이죠. 가치관은 인생의 방향입니다. 가치관의 방향이 분명히 정해져 있으면 그 방향에 맞는 인생의 목표를 세울 수가 있지요. 그러므로 우선적으로 바른 가치관을 정립하는 것이 중요합니다.

그 다음으로 자신의 가치관에 따라 도전할 일을 찾으십시오. 가치관은 여러분이 가진 많은 재능 중에 특정 재능을 계발해서 도전 방향을 결정지어주는 역할을 할 것입니다. 그런데 이 도전은 반드시 여러분의 선택에 의한 것이어야지 상황 때문에 어쩔 수 없이 이루어진 선택이어서는 안 됩니다. 또한 실패를 두려워해서도 안 됩니다. 아흔 아홉 번 실패해도 백 번째에 성공하겠다는 생각으로 계속 도전하다 보면 언젠가는 성공할 수 있겠지요? 따라서 어떠한 어려움도 무릅쓰고 끝까지 도전하겠다는 의지가 필요합니다.

자, 그럼 그 다음에 해야 할 일은 무엇일까요? 그것은 바로 끊임없이 고민하고 답을 찾는 일입니다. 이렇게 가치관에 맞는 재능을 계발해 도전하는 모든 일은 고민한 끝에 얻어지는 것들이니까요. 인생은 고민의 연속이죠. 이것은 비단 여러분에게만 해당되는 사항은 아닐 것입니다. 하지만 이런 저런 고민을 하다 보면 내가 왜 이렇게 헤매고 있는지, 도대체 언제까지 고민을 해야 하는지, 답은 보이지 않고 자신의 무능력에 좌절하기 쉽습니다. 좌절하지 마십시오. 고민이라는 게 헛된 것이 아닙니다. 많이 고민하면 결국은 답을 얻을 수 있고, 자신이 소중하게 생각하는 것의 순서가 정해집니다.

청년 여러분, 청춘 시절의 부단한 도전과 고민은 여러분의 인생을 더욱 아름답게 만들어 줄 것입니다. 그러기 위해서 무엇보다 우선 여러분 인생의 바람직한 가치관을 정립해야 합니다. 앞서 말씀드렸다시피 청년 시절에 바른 가치관을 가지는 것만큼 중요한 일도 없으니까요. 자, 여러분 자신의 가치관을 바탕으로 밝은 미래를 만들어 나가기 바라겠습니다.

청년기 무수히 철학 세기 왕위 의무 책임 짊어지다 정립하다
무릅쓰다 연속 해당되다 무능력 좌절하다 헛되다 청춘 부단한
바람직하다

더 생각해 봅시다

01 여러분의 생각을 쓰고 이야기해 봅시다.

보기 사랑이란

두 사람이 한 곳을 바라보는 것

1) 결혼이란

2) 직업이란

3) 가족이란

4) 친구란

5) 돈이란

6) 국가란

7) ________

02 특별한 직업을 가졌거나 업적을 이룬 사람들에 대해 조사한 후 발표해 봅시다.

한비야 (1958. 6. 26 ~)

한비야는 세계 여행을 통해 얻은 경험을 글로 써서 책으로 내면서 이름이 알려졌다. 국제 홍보회사에서 일하던 그녀는 35세에 회사를 그만두고 7년 동안의 세계여행에 올랐다. 그녀는 비행기를 이용한 편안한 여행이 아닌 육로로 오지를 찾는 험난한 여행을 하였다. 여행 중에 겪은 여러 사건들과 위험했던 순간들의 생생한 기록들은 독자들을 매료시켰고, 이러한 점이 그녀의 책들을 베스트셀러에 오르게 하였다.

한비야는 자신의 저서에서 여행 중에 만난 오지의 사람들에게서 많은 것을 배우고 느꼈고 이를 계기로 자신의 삶이 완전히 변화하였다고 밝혔다. 그녀는 이후 여행은 더 이상 자신에게 즐거움을 주지 않고 자신의 심장을 뛰게 하는 것은 재해와 분쟁이 일어난 지역에서의 헌신적 구호 활동이라고 말하며 긴급 구호 활동가로서 일을 시작했다.

한비야는 현재 대한민국의 청소년, 대학생들이 가장 존경하는 인물 중 하나로 꼽히고 있다. 그녀는 세계 여러 나라의 다양한 민족들이 결국 한 공동체임을 강조하고 서로 도와야 한다고 말한다.

나의 생각

한비야는 구속되지 않은 자유분방한 삶을 살고자 하는 사람인 것 같다. 편안한 자유가 아닌 역경과 모험이 동반된 자유 속에서 진정한 자신을 찾으며 동시에 인간 지향적인 삶을 추구하는 것이 그녀의 가치관이 아닐까 생각해 본다.

나의 생각

어 휘

◎ 가치관과 관련된 어휘에 대해 알아봅시다.

- **신조**

  우리 아버지께서는 평생 '정직'을 신조로 삼아 살아 오셨다.

- **좌우명**

  '미치지 않으면 얻을 수 없다'는 선배의 말은 나에게도 살면서 가장 중요하게 생각하는 좌우명이 되었다.

- **확립하다**

  인생의 목표를 달성하기 위해서는 이전에 가졌던 가치관을 더욱 굳건히 확립하는 과정이 필요하다.

- **심어 주다**

  청소년들에게 무엇을 보여주고 어떤 가치관을 심어 주느냐에 따라 국가의 미래는 달라질 것이다.

- **변화를 겪다**

  현대 사회는 급속도로 변화했다. 교통과 정보 기술이 발달했고, 그로 인해 사람들의 가치관도 많은 변화를 겪었다.

- **혼란을 초래하다**

  외래문화의 무분별한 수입은 가치관의 혼란을 초래했다.

1) 세월이 흐름에 따라 내 인생의 가치관도 상당히 많은 ____________________.

2) 교육 기관에서 이루어지는 교육과 일상생활에서 이루어지는 교육의 차이는 가치관의 ____________________.

3) '고통 없이는 얻는 것도 없다'는 말은 고등학교 때부터 나의 __________ 이/가 되어 왔다.

4) 입시 위주의 틀에 박힌 교육은 학생들에게 획일적인 가치관을 __________ 우려가 있다.

5) 언니는 대신 죽을 수도 있을 만큼 사랑하는 사람이 나타나지 않으면 평생 독신으로 살겠다는 __________ 을/를 가지고 있다.

6) 전문가들은 청년기에 해야 할 가장 중요한 일이 삶의 목표를 __________ 것이라는 데 입을 모으고 있다.

문법

01 A/V-(으)면[다면] 몰라도[모를까]

- 하늘에서 돈이 떨어진다면 몰라도 해외여행은 갈 수 없어요.
- 날씨가 좋지 않으면 몰라도 그렇지 않으면 비행기는 예정대로 출발할 거예요.
- 경쟁 회사가 포기한다면 모를까 우리 회사가 계약을 성사시키는 것은 힘듭니다.

◎ 보기 와 같이 문장을 완성하십시오.

주제	단정 / 조건
보기 여행을 가다	갈 수 없다. 단, 부모님이 허락하면 갈 수 있다.
1) 수업을 듣다	듣기 힘들다. 단, 시간이 나면 들을 수 있다.
2) 컴퓨터를 새로 사다	사지 않겠다. 단, 컴퓨터가 고장 나면 사야 한다.
3) 그 문제를 풀다	풀 수 없다. 단, 친구가 도와주면 풀 수 있다.

보기 부모님이 허락한다면 몰라도 그렇지 않으면 여행을 갈 수 없다.

1) ______________________________.

2) ______________________________.

3) ______________________________.

◎ 다음 문장을 완성십시오.

1) 시간이 없으면 몰라도 ______________________.

2) 전문가라면 모를까 ______________________.

3) 기적이 일어난다면 몰라도 ______________________.

문법 설명

어떤 사실에 대해 강한 확신을 나타낼 때 쓰는 표현으로 앞 문장에는 현재의 상태와 반대이거나 일어나지 않은 예외적이고 특별한 상황을 가정하는 내용이 온다. 구어적인 표현이다.

02 A/V-지

- 그 사람은 축구를 잘 아는 것이지 잘 하는 건 아니다.
- 학교에 공부하러 왔지 자러 왔어? 왜 계속 자기만 하니?
- 힘들 때일수록 마음을 강하게 먹어야지 약해지면 안 된다.

◎ 보기 와 같이 문장을 완성하십시오.

	상황1	상황2
보기 지금 해야 할 일	해결책을 찾다	잘잘못을 가리다
1) 봉사	마음에서 우러나서 하다	누가 시켜서 하다
2) 교사	학습을 도와주다	학습을 대신해 주다
3) 형벌의 목적	범죄자를 교화하다	범죄자를 격리시키다

보기 지금 해야 할 일은 해결책을 찾는 것이지 잘잘못을 가리는 것이 아니다.

1) ______________________.

2) ______________________.

3) ______________________.

문법 설명

상반되는 사실을 서로 대조적으로 나타낸다. 선택 가능한 대조적인 두 상황을 나열하여 앞 상황은 긍정하고 뒤 상황은 부정한다.

03 V-(으)ㄴ 끝에

- 오랜 시간 실력을 갈고 닦은 끝에 좋은 성적을 거두었다.
- 연장전을 거친 끝에 이번 축구 대회의 우승팀이 가려졌다.
- 회사와 유족 대표가 네 차례에 걸쳐 협의를 한 끝에 오늘 합의가 이루어졌다.

◎ 다음 문장을 완성십시오.

1) ______________________________ 많은 돈을 모을 수 있었다.

2) ______________________________ 획기적인 신제품을 개발했다.

3) ______________________________ 드디어 결혼식을 올리게 되었다.

문법 설명

'어떤 일이 있거나 행동을 한 다음의 결과로'의 뜻으로 어떤 행위를 오랫동안 노력하고 고생해서 좋은 결과를 얻었음을 나타낸다.

04 V-다시피

- 잘 아시다시피 최근 우리 부서의 실적이 좋지 않습니다.
- 이 자료에서 보시다시피 공장 인근 하천의 오염이 심각합니다.
- 방금 들으셨다시피 예산이 충분하지 않아 행사 진행이 어렵게 됐습니다.

◎ 다음 문장을 완성십시오.

알다　　느끼다　　보다　　말씀드리다

1) 잘 봐. ______________________ 지금 내가 가진 거라고는 이 낡은 자전거 하나뿐이야.

2) 다들 ______________________ 사무실이 너무 좁은 데다가 덥기까지 해서 이번에 사무실을 옮길까 싶은데 어떻게 생각하세요?

3) 앞서 ______________________________ 지금이 바로 우리가 나서야 할 때라고 생각합니다.

4) 여러분도 이미 ______________________________ 청년 실업이 사회적인 문제가 되고 있습니다.

문법 설명

'알다, 보다, 듣다, 느끼다, 짐작하다'등의 동사와 함께 쓰여 '–는 바와 같이'의 뜻을 나타낸다.

말하기

01 다음의 상황에서 여러분은 어떻게 항의하겠습니까?

1)

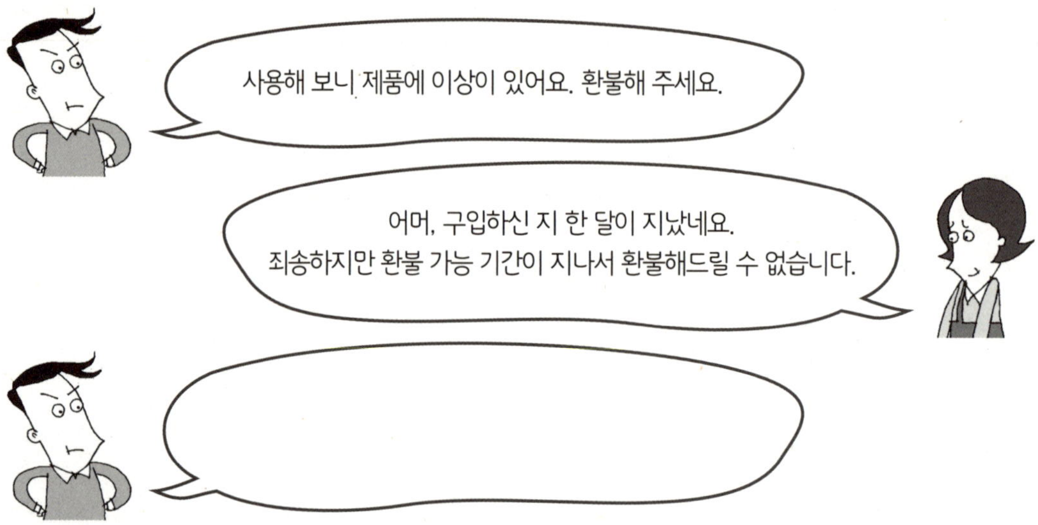

2)

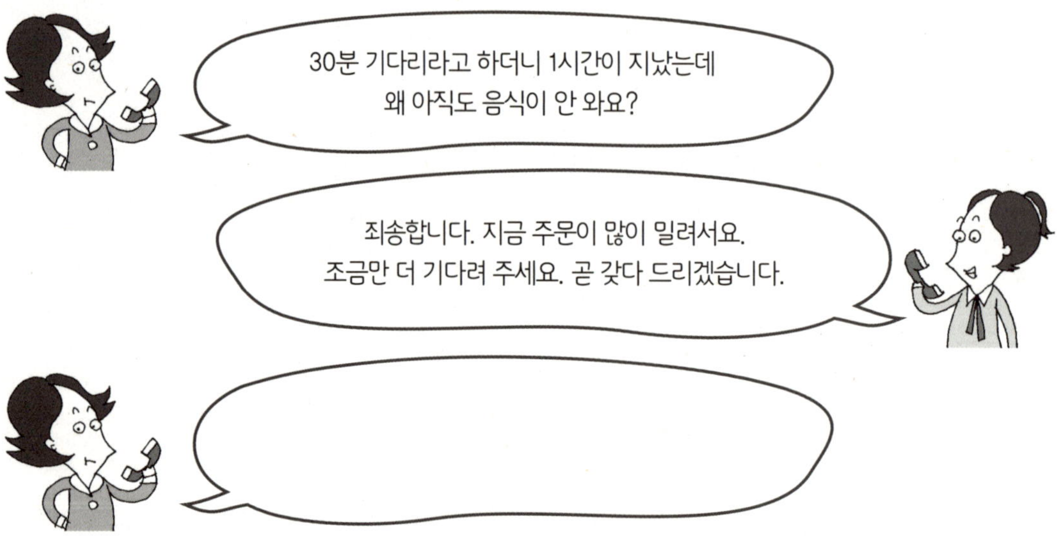

항의하기

- –다는 거예요?
  - –아/어야 하는 거 아니에요?
  - –아/어야죠
  - –(으)면 안 되죠
- –다고요?
  - –다고 했잖아요?
  - –다면서요?

보기 1

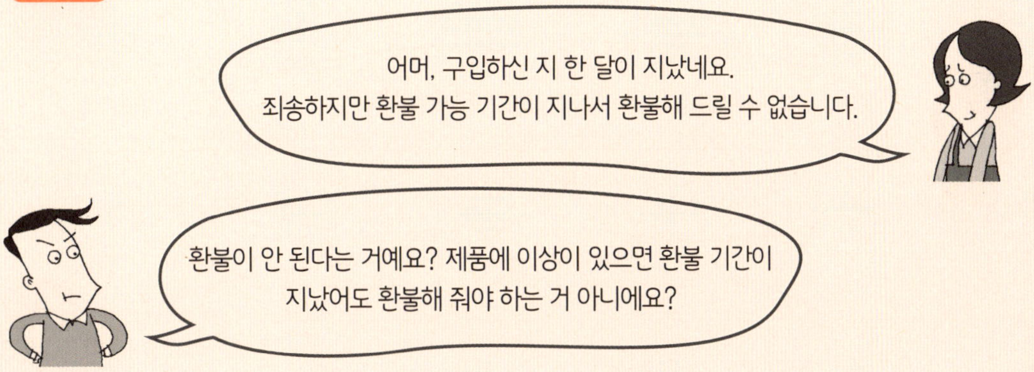

보기 2

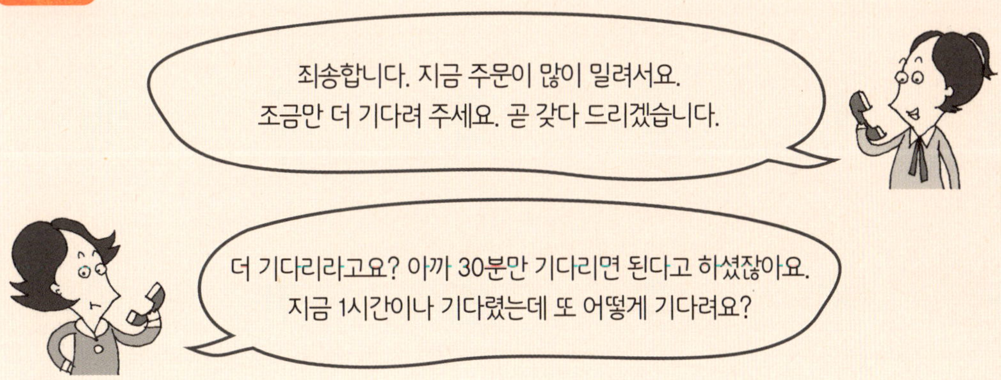

02 다음의 상황에서 항의해 보십시오.

1) 며칠 전 세탁소에 옷을 맡길 때 오늘 옷을 찾으러 오라고 했다. 나는 내일 그 옷을 입어야 하기 때문에 옷을 찾으러 갔다. 그런데 세탁이 안 돼 있다.

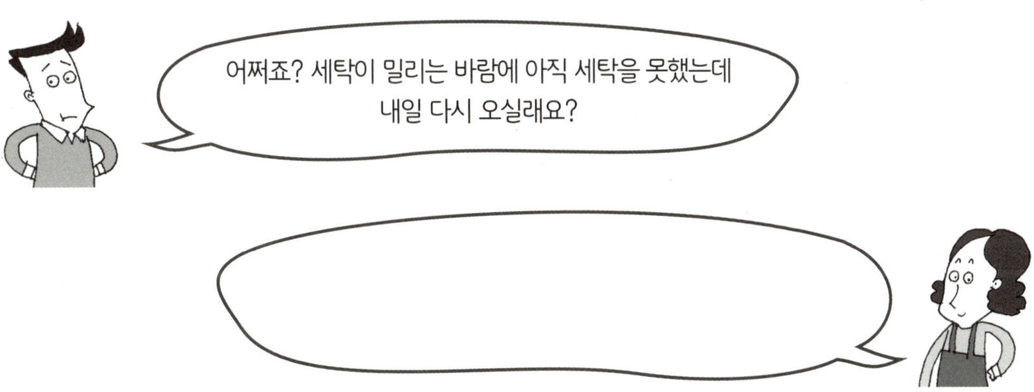

2) 홈쇼핑에서 L사 시계를 사은품으로 준다고 해서 가방을 샀다. 나는 그 시계가 마음에 들어 가방을 구입했다. 그런데 배송된 상자에 사은품이 없다. 그래서 전화했다.

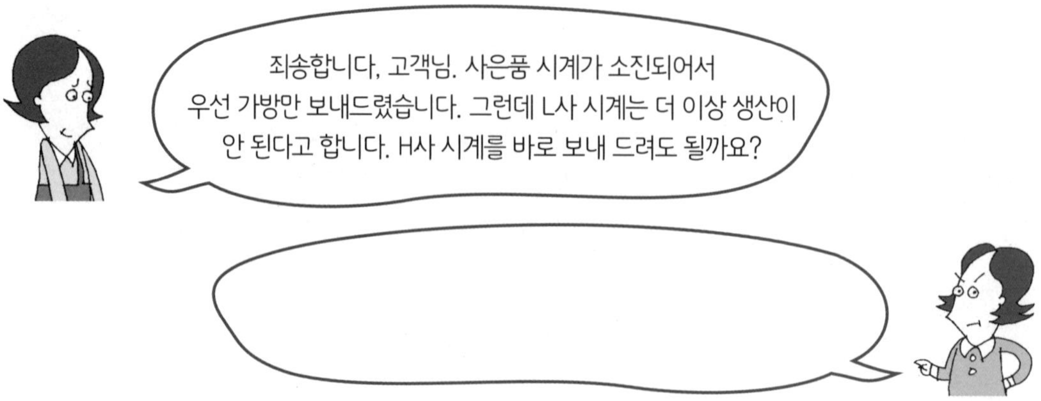

3) 어제 이사 온 집에 난방이 되지 않는다. 집을 계약할 때 분명히 집에 아무런 문제가 없다고 했다. 방이 너무 추워서 바로 부동산에 전화했다.

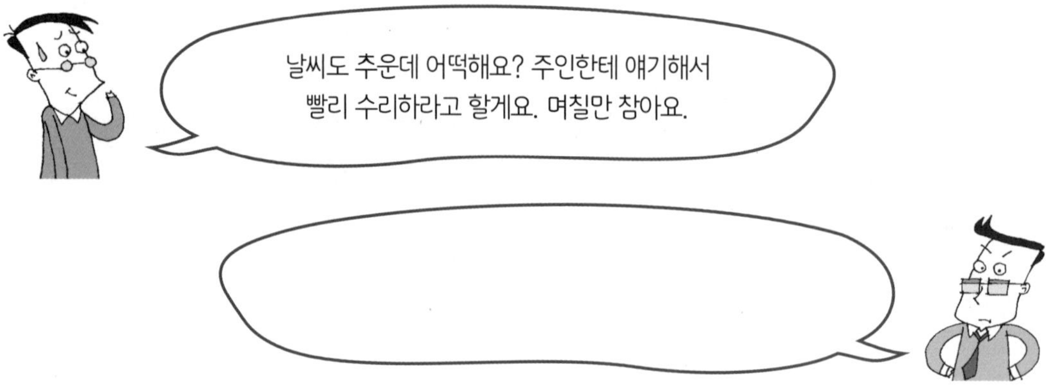

4) 며칠 전에 미리 전망 좋은 레스토랑의 창가 자리를 전화로 예약하고 오늘 점심을 먹으러 갔다. 그런데 예약이 안 돼 있다고 한다. 게다가 다른 자리도 모두 다 차서 지금은 식사를 할 수가 없다고 한다.

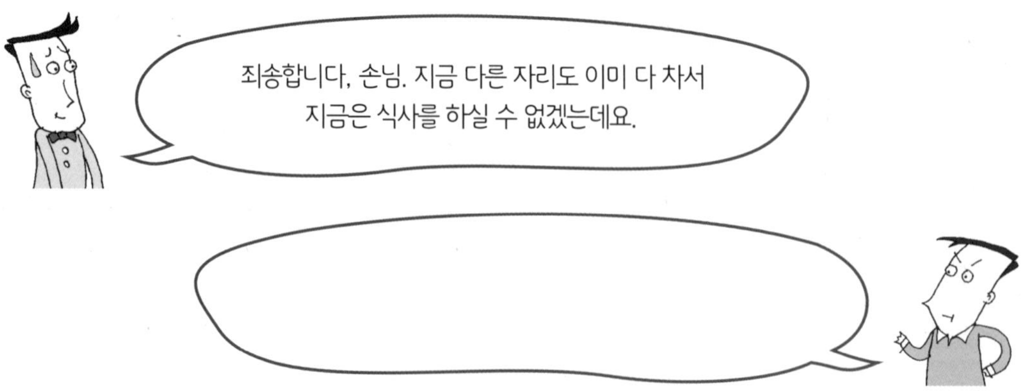

03 우리는 살아가면서 뜻하지 않게 항의해야만 하는 상황이 생기게 마련입니다. 다음의 상황에서 우리가 어떻게 항의할지 생각해 봅시다.

상황	문제점
1) 금융 기관 이용 시 어떤 점이 불편하였는가?	• 대기 고객이 많은데 업무를 처리하는 직원이 고작 두 명 뿐인 경우가 많다. •
2) 휴대폰 요금과 관련하여 자주 일어나는 문제점에는 어떤 것이 있는가?	• 무료라고 소개 받은 부가서비스의 요금이 청구된다. •
3) 아파트나 원룸에서 살 때 이웃 간에 생길 수 있는 일은 무엇인가?	• 한밤중에 큰 소리로 통화를 하거나 청소기를 돌리는 사람이 많다. •
4) 택시 이용 시 경험한 불쾌한 일에는 어떤 것이 있는가?	• 목적지까지 가까운 길을 두고 먼 길을 돌아 가서 택시 요금이 과다 청구될 경우가 더러 있다. •
5) 조별 과제를 준비할 때 팀워크를 망치는 행동은 어떤 것인가?	• •

1)

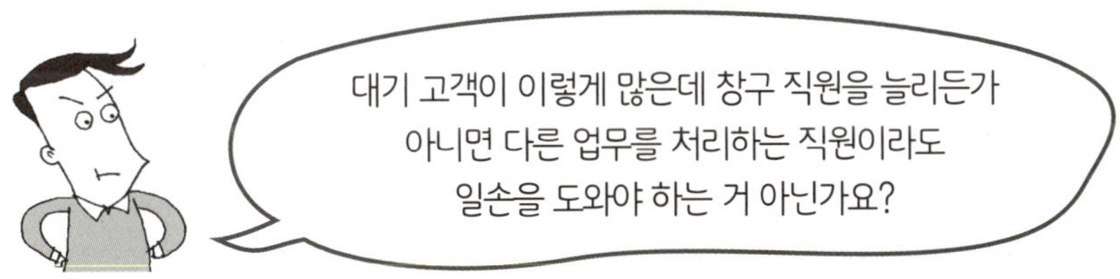

2)

3)

4)

5)

2 철학과 삶

01 다음 그림을 보고 설명해 보십시오.

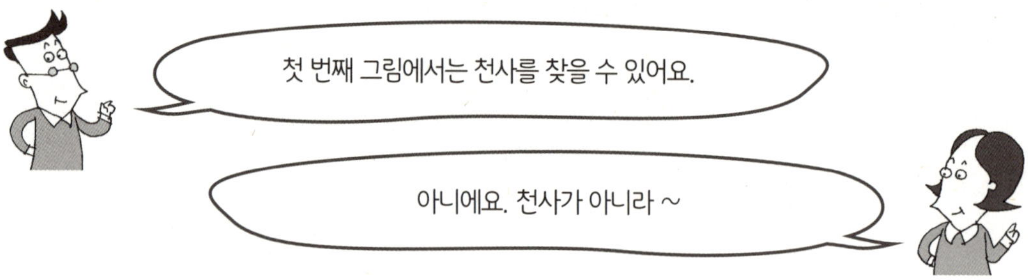

02 다음의 상황에 대한 두 사람의 태도가 어떻게 다릅니까?

상황 1 두 친구가 보름 앞으로 다가온 시험에 대한 이야기를 하고 있다.

준수 : 시험을 준비할 시간이 불과 보름도 안 남았네. 보름밖에 안 남았는데 이제 와서 뭘 할 수 있겠어?

미연 : 왜 그렇게 생각해? 우리 앞에는 무려 보름이라는 시간이 남아 있는데 말이야. 그 동안 배운 내용을 정리할 시간은 충분하니까 포기하지 마.

상황 2 밤늦게 다니는 딸에게 아버지가 잔소리를 하고 있다.

아버지 : 요즘 너 왜 이렇게 늦게 다녀? 전화는 왜 안 받고? 스무 살밖에 안 된 애가 세상 험한 줄도 모르고. 계속 이렇게 늦으면 용돈 없을 줄 알아.

딸 : 아빠, 저 벌써 스무 살이에요. 어른이라고요. 나이를 스무 살이나 먹었는데 아이한테 하듯이 잔소리 좀 안 하시면 안 돼요? 이런 일로 용돈 안 주신다는 건 너무해요.

아버지 : 그럼 스무 살이나 된 자식이 부모한테 용돈 받아쓰는 건 어떻게 이해해야 할까?

읽기

다음은 삶의 태도에 대한 두 편의 글입니다. 잘 읽고 질문에 답하십시오.

1

나는 여행가이다. 여행의 경험을 사진과 함께 책에 실어 발표해 온 지도 벌써 10년째이다. 여행을 통해 나는 행복뿐만 아니라 삶의 비밀도 발견할 수 있는 것 같아 끊임없이 여행길을 나서게 된다. 매번 여행을 할 때마다 나는 많은 일들을 보고 듣고 경험한다. 그 중에서도 나는 이 년 전 처음으로 시도했던 자전거 여행에서 있었던 일은 아직도 잊을 수가 없다.

그때 나는 한적한 시골 마을을 한 시간 정도 달리고 있었다. 숙소를 정하고 쉬어야 할지 아니면 다음 마을로 이동할지 고민하고 있던 찰나에 갑자기 비가 내리기 시작했다. 금방 그칠 비가 아니었다. 그래서 나는 근처 여관에 투숙하기로 했다. 여관은 작고 초라했다. 내가 투숙한 방은 특히나 더 좁았고 환기도 제대로 되지 않았다. 창문은 고장이 나서 쉽게 열리지 않았다. 여간 답답한 게 아니었지만 이미 날은 어두워졌고 달리 밤을 지낼 곳도 없었으므로 침대에 들어가 잠을 청할 수밖에 없었다.

그러나 나는 갑갑함을 참지 못하고 잠에서 깨어났다. 곧장 창가로 가서 있는 힘껏 창문을 열어젖혔더니 끼이익, 하고 요란한 소리와 함께 창문이 열렸다. 그러자 밖에서 시원한 바람이 쏴 들어왔고 그제서야 가슴이 확 트이면서 기분 좋게 잠이 들 수가 있었다. 그런데 이게 웬일인가. ㉠ 아침에 일어나 보니 창문은 그대로 닫혀 있었고 대신 옷장 문이 활짝 열려 있었던 것이다. ㉡ 옷장 문을 창문이라고 믿어 의심치 않았기에 실제로는 있지도 않은 바람을 느꼈다. 인식이 감각에 얼마나 큰 영향을 미칠 수 있는지를 깨달았던 그때의 경험은 내가 어렵고 힘들어서 포기하고 싶을 때마다 나를 지탱해주는 힘이 되었다.

2

때는 661년, 신라가 당과 연합하여 백제를 멸망시키고 고구려마저 점령하기 위해 한창 통일 전쟁을 치르고 있을 때였다. 배움에 목말라 있던 신라의 승려 원효는 후배인 의상과 함께 부푼 꿈을 안고 선진 불교를 배우기 위해 당나라 유학길에 올랐다. 원효와 의상은 육로를 이용하여 당나라에 가기로 결정하고 고구려 국경선을 넘어 요동 지방까지 갔다.

그러나 두 사람은 고구려 군사들에게 붙잡혔고, 죽을 고비를 넘기고 간신히 신라 땅으로 되돌아올 수 있었다. 그래서 두 번째는 당나라까지 바닷길로 떠나기로 계획하고 서해안으로 출발하였다. 경주에서 출발하여 지금의 충청남도 천안 부근에 이르렀을 때였다. 밤은 깊어 가는데 폭우가 계속 쏟아지자 원효와 의상은 부득이하게 동굴 안에서 하룻밤을 머무르기로 결정하였다. 원효는 웅크린 자세로 새우잠을 자다가 한밤중에 갈증이 나서 마침 머리맡에 놓여 있던 물을 무심코 마셨다.

그런데 다음날 아침에 잠에서 깬 원효는 자신이 달게 마셨던 물이 사실은 해골 안에 들어 있던 썩은 물이었다는 것을 알게 되었다. 그러자 갑자기 구토가 나왔다. 계속 토악질을 하다가 원효는 그 순간 깨달았다.

"해골에 담긴 물은 어젯밤이나 오늘이나 똑같거늘 어이하여 어제는 달디 단 물이었던 것이 오늘은 구역질을 나게 하는가? 그렇다! 어제와 오늘 사이에 달라진 것은 내 마음일 뿐이다. ㉢진리는 결코 밖에 있는 것이 아니라 내 안에 있다."

원효는 그토록 원했던 깨달음을 해골 물에서 얻었다. 이제 원효에게 당나라로의 불교 유학은 무의미해졌다. 의상이 짐을 꾸리며 길을 재촉하였으나 원효는 의상에게 가지 않겠다고 무덤덤하게 말했다.

"의상 스님, 나는 당에 가지 않겠소. 일체유심조, 즉 세상의 모든 일은 마음먹기 나름이니 내가 여기에 있은들 깨우치지 못할 까닭이 무엇이겠소. 나는 이곳에 머물겠으니 스님만 다녀오시오."

결국 그곳에서 의상과 작별한 원효는 신라 땅에 남아 이곳저곳을 떠돌며 자유로운 삶을 살았다. 원효가 살았던 시대의 불교는 왕실과 귀족들이 주로 믿는 종교였다. 이러한 시기에 원효는 전국 방방곡곡을 자유롭게 돌아다니며 불교의 가르침을 쉽게 풀어서 전파하면서 불교의 대중화에 앞장설 수 있었다.

1

여행가 한적하다 숙소 투숙하다 환기 여간 갑갑하다 힘껏
열어젖히다 끼이익 요란하다 쏴 그제서야 확 지탱하다

2

신라 당 연합하다 백제 멸망시키다 고구려 점령하다 통일 치르다
승려 부풀다 선진 육로 국경선 요동 붙잡히다 고비 간신히
충청남도 천안 부득이하다 웅크리다 새우잠 갈증 머리맡 해골 썩다
구토 토악질 어이하여 구역질 진리 깨달음 무의미하다 꾸리다
재촉하다 무덤덤하다 일체유심조 깨우치다 까닭 왕실 귀족 방방곡곡
전파하다

1

01 '나'에 대한 설명으로 맞는 것을 고르십시오.

① '나'는 여행을 통해 삶의 지혜를 얻는다.

② '나'는 이 년 동안 자전거 여행을 해 왔다.

③ '나'는 여행 중 찍은 사진을 발표하기도 한다.

④ '나'는 여행으로 얻은 경험을 혼자 간직해 왔다.

02 이 년 전 여행에서 '나'에게 있었던 일은 무엇입니까?

① 잠자리에 들기 전에 창문을 열었다.

② 날이 어두워져서 여관에 숙박하게 되었다.

③ 환기가 안 되는 실내 때문에 답답함을 느꼈다.

④ 날씨 때문에 원래 목적지로 가는 것을 포기했다.

03 ㉠이 의미하는 바가 무엇인지 이야기해 봅시다.

04 '나'가 ㉡처럼 생각하게 된 이유에 대해 이야기해 봅시다.

2

05 다음을 사건이 일어난 순서대로 정리해 봅시다.

- 원효와 의상은 고구려 국경을 넘어 요동 지방으로 갔다. (①)
- 원효는 해골 물을 마신 것을 알고 구역질을 했다. (   )
- 원효와 의상은 서해안으로 가는 길에 비를 만났다. (   )
- 원효는 잠을 자다가 목이 말라서 머리 근처에 있던 물을 마셨다. (   )
- 의상과 헤어진 후 원효는 신라 땅을 떠돌기 시작했다. (   )
- 원효와 의상은 고구려 군사에게 붙잡혀 다시 신라로 돌아오게 되었다. (   )

06 원효가 '일체유심조'의 깨달음을 얻을 수 있었던 근거는 무엇입니까?

① 관찰 결과

② 자신의 경험

③ 주변인의 조언

④ 실제 연구 결과

07 ⓒ과 같은 의미를 가진 구절을 찾아 써 보십시오.

08 1과 2의 이야기가 말하고자 하는 바에 대해 이야기해 보십시오.

더 생각해 봅시다

01 다음의 고민을 안고 있는 사람에게 우리는 어떤 조언을 해 줄 수 있을지 생각해 봅시다. 그리고 여러분의 고민도 친구에게 이야기해 봅시다.

고민	조언
1) 어떤 일을 할 때 실수가 많은 편이다.	• 실수가 많다는 건 발전 가능성이 높다는 의미이다. •
2) 나는 사람들 앞에서 긴장을 많이 하고 소심하다.	• 사람들 앞에서 실수를 덜하게 된다. •
3) 나는 걱정이 많은 성격이 고민이다.	• 신중한 성격이라고도 볼 수 있다. •
4) 내 고집 센 성격 때문에 가끔 사람들하고 갈등을 겪는다.	• 소신 있는 사람으로 보일 수도 있다. •
5)	

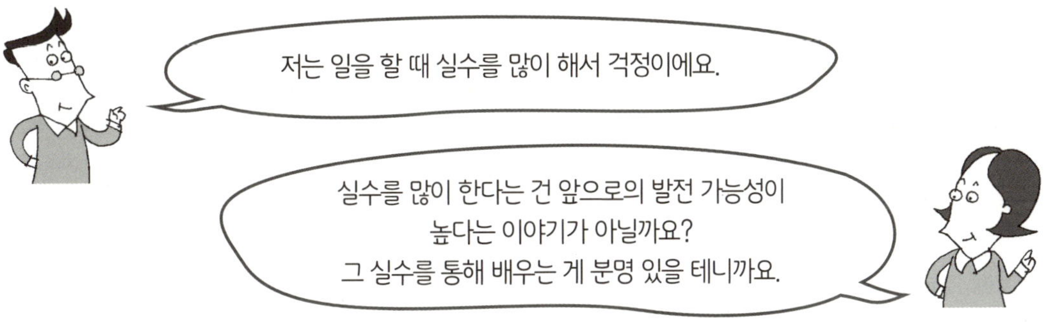

02 다음에 제시된 격언을 읽고 그 의미를 이야기해 봅시다. 그리고 여러분 나라에도 비슷한 의미를 지닌 격언이 있는지 조사해 봅시다.

경험을 통해 얻은 삶의 지혜	
• 실패는 성공의 어머니 • 뿌린 만큼 거둔다. • 노력은 삶을 속이지 않는다.	• 하늘은 스스로 돕는 자를 돕는다. • 건강을 잃으면 전부를 잃는다. •

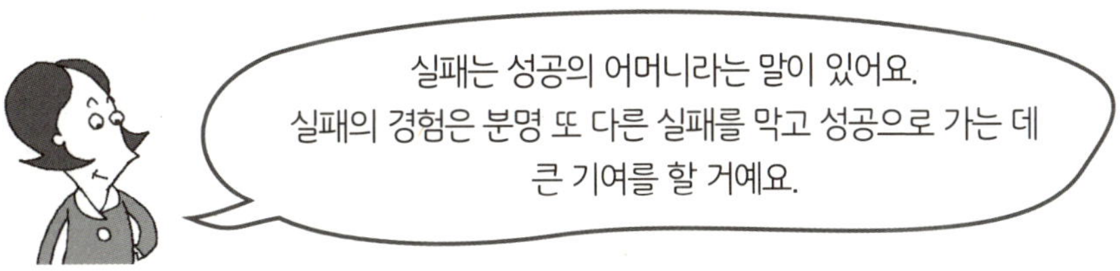

어 휘

◎ 전쟁과 관련된 어휘에 대해 알아봅시다.

- **전쟁**
  고구려는 여러 주변국과 끊임없는 전쟁을 치르며 점차 자신의 땅을 넓혀 나갔다.
- **멸망**
  이성계가 고려를 멸망시키고 새로 나라를 세워 이름을 조선이라 하였다.
- **점령**
  적들이 산을 점령하자 자신들의 보금자리를 빼앗긴 마을 주민들은 물 밖에 난 고기처럼 살아갈 힘을 모두 잃었다.
- **연합**
  바다 싸움에는 약한 몽고군이었지만 고려와 연합한다면 이번 전쟁에서 충분히 승리할 수 있을 것이라고 여겨진다.
- **피난**
  전쟁이 나자 그들은 대구로 피난했고 그 이후로는 소식이 끊어져서 생사 여부를 알 수 없었다.
- **휴전**
  전쟁으로 인한 피해자의 수가 걷잡을 수 없는 데다가 전쟁도 좀처럼 끝날 기미가 보이지 않자 주변국으로부터 휴전하는 게 어떠냐는 제안이 흘러나오기 시작했다.

1) 공룡이 두 번의 빙하기를 거치며 지구상에서 영원히 사라졌듯이 환경 오염이 이대로 가속화 되다가는 머지않아 인류도 ______________ 할지도 모른다.

2) 우리 식구들은 ______________ 되었다는 소식에 피난살이 일 년 만에 고향으로 돌아올 수 있었다.

3) 이번 선거에서 승리하려면 보수 세력과 진보 세력이 ______________ 하지 않고서는 결과를 장담하기 힘들다.

4) 전쟁이 나자 아내와 자녀를 남쪽에 있는 친척 집으로 ______________ 시키고 그는 군에 자원입대하여 나라를 위해 싸우기로 마음먹었다.

5) 우리의 식탁은 가공식품에 ______________ 당했다고 해도 과언이 아니다.

6) 국경 지역에서 ______________ 이/가 났다는 소문이 돌자 사람들은 두려운 나머지 너나 할 것 없이 살림살이를 챙겨 고향을 떠날 준비를 하기 시작했다.

문법

01 V-던[는] 찰나에

- 잠이 들려는 찰나에 전화가 시끄럽게 울렸다.
- 지하철 문이 닫히려던 찰나에 뛰어들어서 약속 시간에 늦지 않을 수 있었다.
- 일 년 동안 좋아해 온 선배에게 고백하려던 찰나에 갑자기 친구가 나타나서 나는 아무 말도 할 수 없었다.

◎ 다음 문장을 완성하십시오.

언제	어떤 일이 벌어졌는가
보기 문이 닫히려고 하는 그 때	승강기에 뛰어들었는데 경고음이 울려서 다시 내려야 했다.
1)	친구로부터 약속을 취소한다는 연락이 와서 화가 났다.
2)	비가 내리기 시작해서 나는 눈물을 숨길 수가 있었다.
3) 시험이 시작하려는 바로 그 순간에	

보기 문이 닫히려던 찰나에 승강기에 뛰어들었는데 경고음이 울려서 다시 내려야 했다.

1) ______________________________.

2) ______________________________.

3) ______________________________.

문법 설명

어떤 일이 일어나거나 이루어지는 바로 그 때, 그 순간을 강조하여 표현하고 싶을 때 사용한다. '-(으)려고 할 때에', '-(으)려는 순간에'와 바꿔 쓸 수 있다.

02 A/V-거늘

- 밝은 봄빛이 가득하거늘 집안은 여전히 냉랭한 기운이 감돈다.
- 십 년이면 강산도 변하거늘 어떻게 사람의 마음이 변하지 않겠는가?
- 내가 그렇게 여러 번 이야기했거늘 어찌 한 번도 내 말을 듣지 않을 수 있는가?

◎ 다음 문장을 완성하십시오.

1) 짐승도 자식을 위해 자신을 희생하거늘 ______________________________?

2) ______________________________ 어떻게 이렇게 쉽게 약속을 어길 수 있는가?

3) ______________________________ 어찌 사람의 마음이 변하지 않겠는가?

문법 설명

앞 문장의 사실을 당연하게 여기면서 이어지는 문장의 내용도 그러할 것임을 강조하는 옛스러운 표현이다. 뒤 문장에는 '어찌', '어떻게', '하물며', '-는가' 등과 함께 쓰는 경우가 많다.

03 A/V-(으)오/소

- 나는 우리가 바라는 '행복'을 '배움'을 통해서 얻을 수 있다고 믿소.
- 젊은이들은 모두 꿈을 가져야 하오. 꿈꾸는 사람만이 꿈을 이룰 수 있기 때문이오.
- 내가 하는 일이 세상을 바꿀 수는 없을 것이오. 그러나 여러분과 함께라면 가능한 일이 될 것이오.

◎ 보기 와 같이 대화해 봅시다.

가	나
보기 발목이 아직도 아파요.	침을 놓았으니 곧 괜찮아질 거예요.
1) 죄송하지만 사전 좀 빌려 주시겠어요?	여기 있어요.
2) 졸업하면 무엇을 하려고 합니까?	우선 한국에서 일을 해 보고 싶습니다.
3) 큰일 났어요. 요 앞 사거리에서 사고가 났다고 해요.	그래요? 인명 피해도 있어요?

보기
가 : 발목이 아직도 아프오.
나 : 침을 놓았으니 곧 괜찮아질 것이오.

문법 설명

듣는 사람이 말하는 사람과 나이가 비슷하거나 아랫사람인 경우 상대방을 약간 높여서 말할 때 사용한다. 주로 옛 말투에서 쓰인다.

	평서형	의문형	청유형	명령형
가다	가오	가오?	갑시다	가(시)오
먹다	먹으오 / 먹소	먹으오? / 먹소?	먹읍시다	먹으(시)오

04 V-기 나름이다

- 행복은 마음먹기 나름이다.
- 아무리 힘든 일도 생각하기 나름이다.
- 합격하고 못하고는 네가 하기 나름이야.

◎ 다음 대화를 완성하십시오.

1) 가: 이번 시험에 제가 합격할 수 있을지 모르겠어요.
   나: ______________________. 지금부터라도 열심히 한다면 합격할 수 있을 거야.

2) 가: 콘택트렌즈의 수명이 어느 정도인가요?
   나: ______________________. 어떻게 관리하느냐에 따라 달라질 거예요.

3) 가: 우리 아이가 자꾸 늦게 자는 습관이 있어요.
   나: ______________________. 부모가 어떻게 가르치느냐에 따라 아이의 습관이 바뀔 수 있거든요.

문법 설명

어떤 일이나 행위가 어떻게 하느냐에 따라 결과가 달라짐을 의미한다. '-(으)ㄹ 나름이다'와 바꿔 쓸 수 있다.

쓰 기

01 다음을 읽고 자기소개서에 포함되어야 할 내용에는 어떤 것들이 있는지 생각해 봅시다.

〈 자 기 소 개 서 〉

• **성장 과정**

저는 1989년 5월 대구에서 1남 1녀 중 장녀로 태어났습니다. 아버지는 공무원이시고 어머니는 요리사이십니다. 일하러 나가시는 부모님을 대신하여 할아버지와 할머니의 손에 클 수밖에 없었던 저는 어릴 때부터 자연스레 예의범절을 익혔습니다. 특히 저는 장녀로서 어린 동생을 돌보아야 했으므로 가족 안에서의 역할과 그에 따른 책임감도 어렵지 않게 기를 수 있었습니다. 이러한 저의 성장 과정은 지금까지도 제가 사람을 대하거나 하는 일에 있어서 큰 영향을 미치고 있습니다.

• ______________

저를 만나는 많은 사람들은 제가 늘 웃는 얼굴이라서 기분이 좋아진다고 합니다. 저는 낙천적이고 긍정적이어서 어떠한 어려운 일이 있더라도 반드시 해결되리라 믿기 때문에 그 여유가 표정으로 드러나는 것 같습니다. 어릴 때부터 부모님에게 의지하기보다 스스로 해결하려고 노력하면서 이러한 성격과 삶의 태도가 형성되었을 것입니다. 그러나 문제가 생겼을 때 혼자 해결하려는 이러한 제 성격이 주위 사람들을 서운하게 만드는 경우가 있습니다. 그래서 저는 어떤 일을 하기 전에 주위 사람들과 대화를 나누려고 노력하고 있습니다.

• ______________

저는 몸을 움직이는 활동적인 운동을 좋아합니다. 그래서 조깅, 등산, 테니스 등을 꾸준히 하고 있습니다. 요즘은 암벽 등반 동호회에도 가입하여 활동 중입니다. 그래서 저는 누구에게도 지지 않을 강인한 체력과 정신력을 가지고 있다고 자부합니다. 이는 제가 앞으로 어떤 일을 하더라도 포기하지 않을 수 있는 힘이 되어 줄 것입니다.

• ______________

어린 시절 텔레비전에서 처음 본 스포츠 중계를 저는 아직도 잊을 수 없습니다. 볼링이나 배드민턴 등 많은 생활 스포츠들을 텔레비전으로 접할 때마다 심장이 두근거렸습니다. 운동이 사람들을 얼마나 건강하고 행복하게 만드는지 알게 되었습니다. 그때부터 저는 그러한 운동을 다른 사람들에게 쉽고 재미있게 가르쳐 주고 싶은 욕심이 생겼습니다. 그래서 저는 스포츠 사회학과에 진학하여 지도자의 길을 걷고 싶다는 꿈을 가지게 되었고 이렇게 지원하게 되었습니다.

02 진학을 위한 자기소개서를 써 봅시다.

1) 성장 과정

– 자신의 성격이나 가치관이 드러날 수 있도록 경험을 중심으로 쓴다.

2) 성격의 장단점

– 자신의 장점을 잘 드러낼 수 있는 경험이나 활동 위주로 쓴다. 그리고 단점일 경우 어떻게 고치려고 노력하였는지를 언급하도록 하자.

3) 취미나 특기, 경력

– 긍정적인 이미지를 줄 수 있는 정보에 대해 자세히 서술한다.

4) 지원 동기

– 자신의 장래 목표를 바탕으로 왜 이 전공을 선택하게 되었는지에 대한 이유를 구체적으로 쓴다.

03 자기소개서를 바탕으로 면접 상황에 맞게 자기소개를 해 봅시다.

1) 면접 상황에서 자기소개를 할 때에는 주로 어떤 내용을 이야기해야 합니까?

2) 앞에서 쓴 자기소개서를 바탕으로 자기소개를 해 봅시다.

3) 면접 시간이 길지 않다면 여러분은 어떤 점을 중점적으로 이야기하겠습니까?

4) 만약 여러분이 면접관이라면 여러분은 어떤 사람을 뽑고 싶습니까?

정답

1과 교육과 교육 제도

1. 한국의 교육

❶ 듣기

01 ②

02 ④

03

- 공통점: 집에서 텔레비전 방송이나 온라인 강좌를 통해 공부를 하고 학점을 취득할 수 있다.
- 방송통신대학교
  장점: 학비가 저렴하다.
  단점: 시험은 온라인상에서 칠 수 없다.
  직접 학교에 가서 들어야 하는 과목도 있다.
- 사이버대학교
  장점: 온라인으로 전 강좌 수강이 가능하고 시험도 온라인으로 볼 수 있다.
  단점: 등록금이 비싸다

04 정답 없음.

❷ 어휘

1) 육성하기
2) 눈높이
3) 지도해
4) 후천적
5) 잠재력
6) 격려해
7) 학력

❸ 문법

01 어떻게 V-(으)ㄴ N인데

1) 어떻게 얻은 기회인데
2) 어떻게 만난 어머니인데
3) 어떻게 키웠는데

02 N만 하더라도

1) 지난달만 하더라도 실적이 저조해서
2) 저만 하더라도 꼭 결혼을 해야 하나 생각하고 있으니까요
3) 제 조카만 보더라도 승무원을 양성하는 전문대학으로 눈을 돌리더라고요.

03 N이/가 없잖아 있다

1) 그런 점이 없잖아 있긴 한데
2) 유기농 제품이 비싼 감이 없잖아 있긴 하지만
3) 차갑고 냉정한 면이 없잖아 있긴 한 거 같아

04 A/V-(으)ㄴ/는 게 흠이다

1) 지하철역에서 먼 게 좀 흠이라면 흠이에요
2) 아이들과 보낼 시간이 부족하다는 게 큰 흠이에요
3) 출퇴근 시간이 많이 걸린다는 점이 흠이에요

05 끝을 보다

06 직성이 풀리다

07 V-(으)면 V-았/었지

1) 혼자 먹으면 먹었지
2) 대회를 안 나가면 안 나갔지
3) 안 팔면 안 팔았지

2. 가정 교육

❶ 읽기

01 다 → 마 → 라 → 나

02 ②

03 정답 없음.

04 정답 없음.

❷ 어휘

1) 주입식 교육
2) 공교육
3) 교육열
4) 전인 교육
5) 사교육비
6) 가정 교육
7) 조기 교육

❸ 문법

01 N을/를 N(으)로 꼽다 정답 없음.

02 N(으)로 하여금

2) 좋은 광고는 소비자들로 하여금 현명한 판단을 하게 한다
3) 전인 교육을 실시하는 학교는 학생들로 하여금 창의성을 개발하게 한다
4) 복고풍 영화는 관객들로 하여금 어린 시절의 추억을 불러일으키게 한다

03 N은/는 고사하고

1) 장학금은 고사하고 낙제를 걱정할 형편이에요
2) 경기가 나빠서 취업은 고사하고 아르바이트 자리 구하기도 힘드네요
3) 취업 준비 때문에 바빠서 고향은 고사하고 친구 집에도 못 가고 있어요
4) 가게에 손님이 많아서 하루는 고사하고 한 시간도 쉬기가 어려워요
5) 요즘 회사 사정이 안 좋아서 상여금은 고사하고 월급이나 제대로 받을 수 있을지 걱정이에요

04 A/V-다 못해

2) 안동 찜닭이 맵다 못해 입에 불이 날 정도이다
3) 수업이 지겹다 못해 잠이 올 지경이다
4) 대학을 졸업하니 기쁘다 못해 눈물이 난다

2) 기다리다 못해 집에 가 버렸다
3) 보다 못해 가서 야단을 쳤다
4) 생각다 못해 친구들에게 물어 보았다
5) 참다 못해 밖에 나가서 산책을 했다

05 A/V-(으)ㄹ 턱이 없다

1) 김 선생님은 아주 신중하고 꼼꼼한 성격이라서 실수를 할 턱이 없다
2) 한국의 많은 중고등학생들이 스마트 폰에 중독되어 있으니 공부에 집중할 턱이 없다
3) 운동은 거의 하지 않고 인스턴트 음식을 주로 먹으니 살이 빠질 턱이 없다

06 A/V-(으)ㄹ지언정

1) 지쳐서 쓰러질지언정
2) 잘못된 선택을 했을지언정
3) 밥을 굶을지언정
4) 퇴근을 못할지언정

2과 건강과 과학

1. 수면과 인간

❶ 듣기

01 ②
02 ①
03
1) 가볍게 운동하기
2) 너무 차갑거나 뜨겁지 않은 물로 샤워해야 함.
3) 카페인 섭취 피하기
4) 적당한 온도와 습도 유지하기
5) 규칙적인 수면 습관 가지기

04 잠만 제대로 자도 건강을 지킬 수 있다.

❷ 어휘

1) 피로
2) 시달려
3) 불면증
4) 수면
5) 수척해져 있었다
6) 악몽
7) 지친

❸ 문법

01 N을/를 막론하고

2) 여행객의 국적을 막론하고 그 나라는 입국이 자유롭다
3) 동서고금을 막론하고 사랑은 문학의 영원한 주제이다
4) 국내외를 막론하고 저출산은 심각한 사회문제이다
5) 남녀노소를 막론하고 트로트 가요는 한국인에게 친숙하다.

02 V-(으)려야 V-(으)ㄹ 수 없다

1) 운전하려야 할 수 없으니
2) 연락하려야 할 수 없었어
3) 잠을 자려야 잘 수 없었어
4) 안 가려야 안 갈 수 없었어

03 A/V-(으)ㄴ/는다고 해도

1) 한 번 더 만나다고 해도
2) 약을 먹는다고 해도
3) 아무리 기분이 안 좋다고 해도

04 V-되

1) 초대는 하되
2) 텔레비전은 보되
3) 샤워를 하되
4) 빌려가되 깨끗이 보고 돌려주세요

05 V-는 한편

1) 고객 관리를 위해 백화점에서 고객들에게 감사 편지를 보내는 한편 우수 고객에게는 선물도 주었다
2) 시험 준비를 위해 지금까지 배운 어휘와 문법을 정리하는 한편 연습 문제도 풀었다
3) 시각을 넓히기 위해 방학마다 배낭여행을 가는 한편 어학 공부도 게을리하지 않았다
4) 같은 실수를 반복하지 않기 위해 이번 일의 문제가 무엇인지 분석하는 한편 해결책도 의논하였다
5) 정답 없음.

2. 음식 과학

❶ 읽기

01

- 곡채식: 질병을 예방하고 치료하기도 한다.
- 보양식: 우리 몸에 부족한 영양소와 기운을 보충해 준다.

02

- 과거: 생명을 이어나가기 위한 수단이다.
- 현재: 건강하고 풍요로운 삶의 열쇠이다.

03 ②

❷ 어휘

1) 성인병
2) 수명
3) 제철 식품
4) 영양소
5) 장수
6) 섭취
7) 보양식
8) 체질
9) 식습관

❸ 문법

01 A/V-(으)ㄴ/는 데 반해

장소의 제약이 없음. 결혼에 대한 부정적인 반응

1) 빙상 스케이트는 계절과 장소의 제약이 있는 데 반해 인라인 스케이트는 계절과 장소의 제약이 없다
2) 미혼 남성들은 결혼에 대해 긍정적인 반응을 보인 데 반해 미혼 여성들은 부정적인 반응을 보였다

1) 부작용이 있다
2) 해결책을 찾는 데는 시간이 많이 걸린다
3) 기업들로부터는 환영을 받는 데 반해

02 V-고도

월급을 못 받다, 알 수 있다, 말을 하지 못하다

1) 내 친구는 시험에 합격하고도 기뻐하지 않았다
2) 힘들게 일하고도 월급을 받지 못해 속상하다
3) 직접 경험해 보지 않고도 알 수 있는 일이 있다
4) 힘이 없어서 억울한 일을 당하고도 말을 하지 못했다

03 V-는 바

1) 맡은
2) 들은
3) 밝힌
4) 아는
5) 공헌한
6) 결정된
7) 느낀

04 -다손 치더라도

1) 그 사람을 잊을 수는 없을 것이다
2) 새 집이 될 수는 없다
3) 우리가 화해를 한다손 치더라도
4) 다시 건강해진다손 치더라도

3과 취업과 직업관

1. 취업 특강

❶ 듣기

01 인성, 업무 능력, 위기 관리 능력

02

1) 이 방을 가득 채우기 위해 공이 몇 개나 필요하다고 생각합니까?
2) 정답 없음.

03

적극적인 자세로 임한다. 면접관의 질문을 잘 듣고, 대답할 때에는 말꼬리를 흐리지 않는다. 공손한 자세를 가진다.

❷ 어휘

1) 동기
2) 담당하고 있다
3) 필기해서
4) 협상했다
5) 포부
6) 수당
7) 유망하다

❸ 문법

01 V-(으)ㅁ에 있어(서)

1) 대함에 있어 가장 어려운 것은 무엇입니까
2) 선택함에 있어 가장 중요한 것은 무엇이라고 생각합니까
3) 인생에 있어 가장 중요한 것은 건강이라고 생각합니다

02 지피지기면 백전백승

03 A/V-(으)ㄴ/는 것은 말할 것도 없고

1) 작은 집들이 피해를 입은 것은 말할 것도 없고 큰 건물들도 여기저기 부서졌다
2) 혼자 요리하는 것은 말할 것도 없고 요리책을 봐도 하지 못한다
3) 영어는 말할 것도 없고 다른 외국어도 할 줄 알아야 한다
4) 집안 청소는 물론이고 끼니조차 제대로 해결하지 않았다.

04 귀를 기울이다

05 말꼬리를 흐리다

1) 말꼬리를 흐렸다
2) 지피지기면 백전백승이라는 말이 있듯이
3) 귀를 기울여

06 V-기에 앞서

1) 사업의 장래성을 생각해 보십시오
2) 자신의 잘못은 없는지 돌아봐야 한다
3) 계약서를 꼼꼼하게 확인해 봐야 한다

07 A-기 짝이 없다

1) 행복하기 짝이 없다
2) 한심하기 짝이 없다
3) 나한테 인사 한 마디 없이 가 버린 친구가

2. 직업관의 변화

❶ 읽기

01
- 과거: 생계유지를 위한 수단, 사회적 위상
- 현재: 자아실현의 장
- 이유: 기성세대에 비해 풍족해짐. 직업의 종류가 다양해짐. 평생 직장의 개념이 사라지고 평생 직업의 개념이 자리 잡음.

02
- 윤리적인 만족감 추구: 수입이나 사회적 지위를 중시하지 않고, 직업에 대한 긍지를 가짐.
- 적성 중시: 대우가 좋은 직업보다는 하고 싶거나 잘할 수 있는 일을 하려고 함.
- 목표 지향적: 남의 시선을 의식하지 않고 자신이 하고자 하는 일을 선택함.

03 ③

04 ④

❷ 어휘

1) 이직하고
2) 직무
3) 전망이 밝고
4) 가치관
5) 고용하기로
6) 종사해서

❸ 문법

01 A/V-다고 해도 과언이 아니다

1) 스마트 폰으로 못하는 일이 없다고 해도 과언이 아닐 정도로 스마트 폰은 기능이 아주 많다
2) 김치를 안 먹고는 못 산다고 해도 과언이 아닐 정도로 모든 한국인들이 김치를 사랑한다
3) 정답 없음.

02 N(이)라든가 정답 없음.

03 A/V-아/어(서) 그런지

1) 날씨가 더워서 그런지
2) 경기가 나빠서 그런지
3) 공부 방법이 잘못 돼서 그런지
4) 어제 거실에서 자서 그런지
5) 정답 없음.

04 A/V-아/어 봤자

1) 교수님께 과제를 제출하러 가 봤자 지금은 제출 기한이 지나서 교수님께서 받지 않으실 거예요
2) 자판기를 설치해 달라고 학교에 건의해 봤자 강의실이 더러워진다고 설치해 주지 않을 거예요
3) 정답 없음.

05 도전장을 내밀다 정답 없음.

4과 소비와 경제

합리적인 소비

❶ 듣기

01 ②
02 ③
03 현재를 즐기자, 할머니가 입원하심, 통장을 내놓음.
04 적은 돈이라도 차근차근 모으면 나중에는 그 돈이 모여 큰돈이 된다는 뜻이다.
05 정답 없음.

❷ 어휘

1) 경제적이다
2) 사치스럽다는
3) 합리적인
4) 헤프게
5) 절감하기
6) 인색한
7) 알뜰하게

❸ 문법

01 A/V-다니

1) 4월인데 눈이 오다니
2) 아직 세 살밖에 안 된 아이가 영어로 자기소개를 하다니
3) 아직까지 일하고 있다니
4) 거짓말을 하다니
5) 하루에 세 시간밖에 못 자다니 정말 피곤하겠어

02 A/V-답시고

1) 부지런히 한답시고 했는데 아직 이것밖에 못했어요
2) 그동안 바쁘답시고 아이들에게 신경을 많이 못 써 줘서 너무 미안하다
3) 학벌이 좋답시고 얼마나 눈이 높은지 몰라요

03 V-는 족족

1) 자전거를 사는 족족
2) 맞선 상대에게 차여서 이제 더 이상 선을 볼 엄두가 나지 않는다
3) 떨어졌다
4) 월급을 받는 족족

04 A/V-다/자/냐/라는 둥 A/V-다/자/냐/라는 둥

1) 경기가 회복될 거라는 둥 물가가 안정될 거라는 둥
2) 어렵다는 둥 지루하다는 둥의 반응이 있었어요
3) 청소 좀 하라는 둥 돈 좀 아껴 쓰라는 둥의 잔소리를 가장 많이 들었어요

2. 마케팅 전략

❶ 읽기

01 상품의 진열 방식, 매장의 구조, 신뢰, 정보 제공
02 신뢰, 정보, 진열, 구조, 진열
03 ①
04 인간의 심리나 행동을 분석해 판매에 이용했던 기존 마케팅에서 상품의 품질에 대한 신뢰를 더욱 부각시키는 마케팅으로 변하고 있다.

❷ 어휘

1) 저가품
2) 마케팅
3) 진열
4) 신상품
5) 판매량
6) 홍보
7) 매장

❸ 문법

01 A/V-다고 할 수 있다

1) 선배 덕분이라고 할 수 있다
2) 부모가 큰 영향을 미친다고 할 수 있다
3) 국민들이라고 할 수 있다

02 V-기보다는

1) 돈을 모으려면 저축만 하기보다는 투자도 하는 것이 효과적이다
2) 음식을 기름에 튀겨서 먹기보다는 쪄서 먹는 것이 건강에 더 좋다
3) 여가 시간에 잠을 자기보다는 취미 활동을 하려고 노력하는 편이다

03 N 말고도[는]

1) 여러 가지 빵이 있으니까
2) 할 줄 아는 외국어가 없어서
3) 아는 사람이 없어
4) 해야 할 일들이 많다

04 A/V-다면

1) 많은 일을 혼자서 했다면
2) 가정생활에만 충실했다면
3) 취미 활동으로 수영을 한다면

5과 언어와 생활

1. 한국어의 특징

❶ 듣기

01 ①
02 ③
03 안녕하세요?, 어디 가세요?, 식사하셨어요?
04 정답 없음.

❷ 어휘

1) 존대해서(존대하여)
2) 말투
3) 유창한
4) 능통한
5) 호칭
6) 습득하기
7) 억양

❸ 문법

01 A/V-더니만

1) 텔레비전을 보더니만
2) 끊을 거라고 하더니만
3) 텅 비더니만

02 N(이)라도 V-는 줄 알다

1) 애인이라도 생긴 줄 알겠어
2) 싸움이라도 한 줄 알겠어
3) 라면이라도 먹고 잔 줄 알았지

03 V-나 싶다

1) 말했나 싶어
2) 출발했나 싶어
3) 참가하나 싶어

04 A/V-다기보다(는)

1) 잘생겼다기보다는 노래를 잘하기 때문이겠지
2) 좋다기보다는 결혼하라고 하실까봐 걱정돼요
3) 수업이 마음에 든다기보다는 학점을 잘 주시거든

05 A/V-다면야

1) 들어준다면야
2) 비가 온다면야

2. 언어의 특성

❶ 읽기

01 역사성
02 ㉠-㉥, ㉡-㉣, ㉢-㉤
03 ②, ③
04 과거에 없던 물건이나 개념이 새로 생겼을 때, 이미 대상이 존재하더라도 신선한 표현을 원하는 사람들의 욕구에 의해서.
05

1) 모습 전체, 벼슬 이름, 남자 노인, 생각하다, 좋아하다
2) 나모, 아해, 녀름

❷ 어휘

1) 통신 언어
2) 소멸되는
3) 의사소통
4) 은어
5) 비속어
6) 생성되는

❸ 문법

01 A/V-(으)ㄹ 법(도) 하다

2) 곤란할 법도 한데 전혀 내색하지 않고 잘 도와줘요
3) 사람들 앞에 서면 긴장될 법도 한데 말이에요
4) 병원에 가면 좀 나을 법도 한데 그렇지 않아서 걱정이에요

02 A/V-(으)ㄹ 리 만무하다

2) 공교육을 강화하지 않으면 사교육비 지출이 감소할 리 만무하다
3) 출산 장려 정책을 시행하지 않으면 출산율이 증가할 리 만무하다
4) 남한과 북한이 통일되지 않으면 한반도에 평화가 찾아올 리 만무하다

03 A/V-(으)련마는

2) 고향에 갈 때 부모님 선물을 사면 좋으련마는 이번 학기에 장학금을 못 받아서 생활비가 빠듯하다
3) 열심히 준비했으면 합격했으련마는 예상하지 못한 질문에 당황해서 결국 면접시험에 떨어졌다
4) 매일 만나면 지겨울 때도 있으련마는 3년 동안 변함없이 매일 데이트를 한다

04 A/V-(으)므로

2) 눈이 많이 와서 길이 미끄러우므로 운전을 조심해야 한다
3) 최선을 다해서 준비했으므로 결과에 상관없이 후회는 없다
4) 월말이라 회사에 일이 많으므로 약속을 주말로 미뤘다

6과 현대인의 생활

1. 현대인의 사고방식

❶ 듣기

01 공부를 하기 위해

02

1) 사람들한테 직접 물어본다.
2) 공부는 이야기를 나눌 수 있는 커피숍에서 하는 게 낫다고 생각한다.
3) 책장 넘길 때의 손맛 때문에 종이책을 선호한다.
4) 크리스마스에 인터넷으로 동영상 축하 메일을 보낸다.

03 적당한 통제가 필요하다. 커피를 마시거나 이야기를 하다 보면 시간을 그냥 흘려보낼 수도 있기 때문이다.

04 ④

05 정답 없음.

❷ 어휘

1) 선입견
2) 세대 차이
3) 추구
4) 사고방식
5) 고정관념
6) 신념

❸ 문법

01 V-는 추세

1) 내리고 있는 추세네요
2) 늦게 하는 추세잖아요
3) 다들 담배를 끊는 추세
4) 늘어나는 추세래
5) 비싸지는 추세에 있어
6) 태양열 에너지를 연구하는 추세입니다

02 A/V-건 (간에)

1) 책값이 비싸건 간에
2) 준비 체조가 귀찮건 간에
3) 선물로 뭘 준비하건 간에
4) 어떤 일이건 절대 잊지 않을게요

1) 비가 오건 안 오건 간에
2) 아이가 잘하건 못하건 간에
3) 주말이건 말건 간에

03 A/V-(으)ㄹ 테고

1) 이야기해 주면 화를 낼 테고
2) 곧 세일 기간일 테고
3) 아버지는 회사에 계실 테고 어머니는 저녁 준비를 하실 거 같아요

2. 현대인의 시간 활용

❶ 읽기

01

1단락) 최근 점심시간을 이용해 여가를 즐기는 런치투어족들이 늘고 있다.
2단락) 런치투어족들은 점심시간에 개인적 볼일에서 자기 계발에 이르는 다양한 활동을 한다.
3단락) 회사 측에서도 직원들의 점심 여가를 위한 다양한 프로그램을 운영한다.
4단락) 런치투어족들을 겨냥한 기업들의 마케팅도 활발하다.
5단락) 우리도 점심시간을 잘 활용해 보자.

02 예전의 여가 시간은 주로 출근 전과 퇴근 후였지만 최근에는 점심시간을 이용해 여가를 즐기는 직장인들이 늘고 있다.

03 ③

04 정답 없음.

❷ 어휘

1) 대인 관계
2) 스펙
3) 사교
4) 삶의 질
5) 재충전
6) 자기 계발

❸ 문법

01 발이 묶이다

1) 발 빠르게
2) 발이 길다
3) 발이 묶여
4) 발이 닳도록

02 손을 놓다

1) 손을 거치자
2) 손을 놓을
3) 손에 익어
4) 손 벌리는

03 V-(으)ㄹ 나위 없다

1) 더할 나위 없이
2) 두말할 나위 없다
3) 비할 나위 없이
4) 의심할 나위 없다
5) 변명할 나위 없다

04 N 또한

1) 토양 오염 또한
2) 실력 또한
3) 성실성 또한
4) 키우는 재미 또한

05 V-자는 취지에서

1) 두리은행은 서민들의 내 집 마련을 지원하자는 취지에서 저금리 대출 상품을 출시한다
2) 문화 관광부는 한글의 과학성과 우수성을 널리 알리자는 취지에서 한글 박물관을 개관했다
3) 대구시는 전통 시장 이용을 확대하자는 취지에서 전통 시장용 상품권을 도입했다
4) 국제 교류 센터는 타문화에 대한 이해를 증진시키자는 취지에서 다음 한 주를 문화 교류 주간으로 지정했다

7과 발명과 과학

1. 발명 이야기

❶ 듣기

01 ②

02 한국식 도량형을 서양식 도량형으로 환산해 주는 표, 전화를 이용해 멀리 떨어져 있는 사람을 진료할 수 있는 청진기, 우유팩의 시초가 된 접는 종이컵, 전화 자동 응답기에 사용되었던 무한 자동 반복 테이프, 위조지폐 감식기 등

03 스위스 은행에서 일일이 위조지폐 여부를 대조하고 돈을 주는 것을 보고, 바꿔준 돈이 진짜인지 알아야겠다는 생각이 들어서 위조지폐 감식기를 만들게 되었다.

04 어떤 일이 있어도 포기하지 않는 도전정신

05 100년 이상 사용될 만한 발명품

❷ 어휘

1) 시행착오
2) 전무후무한
3) 위대한
4) 획기적인
5) 고안했다

6) 착안하여
7) 몰두하고 있다

❸ 문법

01 A/V-으나
1) 협상했으나
2) 교환했으나
3) 우리 팀이 지고 말았다

02 V-기란
1) 판사가 되기란
2) 붙기란 하늘의 별따기예요
3) 사람들 앞에서 떨지 않기란

03 V-는 것도 모자라
1) 야구 경기를 시청하는 것도 모자라 오늘은 야구장에 경기 관람하러 갔어
2) 계란만 먹는 것도 모자라 근육보충제까지 구입했잖아
3) 평일에도 아르바이트를 하잖아요

04 V-는 데(에) 힘을 쏟다
1) 승리하는 데에 힘을 쏟을 생각입니다
2) 농사 짓는 데에 힘을 쏟은
3) 살리는 데에 힘을 쏟고 있으니까

05 V-아/어야겠다는 마음에[생각에]
1) 끝내야겠다는마음에
2) 받아야겠다는 생각에
3) 취직해야겠다는 생각에

06 V-는 한이 있더라도[있어도]
1) 집을 파는 한이 있더라도
2) 농사를 다 망치는 한이 있더라도 농약을 쓸 생각은 전혀 없습니다
3) 떨어지는 한이 있더라도

07 A/V-(으)ㄴ/는 것이[게] 아닐까 하다
1) 자신에게 어울리는 옷이 무엇인지부터 찾아야 하는 게 아닐까 해
2) 사랑하는 사람과 같이 건강하게 살아가는 게 아닐까 해
3) 적성에 맞는 일을 하는 것이 아닐까 해

2. 생활 속 과학

❶ 읽기

01
2단락) 김칫독을 겨울에는 땅에 묻고 여름에는 물에 담가서 맛이 빨리 변하지 않게 했다.
3단락) 아기를 낳으면 금줄을 쳐서 아기의 성별을 알리고 나쁜 기운을 막았다.
4단락) 온돌은 방바닥에 돌을 깔고 아궁이로 불을 때어 방 전체를 따뜻하게 하는 난방법이다.

02 ③, ④

03 ④

04 가마솥의 솥뚜껑은 무겁기 때문에 솥 안의 수증기가 밖으로 빠져나가는 것을 막아 내부의 압력을 높인다. 가마솥의 밑바닥은 둥글고 두께가 다르기 때문에 열이 고르게 전달되어 밥맛이 좋게 된다.

❷ 어휘

1) 유전
2) 현상
3) 중력
4) 대류
5) 원리
6) 압력

❸ 문법

01 V-(으)ㄹ 무렵
2) 한국 친구를 사귈 무렵에 배우기 시작했어요
3) 퇴근할 무렵에 전화하면 통화할 수 있을 거예요
4) 유채꽃이 필 무렵에 가면 가장 좋을 거예요

02 V-기 일쑤이다
2) 내가 초등학교 다닐 때는 지각해서 선생님께 혼나기 일쑤였다
3) 외국어는 반복해서 외우지 않으면 금방 잊어버리기 일쑤이다
4) 다섯 살짜리 조카는 아직 젓가락질이 서툴러서 밥 먹을 때마다 질질 흘리기 일쑤이다

03 A/V-게끔
2) 친구들에게 믿음을 주게끔 평소에 거짓말을 하지 마세요
3) 학생들이 흥미를 가지게끔 선생님이 재미있는

수업 방법을 연구해 보세요
4) 한국어 작문 실력이 좋아지게끔 글을 많이 읽고 따라 쓰는 연습을 해 보세요
5) 정답 없음.

04 V-기(가) 무섭게
정답 없음.

8과 함께하는 사회

1. 비빔밥 사회를 꿈꾸며

❶ 듣기

01 다문화 사회, 우리의 선택
02 ①
03
1) 다문화주의 정책
2) 미국
3) 각자의 고유문화를 잃어버리지 않도록 한다.
4) 문화가 가지고 있는 고유성을 찾기 힘들다.
04 두 이론의 문제점을 보완하기 위해, 용광로, 고유의 맛은 유지하게 만든다

❷ 어휘

1) 인정
2) 이주
3) 고유문화
4) 화합
5) 국제결혼
6) 이질적

❸ 문법

01 A-(으)나마
1) 피곤하나마 공연을 볼 수 있어서 기분이 좋았다.
2) 그는 낮으나마 확신에 찬 목소리로 상대방을 설득하고 있었다.
3) 늦었으나마 인사드립니다.
4) 부족하나마 이번 태풍 피해 지역에 도움이 되면 좋겠습니다.

02 즉
1) 마음만 먹으면 뭐든 해 볼 수 있는 시간이다
2) 이해하기 쉬울 것이다
3) 할인이 되거나 포인트가 두 배 적립된다
4) 어른이 수저를 들 때까지 식사를 하지 않고 기다리는 게 예의이다
5) 교환이나 환불이 용이하다

03 A/V-기에
1) 방이 환기가 안 되어 덥고 답답하기에 창문을 열었다
2) 장미가 예뻐 보이기에 너 주려고 사왔어
3) 어제 어떤 일이 있었기에 말도 안 하고 울기만 하니
4) 아침에는 늘 시간이 없기에 빵이나 우유로 끼니를 때우기 일쑤이다

04 A/V-다 보니 (그로 인해)
1) 직장이 불안정하다 보니 그로 인해
2) 노인 인구가 급속히 증가하다 보니 그로 인해
3) 스마트폰의 등장으로 휴대 전화를 손에서 놓지 않게 되다 보니 그로 인해

2. 나눔 활동

❶ 읽기

01 ④
02
- 착한 소비를 통한 기부: 소비자들이 물건을 살 때 기부와 연결되는 상품을 고른다.
- 팬클럽 활동을 통한 기부: 자신이 좋아하는 스타의 이름으로 특정 단체에 기부한다.
- SNS 기부: 네티즌들이 SNS를 통해 어려운 이웃의 사연에 댓글을 달면 기업이 사연의 주인공에게 기부를 한다.

03 ③
04 정답 없음.

❷ 어휘

1) 소외계층
2) 독거노인
3) 미혼모
4) 결식 아동
5) 노숙자
6) 소년소녀가정

❸ 문법

01 N만으로도[는]

1) 신선한 재료만으로는
2) 따뜻한 말 한마디만으로도
3) 한 가지 기준만으로는
4) 분리수거를 하는 것만으로도

02 A/V-(으)려니와

1) 능력도 있으려니와
2) 돈도 돈이려니와
3) 음식 맛도 좋아야 하려니와
4) 전공 분야는 물론이려니와 다양한 분야의 지식을 얻을 수 있다

03 N에 그치다

1) 계획을 세우는 데 그치지 않고 반드시 실행한다면 목표를 이룰 수 있다
2) 발표자는 새로운 사업을 소개하는 데 그치지 않고 사업의 문제점과 대안까지도 제시했다
3) 과학 동화는 단순한 재미를 주는 데 그치지 않고 아이들에게 지식과 교훈을 줄 수 있어야 한다

04 N(으)로 이어지다

1) 한 시민의 제보가 경찰의 수사 착수로 이어졌다
2) 한국 드라마에 대한 관심이 한국 문화에 대한 관심으로 이어졌다
3) 국가 경제의 위기가 국민들의 에너지 절약 운동으로 이어졌다

9과 한국의 예술

1. 공연

❶ 듣기

01 발레리나, 비보이

1) 발레 연습을 방해하는 춤꾼들과 실랑이를 벌이다가 알게 되었다.
2) 자신의 꿈을 접고 길거리 댄서가 되었다.

02 ①

03 생소한 소재를 이용해 대중적인 관심을 이끌어내고 상업화에 성공했다.

04

- 한계점: 공연과 비보이 양쪽 모두를 아우르는 전문가가 없다.
- 해결 방안: 전문가 양성이 시급하게 이루어져야 한다.

❷ 어휘

1) 기립해서
2) 어우러져
3) 탄탄한
4) 열렬한
5) 다채로운
6) 환호했다
7) 맛깔나게

❸ 문법

01 실랑이를 벌이다

02 걸림돌이 되다

03 꿈을 접다

1) 꿈을 접고
2) 걸림돌이 되는 것은
3) 실랑이를 벌여

04 A/V-다지(요)?

1) 공공요금이 인상된다지
2) 두뇌 발달에 좋다지요, 양손을 사용하게 하려고요
3) 보라색이 유행이라지요, 저는 보라색이 별로더라고요

05 A/V-(으)/느니만큼

1) 가까우니만큼
2) 회의가 있느니만큼
3) 시간이 많으니만큼

06 A/V-(으)리라고 보다[생각하다]

1) 참여도가 높으리라고 생각합니다
2) 공부를 하리라고 봐요
3) 소비자들의 반응이 좋으리라 봅니다

2. 풍속화

❶ 읽기

01 ③

02 그림 소재의 폭을 넓히고, 작가 층을 서민으로까지 확대시키는 계기가 되었다.

03 김, 신, 신, 김, 신.

04

2) 김홍도와 신윤복의 생애

3) 김홍도와 신윤복의 화풍

4) 김홍도의 〈벼타작〉 소개

5) 신윤복의 〈월하정인〉 소개

❷ 어휘

1) 역동적인

2) 풍자적인

3) 익살스럽게

4) 안정감

5) 친근하게

6) 해학적인

7) 정적이고

❸ 문법

01 A/V-다는 점에서

정답 없음.

02 A/V-(으)ㄴ/는 것으로 미루어 (보아)

2) 헤어졌던 주인공들이 다시 만난 것으로 미루어 보아

3) 집이 아주 깨끗한 것으로 미루어 보아

03 A-기(가) 이를 데 없다

2) 아쉽기가 이를 데 없다

3) 어렵기가 이를 데 없다

4) 덥기가 이를 데 없다

04 V-(으)ㄹ 듯 말 듯하다

2) 책을 꽂아 두었더니 꺼내기가 힘들다

3) 무대에 있는 가수 얼굴이 보일 듯 말 듯하다

4) 분명히 어제 공부했는데 단어 뜻이 생각날 듯 말 듯하다

10과 철학과 삶

1. 바람직한 가치관

❶ 듣기

01 ① 가치관

② 도전할 일, 도전하겠다는

③ 고민하고

02 삶의 철학

03 인생의 바람직한 가치관을 정립하는 일

04 정답없음.

❷ 어휘

1) 변화를 겪었다

2) 혼란을 초래한다

3) 좌우명

4) 심어 줄

5) 신조

6) 확립하는

❸ 문법

01 A/V-(으)면[다면] 몰라도[모를까]

1) 시간이 난다면 몰라도 수업을 듣기는 힘들다

2) 컴퓨터가 고장 난다면 몰라도 그렇지 않으면 새로 사지 않을 것이다

3) 친구가 도와준다면 몰라도 혼자서는 그 문제를 풀 수 없다

1) 친구 일이라면 기꺼이 도와줄 것이다

2) 그렇지 않고서는 이 문제를 해결할 수 없다

3) 그 환자를 살리기는 힘들다

02 A/V-지

1) 봉사는 마음에서 우러나서 하는 것이지 누가 시켜서 하는 것이 아니다

2) 교사는 학습을 도와주는 사람이지 학습을 대신해 주는 사람이 아니다

3) 형벌의 목적은 범죄자를 교화하는 데에 있지 범죄자를 격리시키는 데에 있지 않다

03 V-(으)ㄴ 끝에

1) 휴일도 없이 열심히 일한 끝에

2) 연구에 연구를 거듭한 끝에

3) 오랜 시간 부모님을 설득한 끝에

04 V-다시피

1) 보다시피
2) 느끼다시피
3) 말씀드렸다시피
4) 알다시피

2. 철학과 삶

❶ 읽기

01 ①
02 ③
03 간밤에 내가 연 것은 창문이 아니고 옷장문이다
04 그 순간 나는 세상의 모든 일은 마음먹기 나름이라는 사실을 깨달았다
05 ⑤③④⑥②
06 ②
07 일체유심조 즉, 세상의 모든 일은 마음먹기 나름이다

❷ 어휘

1) 멸망
2) 휴전
3) 연합
4) 피난
5) 점령
6) 전쟁

❸ 문법

01 V-던[는] 찰나에

1) 지하철을 타려던 찰나에 친구로부터 약속을 취소한다는 연락이 와서 화가 났다
2) 눈물이 나려던 찰나에 비가 내리기 시작해서 나는 눈물을 숨길 수가 없었다
3) 시험이 시작하려는 찰나에 배가 아프기 시작했다

02 A/V-거늘

1) 하물며 인간이 되어서 자식을 버려서야 되겠는가
2) 약속을 지켜 달라고 그렇게 부탁했거늘
3) 10년이면 강산도 변하거늘

03 A/V-(으)오

1) 가: 죄송하지만 사전 좀 빌려 주시겠소?
   나: 여기 있소.
2) 가: 졸업하면 무엇을 하려고 하오?
   나: 우선 한국에서 일을 해 보고 싶소.
3) 가: 큰일 났소. 요 앞 사거리에서 사고가 났다고 하오.
   나: 그렇소? 인명 피해도 있소?

04 V-기 나름이다

1) 노력하기 나름이야
2) 사용하기 나름이에요
3) 교육하기 나름이에요

어휘 색인

살아있는 한국어 VI

지은이 김선정, 민경모, 강현자, 윤정아, 이정윤
삽 화 고민석
펴낸이 신일희
펴낸곳 계명대학교출판부

초판 1쇄 발행 2014년 11월 28일
초판 2쇄 발행 2025년 2월 28일

주소 대구광역시 달서구 달구벌대로 1095
전화 053-580-6233
팩스 053-580-6235
등록 제347-1998-1호(1970. 9. 1)

ISBN 978-89-7585-690-7 14710
ISBN 978-89-7585-565-8 14710 (세트)

정가 17,000원

이 도서의 국립중앙도서관 출판예정도서목록(CIP)은 서지정보유통지원시스템 홈페이지(http://seoji.nl.go.kr)와 국가자료공동목록시스템(http://www.nl.go.kr/kolisnet)에서 이용하실 수 있습니다.(CIP제어번호: CIP2014033561)